佛山科学技术学院学术著作出版资助基金

双循环新发展格局下佛山消费发展战略研究

钟陆文 编著

SPM 南方传媒 | 广东经济出版社

·广州·

图书在版编目（CIP）数据

双循环新发展格局下佛山消费发展战略研究 / 钟陆文编著. —广州：广东经济出版社，2023.3
ISBN 978-7-5454-8622-3

Ⅰ. ①双… Ⅱ. ①钟… Ⅲ. ①消费经济学—研究—佛山 Ⅳ. ①F126.1

中国版本图书馆CIP数据核字（2022）第243816号

责任编辑：毛一飞
责任校对：刘紫娟
责任技编：陆俊帆
封面设计：吴东贤

双循环新发展格局下佛山消费发展战略研究
SHUANGXUNHUAN XIN FAZHAN GEJU XIA FOSHAN XIAOFEI FAZHAN ZHANLÜE YANJIU

出版发行：广东经济出版社（广州市环市东路水荫路11号11-12楼）
印　　刷：广州小明数码快印有限公司
（广州市天河区高普路83号B栋C5号）

开　　本：787㎜×1092㎜ 1/16　**印　　张：**14
版　　次：2023年3月第1版　**印　　次：**2023年3月第1次
书　　号：ISBN 978-7-5454-8622-3　**字　　数：**238千字
定　　价：68.00元

发行电话：（020）87393830　编辑邮箱：gdjjcbstg@163.com
广东经济出版社常年法律顾问：胡志海律师　法务电话：（020）37603025
如发现印装质量问题，请与本社联系，本社负责调换。

序

Preface

消费是人类生存和发展的重要组成部分，是社会再生产的重要环节，在当今社会，消费扮演着越来越重要的角色，是经济持续增长的重要动力。对此，习近平总书记强调指出，要构建以国内大循环为主体、国内国际双循环相互促进的新发展格局。通过双循环新发展格局，充分发挥我国超大规模市场优势和内需潜力，让消费带动经济持续发展。国家统计局的统计数据显示，2021年，最终消费支出、资本形成总额、货物和服务净出口分别拉动经济增长5.3%、1.1%、1.7%，对经济增长的贡献率分别为65.4%、13.7%、20.9%，消费成为我国经济发展的第一驱动力和稳增长的“压舱石”。

党的十九大报告指出，中国特色社会主义进入新时代，我国社会主要矛盾已经转化为人民日益增长的美好生活需要和不平衡不充分的发展之间的矛盾。人民日益增长的美好生活，其实质就是更加美好的物质消费生活和精神消费生活，社会主要矛盾的转移预示着人民的消费预期不断增强，我国的消费发展进入消费质量满足的新发展阶段。满足人民日益增长的美好生活需要，应着重提高消费的质量，不断为社会提供优质产品与服务，全面均衡发展消费，不断满足人民日益多样化、智能化、高端化、绿色化的消费需求。

该书以制造业立市的佛山为研究对象，聚焦双循环新发展格局，立足于新型消费，深度剖析佛山消费发展状况与当前消费形势，探究双循环新发展格局对佛山市消费发展的新要求和新挑战。该书的研究内容既具有国际视野，又具有地方深度。该书以“庖丁解牛”之法清晰剖析佛山五区，挖掘其特色，探索确立各区消费品牌。经过多年的深究与探索，摸清家底，针对佛山消费体制机制改革、居民消费结构优化、消费环境和基础设施建设、消费品牌打造与平台提升等方面存在的问题，该书为佛山消费发展构造了“一二三四五”的总体思路，即实现一个中心目标、擦亮两张城市名片、做强三大支撑、抓住四个机遇、实施五条路径。提出佛山应重新审视自己，高起点定位、高标准配置、大手笔规划，优化消费结构，不断加快培育与发展新型消费；发挥五区各自的优势，做强家居、美食、功夫、生态、养生五大区域品牌；补生产性服务业短板，在供给侧提供更优质的产品与服务。

该书在准确把握我国消费发展的时代价值基础上，对佛山精准把脉，夯实相关基础性工作，在已有衡量消费指标的基础上创建了消费密度、消费吸客率、消费净流量等特色指标。以消费经济学视角将佛山的制造业、美食、旅游、岭南文化串联在一起，寻找消费创新点，形成消费新增长点，清晰剖析促进佛山消费发展的内在规律与机理，丰富中国特色消费理论，为我国区域消费经济问题研究提供了探索性范例。

钟陆文博士师从我国著名经济学家、消费经济学创始人尹世杰先生，自1997年硕士毕业来到佛山这片改革开放的热土，二十余年以来一直研习消费经济学，关注佛山消费经济实践。在研究佛山消费发展实践的过程中，钟陆文博士与时俱进，及时更新对消费的理解，准确把握双循环新发展格局的要义，为实施战略研究指引方向，这对全国消费研究具有重要的战略意义。相信读者会从中受益并得到若干新消费启迪，希望钟陆文博士继续深入研究消费经济问题，取得更多更好的研究成果，为促进消费繁荣发展做出新贡献。

是为序。

中国消费经济学会会长

于青城山麓

2022年6月

目录
Contents

理论篇

战略篇

政策篇

理论篇

Lilun Pian

第一章
双循环新发展格局下佛山市消费发展的理论思考

2020年4月10日，在中央财经委员会第七次会议上，习近平总书记强调：“要构建以国内大循环为主体、国内国际双循环相互促进的新发展格局。”2020年5月14日，中共中央政治局常委会会议首次提出“深化供给侧结构性改革，充分发挥我国超大规模市场优势和内需潜力，构建国内国际双循环相互促进的新发展格局”，之后新发展格局在多次重要会议中被提及。2020年5月下旬“两会”期间，习近平总书记再次强调，要“逐步形成以国内大循环为主体、国内国际双循环相互促进的新发展格局”。2020年10月党的十九届五中全会通过的《中共中央关于制定国民经济和社会发展第十四个五年规划和二〇三五年远景目标的建议》提出，“要加快构建以国内大循环为主体、国内国际双循环相互促进的新发展格局，就是中国开放发展战略的重要调整和变化”。双循环新发展格局是以习近平同志为核心的党中央根据我国发展阶段、环境和条件的变化而做出的重要战略调整和战略抉择，对我国“十四五”期间乃至更长时期的经济社会发展具有极为关键的指导意义。

一、双循环新发展格局的理论逻辑

双循环新发展格局本质上是一种新的开放发展观，是以习近平同志为核心的党中央对经济全球化和中国开放发展的理论总结和创新发展，拓展了马克思主义政治经济学关于国际经济理论的新境界，因而，新阶段构建双循环新发展格局有着坚实的理论基础。

（一）全球价值链分工模式

当前经济全球化发展进入快速通道，全球价值链分工也发生深刻变化，即从传统的以最终产品为界限的国际分工模式，向以产品价值增值环节为界限的全球价值链分工模式演变。在全球价值链分工条件下，不同生产环节和阶段被配置到不同的国家和地区，会导致生产地与消费市场普遍分离的现象，进而存在一定的分离成本。分离成本的大小通常与价值链上具有不同要素密集度特征的环节和阶段有关。如研发和设计阶段显然更倾向于贴近消费市场，如此才能以更低的成本获得消费需求信息、消费者反馈信息、市场调研信息等。相比较而言，诸如劳动密集型的加工组装等环节，对贴近消费市场的敏感度就不如研发设计等环节。因此，伴随市场规模的扩大，价值链中的中高端环节在国际梯度转移过程中，在保持其他条件不变的情况下，更倾向于转移至市场规模更大的国家和地区。因此，伴随中国本土市场规模的不断扩张，更能契合全球价值链中高端环节国际梯度演进趋势和现实需要，从而诱发更多的中高端环节向国内转移，提升我国开放发展层次和水平，增创开放发展新优势。

（二）代表性需求理论

林德的需求偏好相似理论表明，本土市场需求的支撑是形成一国出口能力的重要因素，因为只有当一国市场需求规模足够大时，厂商在追寻“代表性需求”中才会愿意进行生产并形成生产能力，从而奠定出口能力的基础。如果没有“代表性需求”，就不会有厂商的“供给”，从而也就谈不上所谓的出口。代表性需求水平表明一国平均的收入水平或大多数人的收入水平。这种收入水平的代表性消费品是各国消费品产业发展的主导。因为企业生产的产品只有符合大多数消费者的需要，其生产才容易达到规模经济，从而有助于企业获得较高的利润率。但如果一国专门生产某一个代表性需求层次上的产品，就意味着它不能满足其他收入水平消费者对同类产品的消费。国际贸易可以解决各国生产者在某个层次产品的生产上达到规模经济和满足不同收入消费者消费需要的矛盾，即各国可以专门生产本国代表性需求产品，并出口这种产品，同时分别从不同的国家进口其他国家生产的这些国家代表性需求的产品，满足本国其他收入层次消费者的需要。

（三）“母市场效应”学说

以克鲁格曼等为代表的一批经济学家提出的所谓“母市场效应”学说，主要从规模经济等角度探讨了本土市场规模能够培育一国参与分工和贸易竞争优势的主要机制等。本土市场规模越大，越有助于形成规模经济优势，从而降低厂商成本，提升一国厂商在国际市场上的竞争能力；本土市场规模越大，无论是从需求角度看还是从生产角度看，都更加有助于驱动创新能力的提升，从而能够内生地培育出更高级的竞争要素；本土市场规模越大，越能容纳更多的企业参与市场竞争，从而提升国内市场的差异化竞争水平和能力，最终有助于提升参与国际合作与竞争的能力。无疑，这些传统的国际经济经典理论所揭示的作用机制，在当前我国已经具有超大国内市场规模优势的条件下，仍能发挥重塑国际合作与竞争新优势的应有作用。

（四）供需平衡理论

马克思供需平衡理论又叫供求平衡理论，其核心要义是指社会经济运行过程可归结为生产、流通、分配和消费四个相互联系的基本环节，其中生产即供给，消费即需求，流通与分配则是连接供给与需求的中介。马克思科学阐明了供给与需求平衡是社会经济正常健康运行和发展的客观要求。同时，他还指出，在社会经济运行发展过程中，供求平衡首先表现为供求双方在使用价值量和市场价值量上的一致性，在社会供给与需求之间有一个内在的比例关系。构建双循环新发展格局的关键举措在于扩内需，坚定“扩内需”，实现“双循环”，是我国对冲新冠肺炎疫情影响、化解外部风险的战略基点，也是实现充分就业、经济增长、国民经济供需总量平衡和结构平衡、形成国际经济合作与竞争新优势等宏观目标的重要举措。

二、双循环新发展格局下我国消费发展新特点

佛山市消费发展离不开我国消费经济的宏观环境，我国消费发展呈现出的新趋势、新特点是研究佛山市消费发展具体举措的宏观依据和现实背景，也是佛山市消费经济发展的方向指引和未来预期。

（一）消费的拉动力日益增强

我国消费发展曾经一度处于低迷状态，但从2012年开始，我国消费对经济发展的贡献率超过50%，呈现出稳步上升趋势，如图1-1所示，2012—2017年消费贡献率分别为50.1%、50.3%、50.7%、51.8%、53.6%、

53.6%，2018年消费作为经济增长主动力作用进一步巩固，最终消费支出对国内生产总值增长的贡献率为76.2%，比上年提高22.6个百分点。2019年我国最终消费支出对经济增长的贡献率为57.8%，已经从根本上改变了我国历史上对投资、进出口拉动经济的严重依赖。2020年，我国国内生产总值约为101.6万亿元，是全球唯一实现经济正增长的主要经济体。其中，最终消费占比达54.3%，消费仍然是经济稳定运行的压舱石。随着全球经济增长预期改善和市场环境稳定，我国宏观经济仍将持续稳定回升，在2020年全年较低基数的基础上，2021年社会消费品零售总额为440823亿元，比上年增长12.5%，消费对经济的贡献率达到65.4%。自2012年以来，我国国内消费贡献率连续10年超过50%。

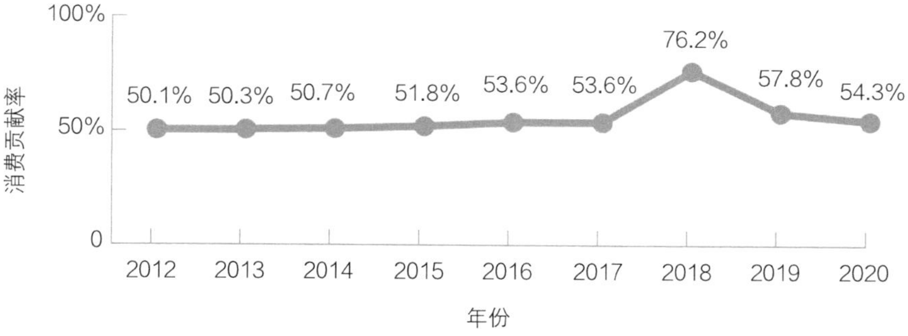

图1-1　我国国内消费贡献率

（二）新兴消费发展迅猛

进入21世纪后，互联网技术在我国消费领域的广泛应用，极大地催生了网络消费、智能消费、共享消费等新兴消费。①网络消费：1994年中国正式接入互联网，互联网技术极大地促进了网络消费发展。2021年全国网上零售额为130884亿元，比上年增长14.1%，其中，实物商品网上零售额为108042亿元，增长12.0%，占社会消费品零售总额的比重为24.5%，连续9年居世界第一。②智能消费：以智能家居为例，IDC报告数据显示，2018年我国智能家居市场累计出货1.56亿台，同比增长36.7%。2019年出货量突破2亿台大关，达到2.08亿台，较2018年增长33.3%。③共享消费：《中国共享经济发展报告（2020）》显示，2019年我国共享经济市场交易规模约为32828亿元，同比增长11.6%。而随着数字经济浪潮以势不可当之势席卷全球，科技变革持续引领消费变革，商业创新不断改变生活方式，我国消费市场涌现出新能源汽车、5G手机、智能家居、可穿戴设备等众多“科技新物种”，出现短视频、社交分享、直播、知识付费等“新内容”，还培育出诸如三公里消费、社交电商、社区团购等“新服务”消费。

（三）新生代成为消费主力军

当前，伴随90后开始成为社会中坚力量，具有稳定的收入，00后逐步走向职场，新生代消费群体购买力日益增强，开始成长为消费市场主力。如当前我国90后、00后人口规模达3.4亿人，在总人口中占比接近1/4，已成为消费市场的中坚力量。从细分消费市场来看，相关数据显示，2019—2020年90后在旅游消费群体中占比接近50%（图1-2）；中国餐饮消费者中90后及95后占比51.4%，远超该群体在总人口中的占比。90后、00后热爱线上消费，95后、00后网络用户超过3.69亿人，在全体网民中占比超过三成，且目前仍保持高速增长态势。《2020新青年新国货消费趋势报告》数据显示，在目前三大电商平台（阿里巴巴、京东、拼多多）中，使用拼多多的年轻人所占比例最高，其中95后用户占比达到32%，比阿里巴巴（淘宝+天猫）高3个百分点。90后、00后“新生代”群体消费理念鲜明，其消费习惯更易适应拼多多、天猫、美团等基于新技术的新商业模式，为我国消费发展带来前所未有的新机遇。

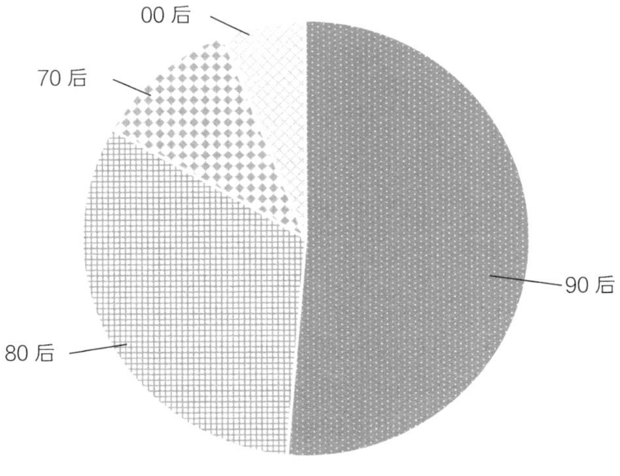

图1-2　2019—2020年旅游消费者中各年龄群体占比

资料来源：央视财经大数据

（四）新的消费理念逐渐出现

国货消费理念：随着国人的文化自信逐渐提升，“国潮”概念正逐步融入年轻人的消费行为与生活方式中，年轻人更加看重商品的品质和性价比，从过去的一味追求高端奢侈品转向有意识地淡化对品牌溢价的执着，他们对国货品牌的接受度越来越高。健康消费理念：2020年暴发的新冠肺炎疫情促使消费者持续增加健康消费支出，广大消费者对健康消费的认识达到了一个新高度，消费者普遍对带有健康、安全、品质等属性的选项格外重视。如健康家电产品购买、全民体育运动。便捷化消费理念：随着现代社会生活节奏的加快，消费者因工作时间过长导致闲暇时间变少，越来越倾向于足不出户、方便快捷、简单直接的消费方式。如在网上点外卖、用扫地机器人处理家务、用手机购物等。体验消费理念：随着人们的物质需求得到极大满足，人们逐渐从追求买得起的商品，到追求质量好的品牌商品，再到注重情感体验，更加重视精神的愉悦与舒适及优越感。如去星巴克喝咖啡，购买的是休闲；入住希尔顿酒店，购买的是舒适与安心。

三、双循环新发展格局对佛山市消费发展提出新要求

构建国内国际双循环相互促进的新发展格局，是我国基于国内发展形势、把握国际发展大势所做出的重大科学判断和重要战略选择。双循环发展战略实施也赋予了佛山市消费发展新的要求。

（一）扩大国内消费需求

构建双循环新发展格局的主体是国内大循环，战略基点是扩大内需，而消费需求是内需的重要内容，也是社会再生产的原始动力，没有消费需求的有效实现，其他投资需求与出口需求则难以持续。在双循环新发展格局下，消费需求更多融于新的供应链方式——需求链管理中，企业必须把关注的焦点从供应转移到消费需求上。单纯的供应链管理思维也需要进化，这种进化就是以基于更好、更及时地满足顾客需求为导向的“需求链管理”。需求链的指挥者是消费者需求，而消费者需求的表现形式其实还是商品。佛山市作为全国消费品制造之都，消费品制造的供应链管理应与需求链管理紧密结

合，需在不断放大消费品制造业优势的基础上，利用国内庞大的消费需求规模拓宽市场空间。同时，要高度重视扩大本地居民的消费需求，加大对城市社会公共事业的投入力度，高质量满足居民的公共消费需求，激发居民消费潜力，为区域内双循环发展提供需求动力。

（二）促进居民消费升级

双循环发展的一个基本原理就在于通过消费结构与产业结构相互作用实现供需系统的高水平动态平衡，消费升级已成为双循环发展中产业链和价值链融合的核心动力。消费升级不但可以满足人们对于美好生活的向往和追求，而且对于拉动经济增长，应对新冠肺炎疫情对我国经济的冲击，推动“双循环”战略的实施，也将发挥不可小视的作用。在居民消费需求的不断创新和引领下，产业结构不断调整升级，推进消费结构升级的实现，同时产业及其产品的创新发展也可以创造新的消费需求，它所引致的新业态、新模式将通过畅通的国内产业链，进一步促进产业基础高级化、产业链现代化，推进产业链与需求链的互动耦合，最终实现更高层次的供需动态平衡。佛山市拥有深厚的工业基础，尤其在消费品制造业上具有较强的竞争优势。但在当前居民消费个性化、品质化、智能化、国际化的发展趋势下，仍需加快产业转型升级，以促进居民的享受型、发展型、体验型消费需求的实现，并进一步推进新技术和新商业模式不断向各行各业渗透，形成区域内生产、流通、消费融合发展和协同创新的新格局。

（三）增强企业自主创新能力

在双循环新发展格局下，创新链和价值链的高度融合要求国内企业重视自主创新，加强核心关键技术的研发和运用，提升产品的价值链高端化水平，因为“核心技术是企业长远发展的基石，在技术密集、知识密集的新经济领域更是如此”。当前国际形势复杂多变，从长远看，我国构建双循环发展新格局是为了保障国内供应链的稳定性和安全性。在新一代信息技术革命和产业革命的驱动下，企业必须尽快适应信息革命、数字化转型所引致的新经济、新业态、新模式的发展需求，加强核心关键技术的研发和运用，提升产品的价值链高端化水平，促进创新链和价值链的高度融合。佛山市作为全球著名的制造业之都，更需要大力推进制造业的智能化、高端化发展，不断增强企业的自主创新能力，让企业家坚守在创新链无可替代的岗位，从而在双循环的价值链重构过程中获取更大的市场空间和市场价值，在保障我国供应链稳定性和安全性上体现佛山担当。

四、双循环新发展格局下佛山市消费发展面临新挑战

双循环新发展格局下，佛山市消费发展面临的挑战主要来自国际、国内以及省域的外部环境变化，这些不同层面的外部环境变化直接给佛山市外贸出口市场、促消费助发展进程以及区域经济竞争等带来严峻挑战。

（一）国际层面：来自全球外贸出口市场结构性调整的挑战

构建双循环新发展格局虽然强调以国内循环为主体，但仍不能忽视国际循环的力量，尤其是伴随世界经济格局的调整，全球消费市场的重心和中心发生了相应的调整和变化。目前，世界经济格局出现的重要变化有“东升西降”“南升北降”，发展中国家和新兴经济体在世界经济增长中的贡献越来越大，其中，中国经济发展的表现尤为亮眼。在此背景下，发达国家以往的强劲市场需求所形成的支撑因素的作用在不断衰减，继续依托发达国家寻求产出“出路”，面临的约束显然已经越来越明显，佛山市消费品制造面临同样的出口约束。

2020年在全球新冠肺炎疫情的冲击下，世界经济和全球贸易遭受重创，在此国际形势下，佛山市消费品制造业曾经的“买全球、卖全球”的走出去方式也遭受不同程度的打击。2020年佛山市农产品、摩托车和农业机械行业同比跌幅超过两成。另一支柱行业家用电器出口同比下降15.3%，其中洗衣机出口骤降90%，这导致相关企业面临较大经营压力。佛山市商务局对400多家外贸企业的调查显示，95%的企业遭遇了订单被延迟，约75%的企业存在订单被取消的情况。另外，各国对新冠肺炎疫情的防控导致人员流动和物流运输受限，出口产品的研发、营销和交付面临困难，对外出口情况仍不容乐观。由此，佛山市国际商贸将面临出口市场结构性调整的挑战，在出口国家和出口产品类型的选择上需重新适应全球新冠肺炎疫情防控新形势。在新冠肺炎疫情制约传统物流通道畅通的同时，更需要加速制造业企业和外贸企

业的数字化进程，大力发展跨境电商等外贸新业态。要在物流、海外仓建设等配套行业下功夫，从海关、税务、外汇、金融服务等多层次寻求突破，更大程度发挥电商在传统制造业转型中的催化剂作用。

（二）全国层面：来自各省市促消费助发展竞争加剧的挑战

2020年新冠肺炎疫情对我国经济发展造成很大影响，消费领域首当其冲，一些聚集性、流动性、接触性消费和一些非必需的消费受到影响。为此，国家出台了一系列促进消费发展的政策，国家发改委等十三部门联合印发《关于支持新业态新模式健康发展　激活消费市场带动扩大就业的意见》、商务部办公厅印发《商务部办公厅关于加强协作联动　推动加大金融支持稳外贸稳外资促消费力度的工作通知》等。各省市也出台了一系列政策举措促进消费，尤其是宁波、无锡等城市GDP（国内生产总值）规模和佛山相近，但是社会消费品零售（以下简称“社消零”）总额高于佛山，这是因为他们高度重视促消费助发展，出台的相关政策成效显著。

如宁波市为了大力提振居民消费信心，提出“提信心、促消费”十项行动，具体为：网上消费激发行动、线上住宿餐饮推广行动、工会消费助力行动、文化和旅游消费升级行动、“消费促进月”行动、夜间消费激活行动、筹办20场大型重要展会行动、开放全市公共体育场馆行动、营造放心消费环境行动、金融分类对接服务业企业行动。

无锡市出台更“接地气”的《关于进一步提升消费信心激发消费需求的若干措施》，以发放消费券、升级消费场所、激发夜经济等举措，着力提振市民消费信心。一是政府依托灵锡App等线上平台发放6000万元电子消费券，有效激发广大市民的消费热情。同时，鼓励商家、企业线上发放消费券，对消费券实际带动营业收入的前30名，按消费券实际兑付额的10%给予补助。二是为恢复升级需求而进行改造提升消费场所，包括对滨湖商业街等现有街区进行升级改造等。三是鼓励梁溪区、滨湖区、新吴区等制订夜间消费提升计划，部分有条件的场所试行24小时营业，推动“深夜食堂”、24小时便利店建设等，丰富夜间经济业态。

未来，在我国各省市积极构建双循环新发展格局的形势下，促消费助发展将成为践行扩内需战略的重要发力点，许多省会城市通过积极创建国际性消费中心城市促进消费发展，诸多非省会城市则通过建设区域性消费中心城市以提振消费信心。佛山市作为一个以制造业为主的城市，在消费发展上一直有短板，面对新冠肺炎疫情后各省市在促消费助发展上“八仙过海”式竞争，其压力与挑战是显而易见的。

（三）省域层面：来自粤港澳大湾区国际消费枢纽建设的挑战

2021年5月8日广东全省贸易高质量发展大会在广州召开，省委书记李希强调：牢牢把握扩大内需战略基点，强化中国国内市场布局，优化国际市场布局，打造粤港澳大湾区国际消费枢纽。同年11月，广东省政府办公厅印发了《关于促进城市消费的若干政策措施》，明确提出9个方面共26条具体措施，提出要壮大市场主体，优化消费环境，多措并举促进商圈、汽车、餐饮、文旅、时尚等消费，进一步落实广东省贸易高质量发展大会精神，推进粤港澳大湾区国际消费枢纽建设。大湾区内各城市各自发挥其城市消费特色，积极参与国际消费枢纽建设，在消费发展上竞争态势明显，由此带来的区域经济竞争也日趋明显，尤其是东莞、珠海、中山等城市经济大有赶超佛山之势。2020年，珠三角地区居民人均消费超过3万元，高于全国（21210元）和广东（28491元）水平，其中，佛山、珠海、东莞、中山远远高于广东平均水平，这也得益于这些城市出台了有力的促进消费发展的举措。

如2020年东莞市针对新冠肺炎疫情出台了《完善促进消费体制机制实施方案》，具体举措包括推进重点服务消费领域加快发展，推动实物消费结构升级，促进农村消费提质升级，培育壮大绿色新兴消费市场，推进重点领域产品和服务质量标准建设，建立健全消费领域信用维权体系，稳定改善消费预期等7个方面。2021年东莞市出台《关于大力发展首店经济　促进商业消费升级的若干措施（试行）》，在首店引进奖励、招引企业奖励、门店装修补助、租金减免补助、门店升级补助等方面给予真金白银的支持；同时，探索实行新产品“预归类”、预裁定、预先检测试点和进口商品检验结果采信制度，鼓励有国际影响力的高端知名品牌、设计师品牌、高级定制品牌等在东莞首发新品。

2020年3月，珠海市针对疫情出台的《关于进一步优化供给促进消费增长的若干措施》从5个方面提出18条具体措施以激发消费潜力，具体内容包括：对消费有显著引领和支撑作用的骨干企业给予奖励；鼓励小型商贸企业转成限额以上企业；支持制造业企业成立销售公司，促进工业企业网络销售数据纳入社消零统；鼓励提升特色商业街区的发展水平。尤其在支持发展夜间经济以及促进汽车和家电消费上，财政支持力度极大，如对深夜营业时间和夜间营业额达到一定条件的经营主体，按年度夜间营业成本的20%给予资金支持；对主办及参加大型车展的企业进行补助；对年销售额达5亿元并开展家电以旧换新活动的家电销售企业，每家企业给予奖励20万元。

在当前我国着力建设以“国内大循环为主体、国内国际双循环相互促进”的新发展格局中，佛山市如何在促外贸的同时，充分利用广东省建设国际消费枢纽的契机，大力提升消费对经济增长的贡献率，将在一定程度上决定佛山市高质量发展的水平。尤其是在当前中美贸易摩擦长期化、国际贸易不确定性增加的背景下，拓展本土消费市场的紧迫性不断提高，面对粤港澳大湾区内各城市在促消费助发展上“你追我赶”的竞争形势，佛山市亟须开展消费发展的战略研究，通过更为务实、更为精准的消费发展举措，大力提升城乡居民生活消费品质，实现生产生态和生活融合发展型城市建设的目标。

战略篇

Zhanlüe Pian

第二章
佛山市消费发展的基本现状与总体思路研究

佛山是我国制造业大市、全国科技进步先进市，对制造业坚定不移的支撑是构成其经济坚实向好的优势底色。然而，佛山想要成为新发展格局的重要节点城市和现代化大城市，在区域发展中获得更强的首位度，就需大力补齐消费发展的短板，构建发达的消费环境，真正实现产、城、人融合发展。

一、佛山市消费发展概况

改革开放40多年来，佛山市发展出了一整套齐全的工业体系门类，消费品制造业被视为佛山市的“立市之本”。有数据显示，全世界25%的电饭煲、33%的抽油烟机、43%的热水器、48%的微波炉都产自佛山市。然而，作为消费品制造之都，佛山市的消费发展却较慢，尤其与同级别的其他城市如东莞、苏州、泉州等相比，差距较大。

（一）社会消费品零售状况

1. 社消零总额占比下降

从消费总量看，佛山社消零总额增长较慢。2016—2020年，佛山社消零总额以2.18%的速度缓慢增长，从3017.76亿元增长至3289.09亿元。佛山社消零总额与东莞及省外竞争性城市的差距不断拉大，如图2-1所示，从2020年数据来看，佛山社消零总额比东莞少451亿元，比苏州、成都分别少4413亿元、4830亿元，比长沙、西安、泉州、福州分别少1181亿元、1700亿元、1940亿元、937亿元，比杭州、南京分别少2684亿元、3914亿元。

近五年，佛山社消零总额占GDP的比重从34.46%下降到30.41%，东莞由34.03%增至38.76%。2020年，全国社消零实现391981亿元，占GDP的比重为38.58%；广东省社消零实现40207.85亿元，占GDP的比重为36.3%。而如图2-2所示，佛山社消零总额占GDP的比重低于泉州超过20个百分点，低

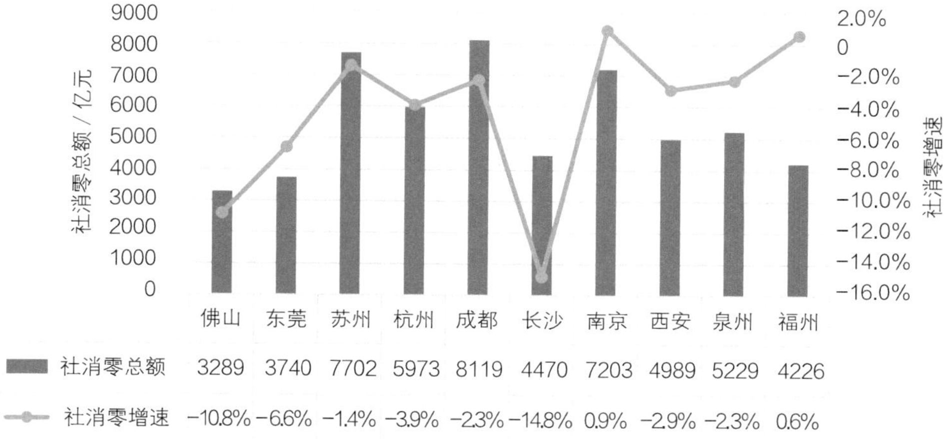

图2-1　2020年主要城市社消零总额及增速比较

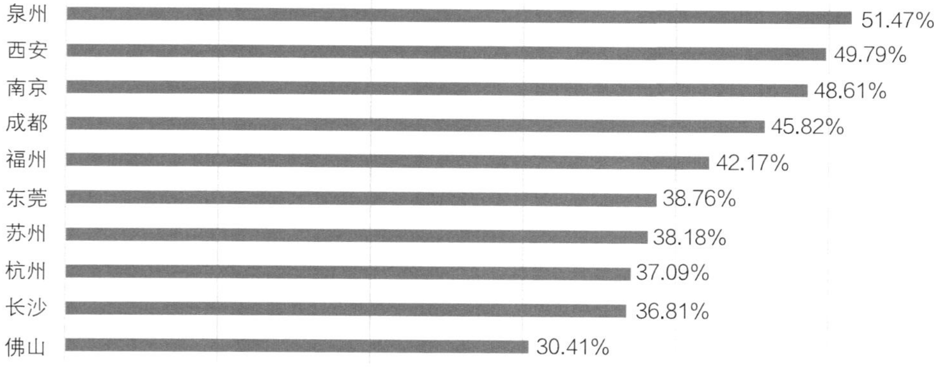

图2-2　2020年主要城市社消零总额对GDP的贡献对比

于西安近20个百分点，低于南京超过18个百分点，低于福州近12个百分点。从社消零总额占GDP的比重来看，佛山消费对经济的贡献度不足。

如图2-3所示，佛山社消零总额占第三产业比重下降。2016—2020年，佛山第三产业占GDP比重从38.17%提高到42.13%，而社消零总额占第三产业比重从90.28%下降到72.18%。其中，2020年，佛山社消零总额占第三产业比重低于东莞超过16个百分点，高于杭州近18个百分点，低于泉州超过54个百分点。

2. 社消零总额增速总体增幅靠后

2016—2020年，佛山社消零总额增速从10.6%降至-10.8%，对经济拉动作用减缓。2020年，佛山社消零总额增速低于东莞4.2个百分点，低于南京近12个百分点，低于福州近11个百分点，低于苏州近9个百分点。如图2-4所示，2016年以来，佛山社消零总额总体增幅只有27.21%，在10个城市中排名倒数第4，与杭州基本持平。与泉州、苏州、东莞等城市差距明显。近年来东莞对年轻人的吸引力大，消费热度持续强劲，社消零总额五年增长73.58%，成为珠三角城市中的“黑马”。新晋万亿城市的泉州消费发展迅猛，社消零总额五年增长近113%。

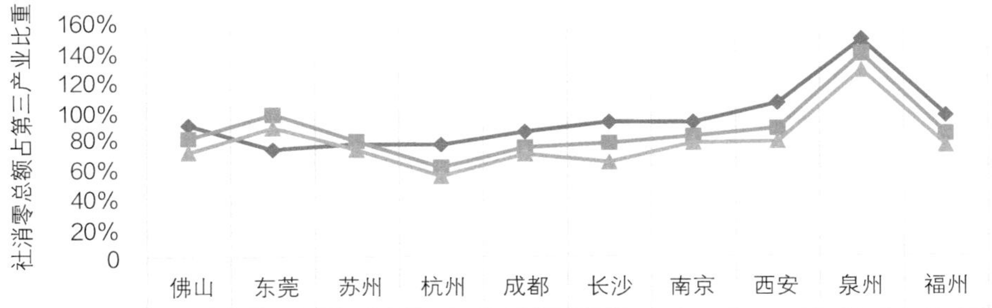

	佛山	东莞	苏州	杭州	成都	长沙	南京	西安	泉州	福州
2016 年	90.28%	73.18%	76.84%	76.48%	85.39%	92.06%	91.75%	104.80%	147.90%	95.90%
2019 年	81.00%	97.74%	78.87%	60.61%	74.49%	77.44%	82.03%	87.51%	138.10%	83.40%
2020 年	72.18%	88.28%	72.73%	54.50%	69.75%	64.04%	77.40%	78.21%	126.80%	75.21%

图2-3　2016—2020年主要城市社消零总额占第三产业比重

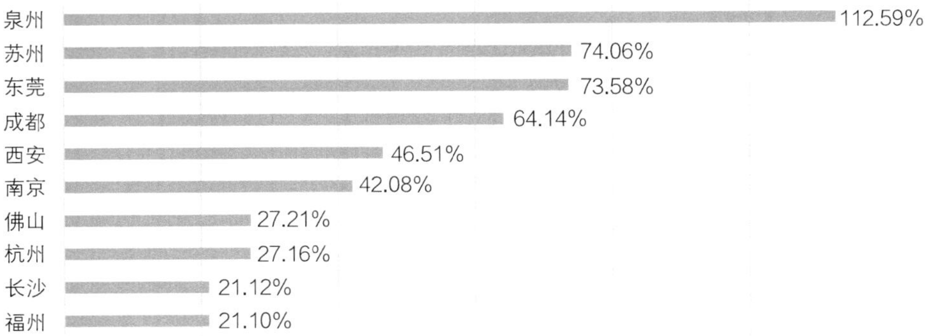

图2-4　2016—2020年主要城市社消零总额五年增长率对比

3. 社消零结构中升级类商品占比低

如图2-5所示，从社消零总额结构看，2020年，佛山全年实现的社消零总额为3289.09亿元，其中，批发业零售额2536.86亿元，占社消零总额77.13%；零售业零售额374.39亿元，占社消零总额11.38%；餐饮收入325.92亿元，占社消零总额9.91%；住宿收入51.92亿元，占社消零总额1.58%。

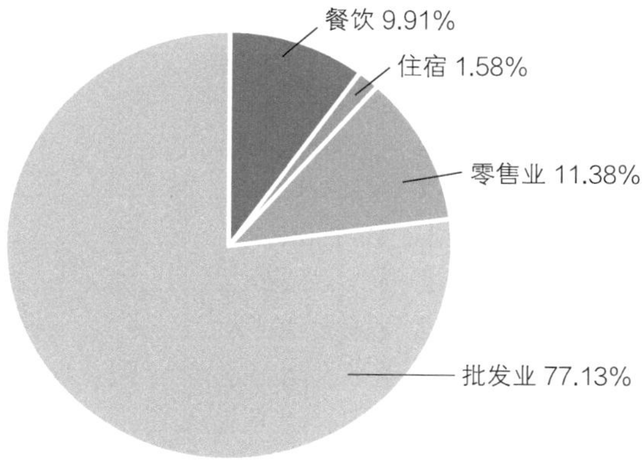

图2-5　2020年佛山社消零总额结构

如图2-6所示，从批发业零售结构看，矿产品、建材及化工产品批发业零售额1763.33亿元，占批发业零售额69.51%；纺织、服装及家庭用品批发业零售额543.94亿元，占批发业零售额21.44%；机械设备、五金产品及电子产品批发业零售额133.61亿元，占批发业零售额5.27%；农、林、牧、渔产品批发业零售额6.65亿元，占批发业零售额0.26%。

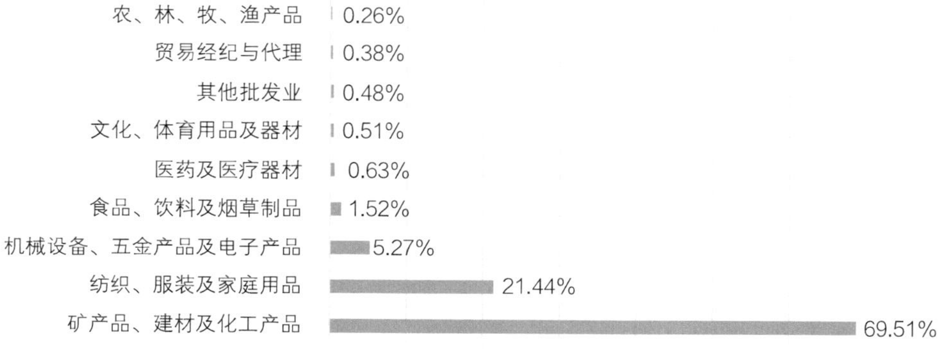

图2-6　2020年佛山批发业零售结构

如图2-7所示，从零售业零售结构看，汽车、摩托车、零配件和燃料及其他动力零售业零售额260.65亿元，占比69.62%，比重最大；货摊、无店铺及其他零售业零售额39.42亿元，占比10.53%；综合零售业零售额37.59亿元，占比10.04%；家用电器及电子产品零售业零售额13.31亿元，占比3.56%；食品、饮料及烟草制品零售业零售额2.74亿元，占比0.73%。

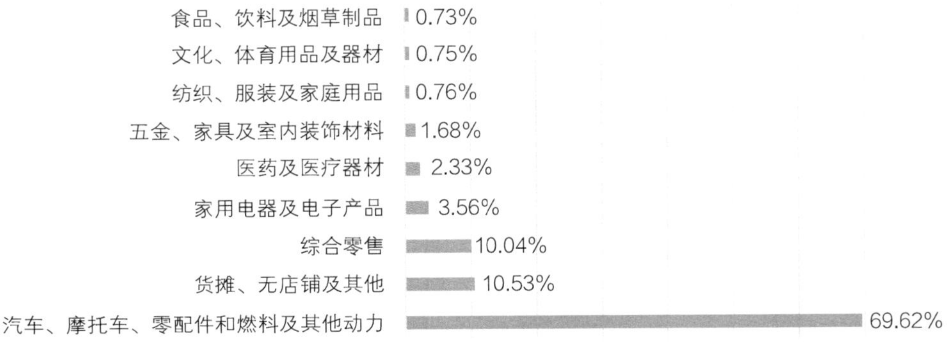

图2-7　2020年佛山零售业零售结构

（二）消费密度增速缓慢，城市消费吸客率逐步下降

消费密度是指每平方千米承载的消费金额。如图2-8所示，2016—2019年，佛山消费密度逐年增加，从0.79亿元/平方千米增至0.97亿元/平方千米，2020年受新冠肺炎疫情影响，佛山消费密度跌到0.87亿元/平方千米。东莞消费密度不断增长，一直走在佛山前面。2020年，东莞消费密度为1.52亿元/平方千米，南京消费密度为1.09亿元/平方千米，苏州消费密度为0.89亿元/平方千米。与杭州、成都、长沙、西安、泉州、福州相比，佛山消费密度占有明显优势。

城市消费吸客率逐步下降。如图2-9、图2-10所示，2016—2019年，佛山消费净流量分别为681.71亿元、759.19亿元、673.94亿元、587.45亿元。吸客率[①]分别为22.59%、22.86%、19.67%、15.94%，逐年下降。2020年，佛山消费净流量为-219.35亿元，吸客率为-6.67%，表现为消费净流出，其他九大城市吸客率都为正值，形成消费净流入。其中，南

① 吸客率$=\frac{\text{社会消费品零售总额}-\text{人均消费支出}\times\text{常住人口}}{\text{社会消费零售总额}}$=消费净流量÷社消零

京吸客率54.63%，泉州吸客率49.43%，福州吸客率37.17%。南京、泉州、福州文旅业发展兴盛，吸引了众多外地消费者到当地消费。佛山文旅业发展较滞后，对消费带动作用不强，加上广州、深圳的城市“虹吸效应”，佛山吸客率远低于其他九大城市。

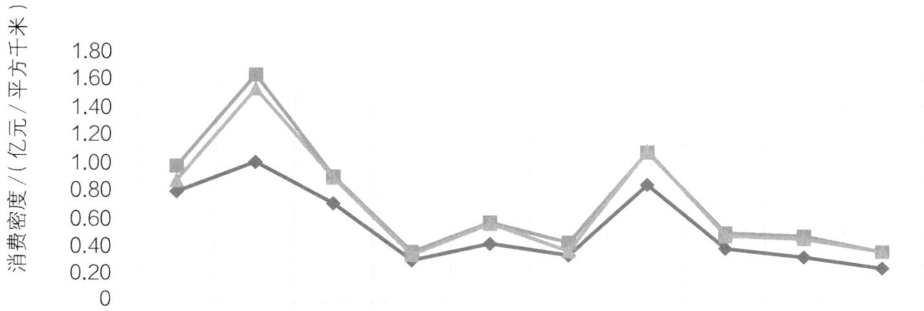

	佛山	东莞	苏州	杭州	成都	长沙	南京	西安	泉州	福州
2016 年	0.79	1.00	0.71	0.31	0.43	0.35	0.85	0.40	0.34	0.26
2019 年	0.97	1.62	0.90	0.37	0.58	0.44	1.08	0.51	0.49	0.38
2020 年	0.87	1.52	0.89	0.35	0.57	0.38	1.09	0.49	0.47	0.38

图2-8　2016—2020年主要城市消费密度对比

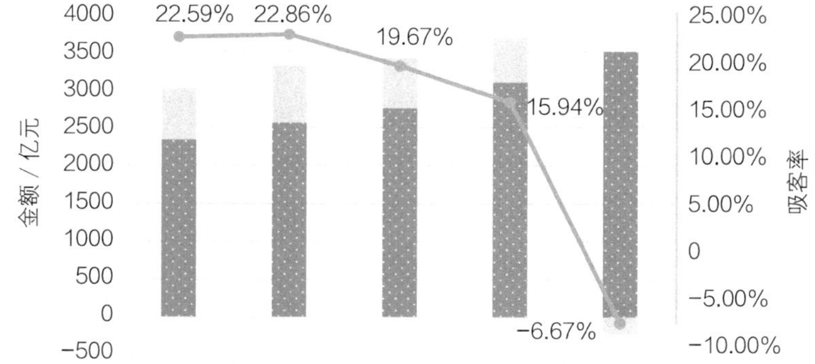

	2016 年	2017 年	2018 年	2019 年	2020 年
消费净流量	681.71	759.19	673.94	587.45	-219.35
居民消费总支出	2336.05	2561.24	2751.50	3097.82	3508.44
吸客率	22.59%	22.86%	19.67%	15.94%	-6.67%

图2-9　2016—2020年佛山吸客率分析

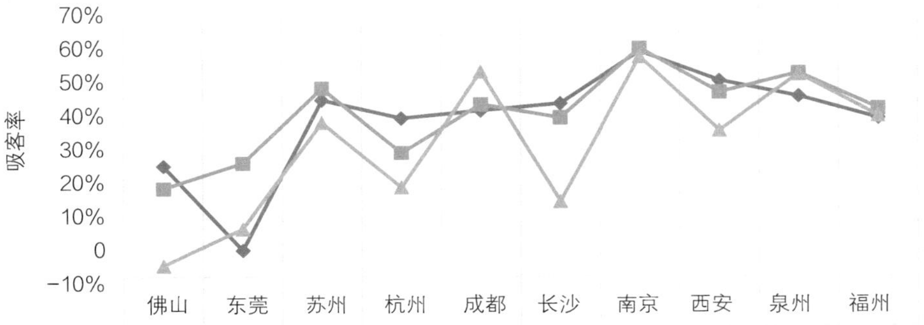

	佛山	东莞	苏州	杭州	成都	长沙	南京	西安	泉州	福州
2016 年	22.59%	-2.16%	41.98%	36.66%	38.88%	40.91%	56.25%	47.61%	42.92%	36.47%
2019 年	15.94%	23.48%	45.45%	26.53%	40.72%	36.78%	57.20%	44.15%	49.78%	39.33%
2020 年	-6.67%	4.12%	35.44%	16.24%	50.28%	12.03%	54.63%	32.99%	49.43%	37.17%

图2-10　2016—2020年主要城市吸客率分析

（三）消费新业态发展迅速，电子商务需求旺盛

快递业务量可以反映线上消费水平及电商发展水平。如图2-11所示，2020年佛山市快递业务量为9.55亿件，在全国排名第二十，快递业务量只有东莞的50%、泉州的60%左右，低于东莞超过11亿件、泉州近8亿件。佛山快递业务收入122.27亿元，低于东莞近128亿元，在全国排名第十一。从数据上看，佛山快递业务单件成本费用相当高。

消费智能化快速发展。佛山共享汽车投入市场超千辆，有共享单车近40万辆，每天运营频次大约是2.5次，周转率为178%。无人餐厅、无人超市、无人零售店分别为56个、27个、74个，无人服务、全自助智能化服务消费初露端倪。

教育文化娱乐人均消费额较高。如图2-12所示，2016—2019年，佛山教育文化娱乐人均消费额从3985元增至4727元，增长18.6%，在所选十大城市中排名第三。东莞教育文化娱乐人均消费额从3383元增至4244元，增长25.5%；苏州教育文化娱乐人均消费额从3965元增至5370元，增长35.4%，幅度最大。

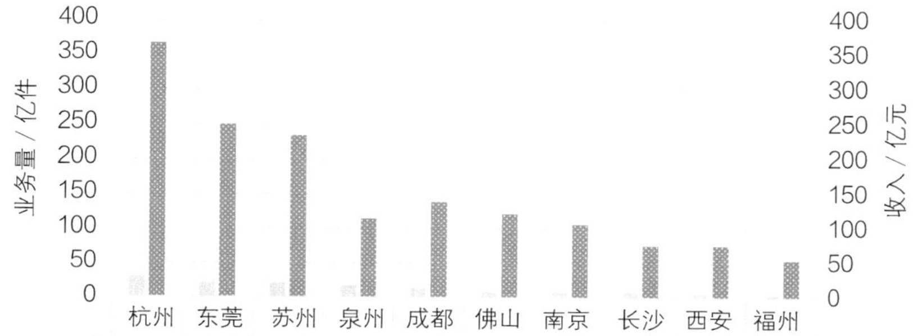

	杭州	东莞	苏州	泉州	成都	佛山	南京	长沙	西安	福州
快递业务量	30	21.17	21.02	17.18	14.32	9.55	9.51	9.31	6.71	4.59
快递业务收入	366.99	250.17	234.41	114.60	139.36	122.27	107.25	75.58	75.71	54.59

图2-11　2020年主要城市快递业务量及收入对比

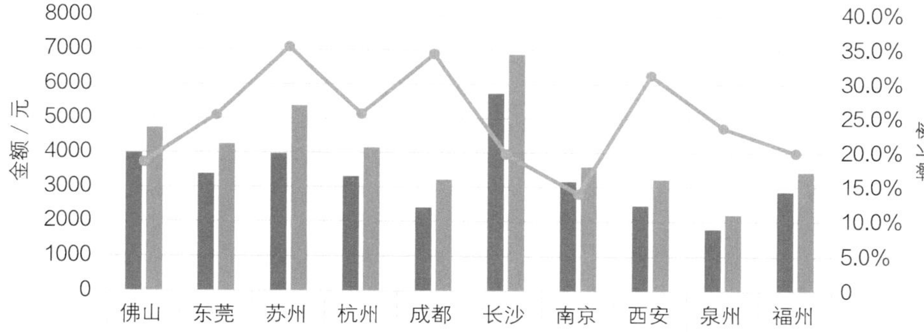

	佛山	东莞	苏州	杭州	成都	长沙	南京	西安	泉州	福州
2016 年	3985	3383	3965	3302	2392	5739	3164	2456	1781	2866
2019 年	4727	4244	5370	4149	3214	6876	3606	3224	2202	3439
增长率	18.6%	25.5%	35.4%	25.7%	34.4%	19.8%	14.0%	31.1%	23.6%	20.0%

图2-12　2016—2019年主要城市教育文化娱乐人均消费额对比

医疗保健人均消费额增长迅猛。如图2-13所示，2016—2019年，佛山医疗保健人均消费额从1210元增至2098元，增长73.4%，增速排名第二，仅次于杭州（91.6%），高于东莞（24.0%）。从2019年医疗保健人均消费额看，佛山低于杭州（3636元）、长沙（2569元）、南京（2420元）。

线上消费日趋活跃，但转化为统计数据不全面。如表2-1所示，2020年，佛山电子商务交易额达到10980.1亿元，高于同年GDP（10816.47亿元）。但2018—2020年，佛山社消零总额占电子商务交易额的比重分别为

43.40%、35.78%、29.96%，逐年降低，这反映佛山大量线上消费并未及时转化为统计数据并体现在社消零总额中，如图2-14所示。另外，佛山2020年跨境电商进出口额突增到508.17亿元，位列广东省首位，完成了全国首单大件跨境电商零售出口。

表2-1　2018—2020年佛山线上交易情况

线上交易情况	2018年	2019年	2020年	平均增速
电子商务交易额/亿元	7892.23	10300	10980.1	17.95%
跨境电商进出口额/亿元	88.91	76.22	508.17	139.07%
社消零/亿元	3425.44	3685.27	3289.09	-2.01%
GDP/亿元	9976.72	10751.02	10816.47	4.12%
社消零总额占电子商务交易额比重	43.40%	35.78%	29.96%	-11.20%
电子商务交易额占GDP比重	79.11%	95.80%	101.51%	13.28%

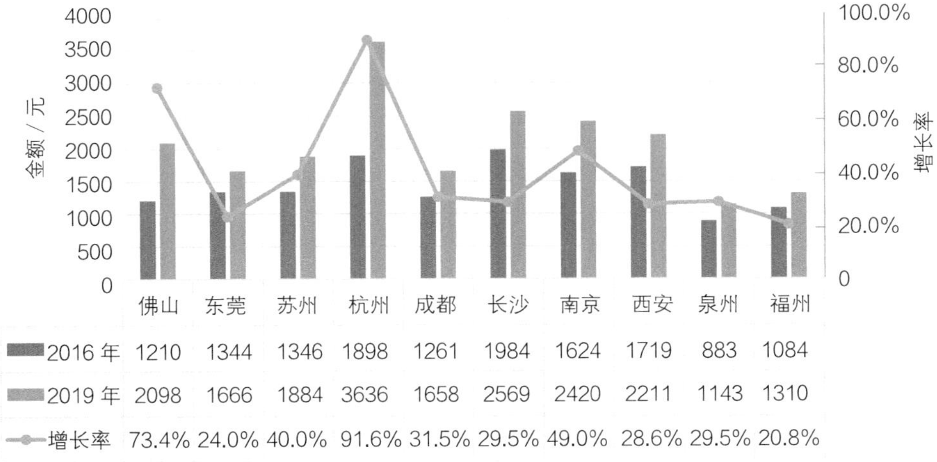

图2-13　2016—2019年主要城市医疗保健人均消费额对比

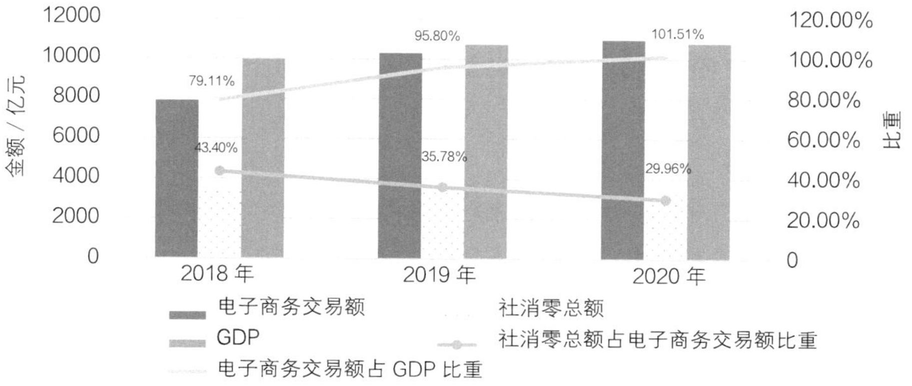

图2-14　2018—2020年佛山线上交易情况

（四）限额以上餐饮、住宿业增长慢，入库入统限额以上企业偏少

限额以上批发、零售、餐饮企业是行业中的优质重点单位，经营规模和经营能力位于行业上游水准，对消费市场发展起到引领作用。佛山的消费市场主体数量不少，但限额以上餐饮、住宿业增长缓慢，没有反映实际市场活跃的真实状况，这是佛山社消零总额偏低的一个重要原因。

佛山限额以上市场主体总量存在差距。如表2-2所示，2020年，佛山共有商贸注册企业135930家，其中限额以上商贸注册企业4573家，仅占注册类企业3.36%。在限额以上商贸注册企业中，批发企业3309家，零售企业667家，住宿企业207家，餐饮企业390家。同年，东莞共有商贸注册企业701872家，限额以上为4939家，其中批发企业3563家、零售企业759家、住宿和餐饮企业617家。

表2-2　2016—2020年佛山商贸注册企业

单位：家

企业类型	2016年	2017年	2018年	2019年	2020年	平均增速
批发企业	54828	63128	72534	77702	81850	10.54%
零售企业	25725	30061	34856	39851	46636	16.09%
住宿企业	1041	1111	1137	1220	1264	4.97%
餐饮企业	3503	4340	5197	5804	6180	15.25%
合计	85097	98640	113724	124577	135930	12.44%

2016—2020年，佛山的批发、零售、住宿、餐饮注册企业不断增加，批发企业从54828家增加到81850家，增加了27022家。同期零售企业增加了20911

家，住宿企业增加了223家，餐饮企业增加了2677家。如图2–15所示，2019年，杭州限额以上市场主体最多，为6498家，其中限额以上住宿、餐饮企业1125家，是佛山的近2倍。西安限额以上市场主体总量低于佛山，但限额以上住宿、餐饮企业达873家，是佛山的近1.5倍。

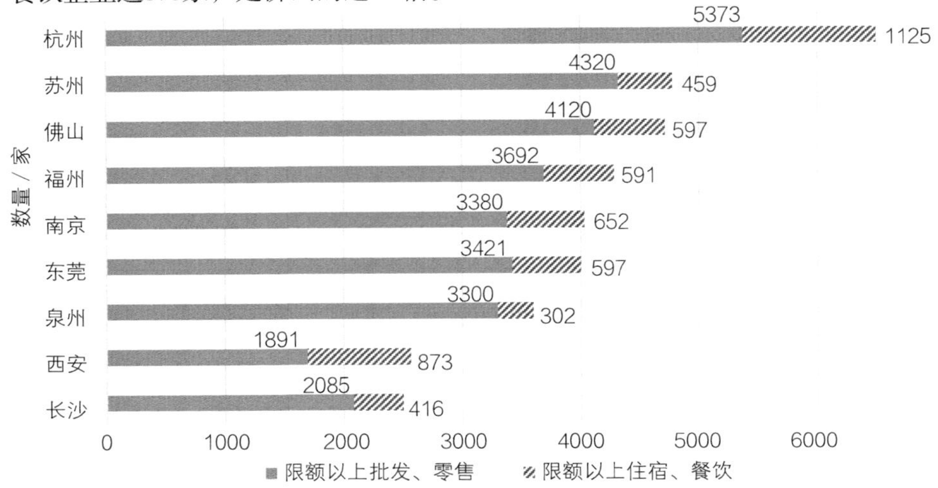

图2–15　2019年主要城市限额以上市场主体对比

如图2–16所示，2020年，佛山限额以上批发、零售、住宿、餐饮企业收入占佛山社消零总额的比重是32.1%。限额以上企业数量对社消零的弹性系数①为8.82。弹性系数远远大于1，这表明增加限额以上企业数量能成8.82倍级数提高限额以上企业收入占社消零总额的比重。

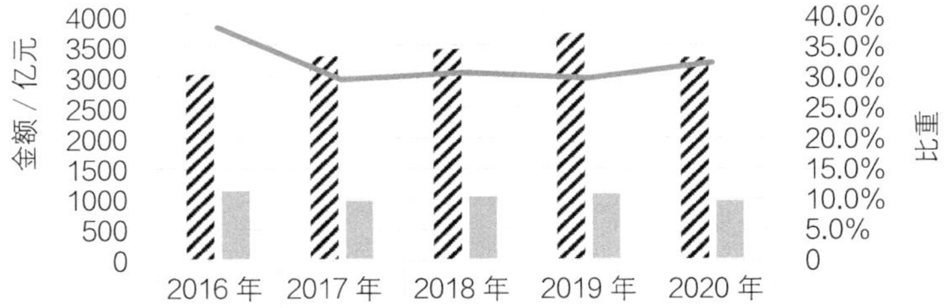

	2016 年	2017 年	2018 年	2019 年	2020 年
社消零总额	3017.76	3320.43	3425.44	3685.27	3289.09
限额以上合计收入	1142.95	977.76	1044.47	1092.14	974.73
限额以上合计收入占社消零总额比重	37.9%	29.4%	30.5%	29.6%	32.1%

图2–16　2016—2020年佛山限额以上企业收入对社消零的贡献

① 限额以上企业数量对社消零的弹性系数=限额以上企业收入占社消零比重÷限额以上企业数量占全注册类企业数量=30.50%÷3.46%≈8.82

佛山港澳台地区、外资批发、零售类限额以上企业少。如图2-17所示，2019年，东莞内资商贸企业3191家、港澳台企业143家、外资企业87家；佛山内资商贸企业4019家、港澳台企业20家、外资企业42家。东莞限额以上企业对社消零贡献大。2020年，东莞限额以上企业收入占社消零总额比重为37.21%，佛山仅为30.50%。

	内资商贸企业	港澳台企业	外资企业
佛山	4019	20	42
东莞	3191	143	87

图2-17　2019年佛山和东莞限额以上企业登记注册类型比较

佛山住宿、餐饮业增长缓慢。如图2-18所示，2020年，东莞住宿、餐饮注册企业110362家，佛山只有7444家，东莞住宿、餐饮注册企业是佛山的近14.8倍。两市限额以上企业数量相差不大，佛山有597家，东莞有617家，但收入差距大。2016年，两市住宿、餐饮业收入接近；2020年，东莞住宿、餐饮业收入已是佛山的2倍。2016—2020年佛山限额以上住宿、餐饮业收入对社消零总额的贡献从2.32%降到1.87%，而东莞则从2.88%提高到3.12%。

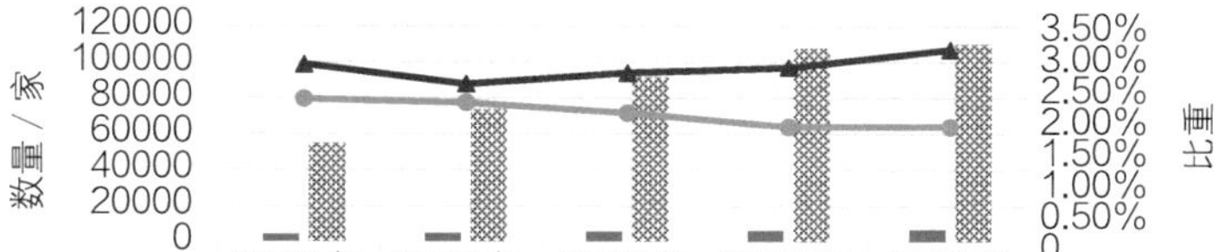

	2016 年	2017 年	2018 年	2019 年	2020 年
佛山注册企业	4544	5381	6238	6845	7444
东莞注册企业	54831	73499	91276	107703	110362
佛山限额以上企业收入占社消零总额比重	2.32%	2.26%	2.09%	1.87%	1.87%
东莞限额以上企业收入占社消零总额比重	2.88%	2.56%	2.74%	2.83%	3.12%

图2-18　2016—2020年佛山和东莞住宿、餐饮业比较

（五）农村居民收入与消费支出增速较快，但人均消费在万亿城市中最低

如表2-3所示，佛山居民人均可支配收入从2016年的41941元增至2020年的56245元，年均增速达7.61%，高于社消零2.18%的平均增速，高于GDP6.1%的平均增速，略高于深圳7.4%的平均增速，与东莞持平，但低于全省7.8%的平均增速。佛山城镇居民人均可支配收入从43120元增至57445元，农村居民人均可支配收入从24159元增至33440元，城乡居民人均可支配收入倍差由2019年的1.753 缩小至2020年的 1.718，城乡居民人均可支配收入差距逐步变小。

佛山全体居民人均生活消费支出从2016年的30562元增至2020年的36936元，年均增速达4.85%。虽低于全省4.9%的年均增速，但分别高出深圳1.4个百分点、东莞2个百分点。2020年佛山城镇居民人均生活消费支出为37664元，同比下降0.8%；农村居民人均生活消费支出为22259元，同比增长2%，增速高于城镇居民2.8个百分点，农村居民消费潜力巨大。

表2-3　佛山人均可支配收入及人均消费支出

单位：元

	2016年	2017年	2018年	2019年	2020年	平均增速
全体居民人均可支配收入	41941	45813	49630	54043	56245	7.61%
城镇居民人均可支配收入	43120	46849	50737	55232.8	57445	7.43%
农村居民人均可支配收入	24159	26390	28765	31503.4	33440	8.47%
全体居民人均生活消费支出	30562	32648	34053	37160	36936	4.85%
城镇居民人均生活消费支出	31303	33451	34804	37970.2	37664	4.73%
农村居民人均生活消费支出	16736	18262	19906	21822.5	22259	7.39%

如表2-4所示，在22个万亿GDP城市中，人均社消零总额排在前十名的城市分别为南京、上海、北京、苏州、泉州、青岛、福州、杭州、武汉和广州。佛山人均社消零总额为3.46万元，在22个万亿城市中人均消费最低。

表2-4　2020年万亿城市人均消费排行榜

城市	社消零总额/亿元	常住人口/万人	人均社消零总额/万元
南京	7203.0	931.5	7.73
上海	15932.5	2487.1	6.41
北京	13716.4	2189.3	6.27
苏州	7702.0	1274.8	6.04
泉州	5228.9	878.2	5.95
青岛	5203.1	1007.2	5.17
福州	4225.6	829.1	5.10
杭州	5973.0	1193.6	5.00
武汉	6149.8	1232.7	4.99
广州	9218.7	1867.7	4.94
深圳	8664.8	1756.0	4.96
济南	4469.1	920.2	4.86
合肥	4513.8	937.0	4.82
宁波	4238.3	940.0	4.51
长沙	4469.8	1004.8	4.45
南通	3370.4	772.7	4.36
郑州	5076.3	1260.1	4.03
无锡	2994.4	746.2	4.01
成都	8118.5	2093.8	3.88
西安	4989.3	1295.3	3.85
重庆	11787.2	3205.4	3.68
佛山	3289.1	949.9	3.46

（六）与全国消费发展的比较

1. 社消零总额贡献度低于全国平均水平

2020年，全国社消零实现391981亿元，同比下降3.9%，对GDP的贡献为38.58%，社消零总额占第三产业比重为70.8%。全省社消零实现40207.85亿元，对GDP的贡献为36.3%，社消零总额占第三产业比重为64.3%。佛山社消零总额3289.09亿元，同比下降10.75%，对GDP的贡献为30.41%，社消零总额占第三产业比重为72.18%。综上，佛山社消零总额增速、对GDP的贡献分别低于全国近7个百分点、8个百分点。

2. 医疗保健消费比重低于全国平均水平

如图2-19、图2-20所示，2019年，佛山与全国在食品烟酒、居住、交通通信方面的消费占比是最大的。相比较而言，佛山食品烟酒、交通通信占八大消费的比例为47.6%，全国中这两项占比为41.5%，可见佛山比全国这两项占比高了6.1%；教育文化娱乐占比高于全国1个百分点左右；居住消费差别不大；衣着、医疗保健消费所占比例都低于全国3个百分点左右。在大健康格局下，佛山可在医疗保健消费方面大力挖掘其潜力。

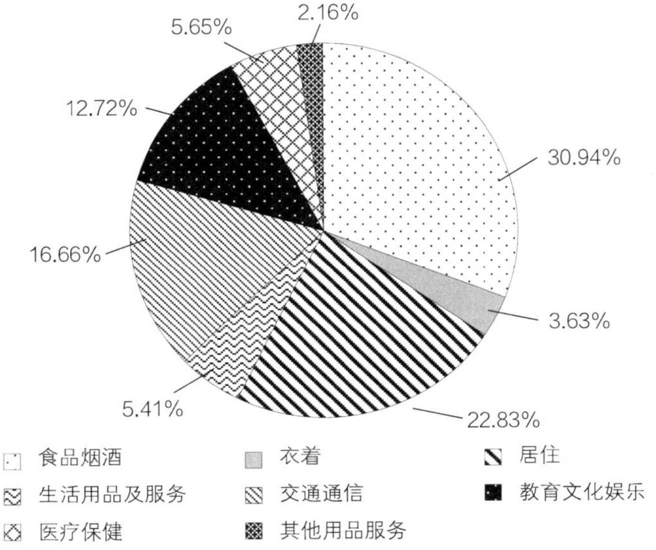

图2-19 2019年佛山人均各项消费支出占比

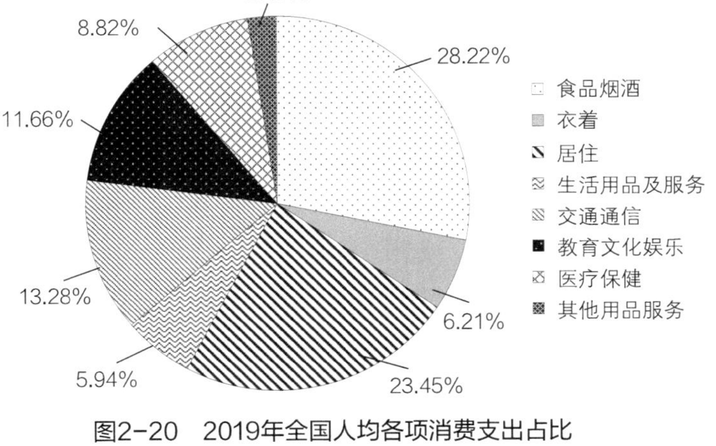

图2-20 2019年全国人均各项消费支出占比

3. 教育文化娱乐及交通通信消费支出增速低于全国平均水平

如表2-5所示，2019年，佛山在居住、生活用品及服务、医疗保健方面的消费支出增长速度大大高于全国水平，分别高于全国13%、16%、11%左右。教育文化娱乐消费支出增速低于全国近9%，交通通信消费支出增速低于全国超过8%。在追求高品质、个性化消费的新趋势下，佛山可大力刺激居民在教育文化娱乐方面的消费潜力。

表2-5 2019年佛山与全国居民各项消费支出增速

	食品烟酒	衣着	居住	生活用品及服务	交通通信	教育文化娱乐	医疗保健	其他用品和服务
佛山增速	5.4%	4.9%	21.5%	20.8%	-1.3%	4.3%	24.1%	11.7%
全国增速	8%	3.8%	8.8%	4.7%	7%	12.9%	12.9%	9.9%
佛山四年均速	5.3%	2.6%	9.2%	10.5%	7.4%	8.3%	20.3%	7.9%
全国四年均速	6%	3.6%	10.3%	7.8%	8.2%	9.9%	13.1%	7.8%

二、佛山市五区消费发展的比较分析

如表2-6所示，2020年，禅城区消费密度最大，消费净流量居五区榜首，吸客率最高。南海区、顺德区批发和零售额位居五区前列，顺德区、南海区、禅城区在网络零售方面位居全市前三位。

表2-6 2020年佛山五区消费发展分析

地区	社消零总量/亿元	社消零增速	第三产业占GDP比重	消费占第三产业比重	消费密度/亿元	消费净流量/亿元	吸客率
禅城区	754.96	-10.52%	64.9%	60.85%	4.90	257.79	34.15%
南海区	1096.69	-10.21%	43.6%	79.16%	1.02	-231.79	-21.14%
顺德区	1056.52	-10.63%	40%	77.53%	1.36	-285.39	-26.00%
高明区	124.21	-13.40%	21.5%	65.47%	0.13	8.60	6.92%
三水区	256.71	3.39%	25.3%	81.10%	0.31	79.67	31.03%

（一）社消零总额及增速

如图2-21至图2-23所示，2020年，禅城区社消零总额为754.96亿元，占全市22.95%；南海区社消零总额为1096.69亿元，占全市33.39%；顺德区社消零总额为1056.52亿元，占全市33.33%；高明区社消零总额为124.21亿元，占全市3.78%；三水区社消零总额为256.71亿元，占全市6.55%。从平均增速来看，三水区的平均增速5.21%，增长速度最快；禅城区平均增速0.26%，增长速度最慢。

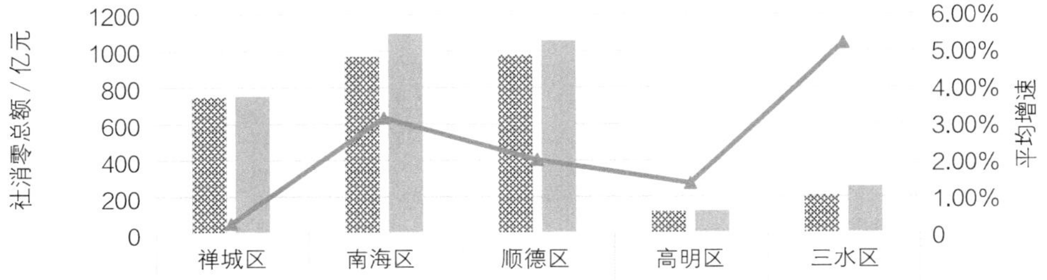

	禅城区	南海区	顺德区	高明区	三水区
2016 年	747.29	967.88	975.45	117.65	209.49
2020 年	754.96	1096.69	1056.52	124.21	256.71
平均增速	0.26%	3.17%	2.02%	1.37%	5.21%

图2-21　2016—2020年佛山五区社消零总额及平均增速

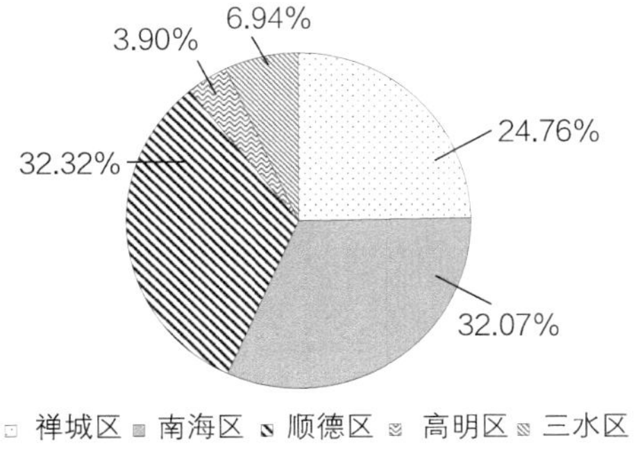

图2-22　2016年佛山五区社消零总额占比

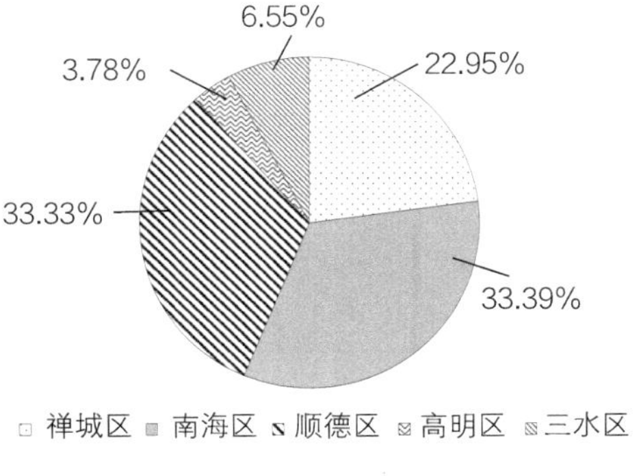

图2-23　2020年佛山五区社消零总额占比

（二）五区限额以上主体比较

如图2-24所示，2019年佛山限额以上市场主体主要分布于南海区、顺德区。2016—2019年，南海区限额以上批发零售业法人企业数从358个增至

1321个，限额以上住宿餐饮业法人企业数由108个增至191个；顺德区限额以上批发零售业法人企业数从730个增至1223个，限额以上住宿餐饮业法人企业数由100个增至136个。

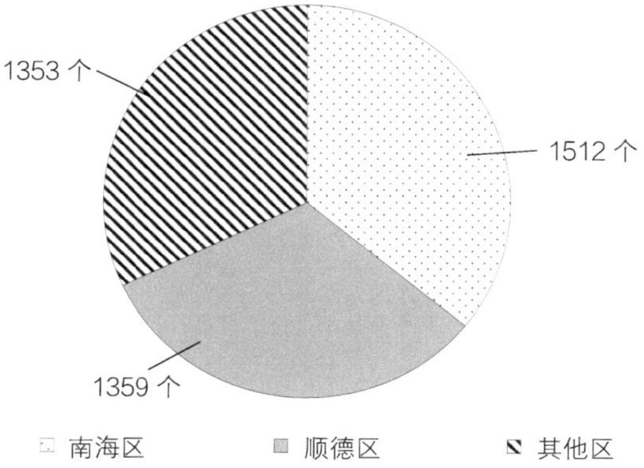

图2-24　2019年佛山各区限额以上市场主体

（三）城市吸客率

如图2-25所示，2016—2020年，五区吸客率均有所下降，其中下降幅度最大的是顺德区，从2.64%下降到-26%。其次是南海区，从5.12%下降到-21.14%。禅城区吸客率最高，其次是三水区。2020年，即使有疫情发生，禅城区吸客率也维持在34.15%，三水区吸客率达到31.03%。

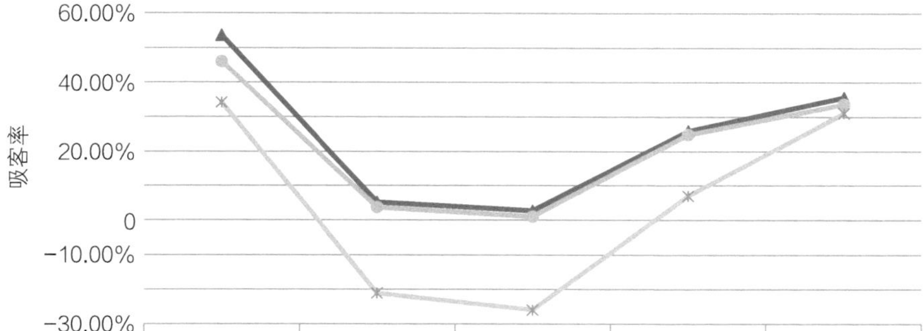

	禅城区	南海区	顺德区	高明区	三水区
2016 年	53.59%	5.12%	2.64%	25.93%	35.59%
2019 年	45.99%	3.59%	0.93%	24.85%	33.59%
2020 年	34.15%	-21.14%	-26.00%	6.92%	31.03%

图2-25　佛山五区吸客率

（四）批发和零售业

如图2-26所示，2016—2020年，南海区和顺德区批发和零售额一直位居五区前列。2019年，两区分别为1072.14亿元、1083.09亿元。高明区和三水区批发零额规模小。禅城区批发和零售额很稳定，一直维持在700亿元规模。从增速看，南海区平均增速为3.53%，全市最快，顺德区平均增速为1.92%。

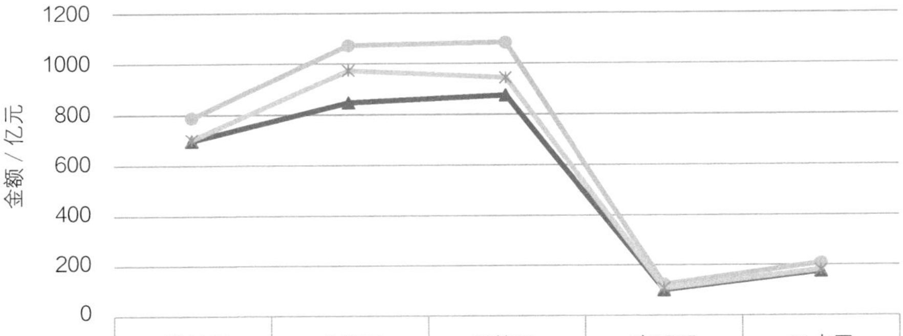

	禅城区	南海区	顺德区	高明区	三水区
2016 年	698.59	847.53	875.55	101.60	175.37
2019 年	788.49	1072.14	1083.09	124.18	208.30
2020 年	703.40	973.50	944.57	108.37	181.41

图2-26　2016—2020年佛山五区批发和零售额

（五）住宿餐饮业

如图2-27所示，2016—2019年，南海区住宿和餐饮收入每年都位于五区榜首。但是，在2020年，顺德区突飞猛进，跃居第一位，达到151.66亿元。禅城区住宿餐饮业总量不大，每年维持在50亿元的规模。三水、高明两区住宿餐饮业量小，2020年合计不到50亿元。

三、主要结论及原因

上述佛山市消费发展的横向纵向与内部结构性比较，主要基于统计数据分析，由此得出的结论及原因分析只是初步性和基础性的，需在后续几章研究中进一步深化、补充和完善。

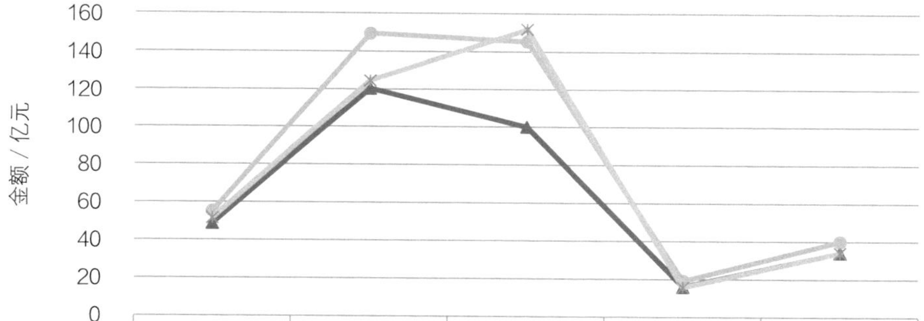

	禅城区	南海区	顺德区	高明区	三水区
2016 年	48.17	120.35	99.90	16.05	34.11
2019 年	55.23	149.32	145.27	19.25	40.00
2020 年	51.56	124.68	151.66	15.84	34.10

图2-27　2016—2020年佛山五区住宿和餐饮收入

（一）主要结论

一是消费对经济发展的基础性作用没有得到充分发挥。2020年，佛山市第一产业、第二产业、第三产业占比为1.5∶56.4∶42.1，相比其他万亿城市，第三产业比重较低，也低于全国12.4个百分点。2016年佛山社消零占第三产业的比重为90.28%，2020年为72.18%，2020年东莞社消零占第三产业的比重为84.44%，可见佛山比东莞社消零占第三产业的比重低了12.26个百分点。这些数据表明，佛山消费还有较大挖潜空间，消费对经济发展的基础性作用没有得到充分发挥。

二是五区消费对全市贡献程度差距大。从各区社消零占全市比重看，2020年，南海区占33.39%，顺德区占33.33%，禅城区占22.95%，三水区占6.55%，高明区占3.78%。南海区、顺德区、禅城区处于消费发展较好的地区，而三水区、高明区则消费发展较弱。

三是人均消费偏低，城市吸客率低。在22个万亿GDP城市中，佛山人均消费3.46万元，位居末位，而排第一名的南京是佛山的2倍多。佛山消费密度维持在0.79～0.97亿元/平方千米范围内。城市吸客率不断下降，2020年佛山吸客率为-6.67%，形成消费净流出，与其他城市差距逐步拉大。

四是佛山限额以上商贸企业数量偏少。2020年佛山市共有限额以上商贸企业4701家，限额以上企业收入合计924.73亿元，占社消零总额比重为30.5%。而广州限额以上企业收入占社消零总额比重为50%，东莞为49.9%，苏州为44.8%，无锡为37.0%。

（二）主要原因分析

1. 促消费在经济工作中的重视度不够

消费升级、产业升级与城市升级是相互促进、相互支撑的三个环节。扩大消费需求是佛山扩大服务业、增强制造业的有效途径，是构建双循环新发展格局的必然要求。佛山市在消费经济工作方面的欠缺体现在以下几个方面：①市级统筹力较弱，由市级、区级、镇（街道）三级联动打造消费品牌上，缺乏统一布局和定位。②发改、商务、工信、文旅、市监等部门缺乏协调一致的行动。③围绕消费聚集和消费便利，在全市范围内对商贸、消费设施、地铁站点统一规划设置方面，与广州、深圳、香港和其他城市存在较大差距。④对佛山家居、佛山美食等传统产业和岭南文化及其衍生文商旅体等项目和产品服务高端化开发不足。

2. 抓消费的举措过于单一

佛山市一直很重视制造业的发展，在推进制造业高质量发展上也出台了很多创新性举措，但在促消费助发展上显得力量单薄、经验不足，举措单一。佛山除了向市民发放惠民消费券、通过价格打折等方式，以直接的价格优惠激起市民消费欲望之外，还会举办促消费活动，比如通过制定一些促汽车消费的举措去刺激居民消费。这些举措较为单一，不具有可持续性。没有从消费氛围营造、消费新场景打造、消费商圈提质、多渠道增加居民收入等方面采取具体举措促进消费可持续发展，导致佛山社消零的增速缓慢甚至下滑，容易受到诸如疫情等不确定事件的影响。

3. 对新消费、新业态、新场景扶持不够

一是服务消费存在短板。健康、养老、家政、旅游、文化、教育培训等服务的需求旺盛，但消费服务供给存在短板，消费外流现象比较突出，不少市民赴广州、深圳等地消费。二是本土电子商务企业发展不足。规模偏小，十分缺少实战型电商人才，招聘和留住员工的难度非常大。三是跨境电商企业发展政策制约明显。广州、深圳集跨境电子商务试点城市、跨境电子商务综合试验区、自贸区于一体，而佛山未获得相关的资格，与广深的差距逐渐被拉大，导致大量消费数据和税收流出。四是城市消费场景与消费设施相对滞后。佛山缺乏高端消费商圈和商业街区、综合性商业地标，以及有影响力的消费类展会，难以满足消费升级需求，广州对佛山消费产生了强大的虹吸效应。

4. 城乡（五区）融合发展不平衡、不充分

一是五区经济发展水平和产业结构不平衡。比如禅城区第三产业占比64.9%，占比在五区中是最高的；高明区、三水区的第三产业占比非常低，分别为21.5%、25.3%。二是各区人口规模、人均收入、消费水平、消费基础设施不平衡。三是农村消费产品、服务供给过于单一，未能满足村民日益多样化的消费需求。另外，佛山消费发展缺乏强力统筹部门，“市弱区强”、“各自为政”、城市紧凑性欠弱以及促消费体制机制不顺，都不同程度地影响佛山消费状况。

5. 消费经济统计方法不科学

消费统计漏洞是佛山批发零售规模及增速偏低的一个重要原因。例如大沥每年的批发零售交易额达6000～7000亿元，由于深圳、广州有保税区资格，很多商家选择广州、深圳作为贸易注册地。这部分巨大的交易额数据被统计在广州、深圳的社消零总额里。佛山市已经进入了万亿元俱乐部，而GDP核算还只停留在生产法，统计数据指标细分不够，如关于现代服务业的数据统计，佛山市没有对生产性服务业的数据统计，而东莞市则有相关统计数据。苏州从2013年开始便增加了网络零售的统计，2019年东莞市统计局已新增对电子商务交易额、电子商务网络零售额的统计。与广州、深圳、东莞相比，佛山消费数据统计工作差距很大。

四、佛山市消费发展的总体思路

佛山消费发展总体思路可以用“五四三二一”来概括，即通过五条实现路径（城市间互联、广佛间互补、二三产互融、五区间互动、部门间互通），抓住四个建设机会（粤港澳大湾区极点城市建设、广佛同城化建设、

国家文化与旅游消费试点城市建设、广东省放心消费示范城市建设），补齐三个服务短板（生产性服务、生活性服务、社会公共服务），擦亮两张城市名片（全球消费品制造之都、岭南文化核心消费区），实现一个中心目标（区域性消费中心）。思路框架图如图2-28所示。

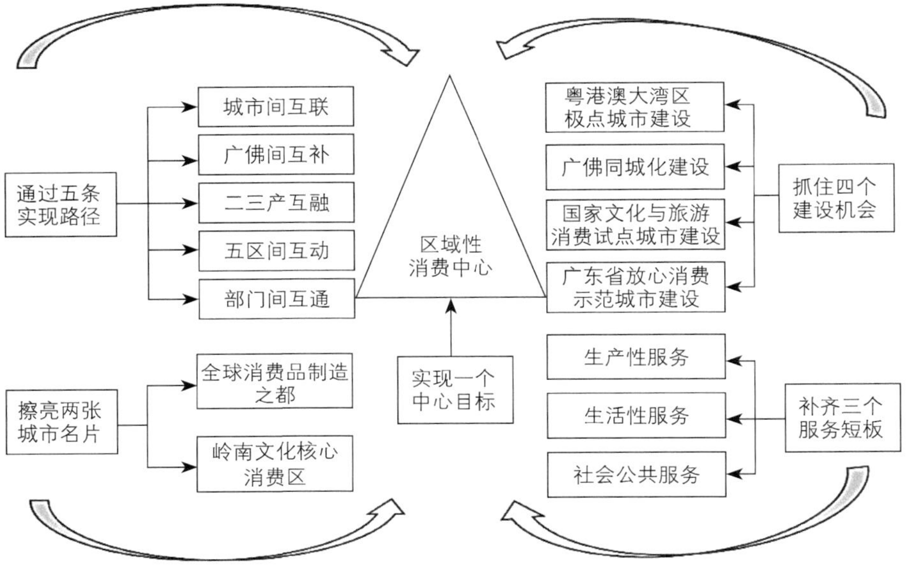

图2-28 佛山消费发展总体思路

（一）通过五条实现路径：城市间互联、广佛间互补、二三产互融、五区间互动、部门间互通

（1）城市间互联：一是具备城市互联的经济基础。近些年佛山城市经济发展迅速，经济综合实力不断增强。如表2-7所示，2019年、2020年连续两年佛山市GDP都位居广东省第三位，排在第一的是深圳，第二是广州。可见，作为一个地级市，佛山市具备了与其他城市深度合作实现互联的经济基础。二是具备城市互联的政策条件。2019年，《中共广东省委 广东省人民政府关于贯彻落实〈粤港澳大湾区发展规划纲要〉的实施意见》明确了打造佛山三龙湾高端创新集聚区、佛山粤港澳合作高端服务示范区、珠三角枢纽（广州新）机场、佛山南海国家环境服务业华南集聚区、“香港+佛山”等一批与佛

山发展相关的重点平台、项目和改革任务，这也给佛山加强与大湾区内城市互联提供很好的政策条件。

表2-7 广东省各城市经济基本情况

排名	城市	2020年/亿元	2019年/亿元	增量/亿元	名义增速/%	2019年常住人口/万人	人均GDP/万元	人均GDP/万美元	人均排名
1	深圳	27670.24	26927.09	743.15	2.76	1343.88	20.59	2.99	1
2	广州	25019.11	23628.60	1390.51	5.88	1530.59	16.35	2.37	3
3	佛山	10816.47	10751.02	65.45	0.61	815.86	13.26	1.92	4
4	东莞	9650.19	9482.50	167.69	1.77	846.45	11.40	1.65	5
5	惠州	4221.79	4177.41	44.38	1.06	488	8.65	1.25	7
6	珠海	3481.94	3435.89	46.05	1.34	202.37	17.21	2.49	2
7	茂名	3276.31	3252.34	26.97	0.83	641.15	5.11	0.74	11
8	江门	3200.95	3146.64	54.31	1.73	463.03	6.91	1.00	8
9	中山	3151.59	3101.10	50.49	1.63	338	9.32	1.32	6
10	湛江	3100.22	3064.72	35.50	1.16	736	4.21	0.61	15
11	汕头	2730.58	2694.08	36.50	1.35	466.48	4.82	0.70	12
12	肇庆	2311.65	2248.80	62.85	2.79	418.71	5.52	0.80	9
13	揭阳	2102.14	2101.77	0.37	0.02	610.5	3.44	0.50	20
14	清远	1777.15	1689.22	78.93	4.65	388.58	4.57	0.66	13
15	阳江	1360.44	1292.18	68.26	5.28	257.09	5.29	0.77	10
16	韶关	1353.49	1318.41	35.08	2.66	303.04	4.47	0.65	14
17	梅州	1207.89	1187.06	20.83	1.74	438.3	2.76	0.40	21
18	汕尾	1123.81	1080.30	43.51	4.03	301.5	3.73	0.51	18
19	河源	1102.74	1080.03	22.71	2.10	310.56	3.55	0.51	19
20	潮州	1096.98	1080.94	16.04	1.48	265.98	4.12	0.60	16
21	云浮	1002.18	921.96	80.22	8.70	254.52	3.94	0.57	17

（2）广佛间互补。广州和佛山都隶属于广东省，且行政区划上空间接壤，在发展模式上非常相似，至少可以在两个方面实现互补。一是产业发展互补。佛山可以依托广州引进先进服务业，广州也可以依托佛山雄厚的制造业。如推进广佛创新同城，共建国际科技创新中心。深化产业协同发展，聚焦先进装备制造、汽车、新一代信息技术、生物医药与健康等产业，共建若

干个万亿级产业集群。在移动互联网和物联网下，更多佛山企业可用到广州的科技和互联网资源或渠道、技术，实现相互促进和带动。佛山本土知名品牌众多，发达的制造业企业可为两市院校的产业研究、人才培养、智能化和移动互联营销提供宽阔的舞台和绝佳试验田。二是消费市场互补。虽然广佛同城化会给佛山带来一定的消费虹吸效应，但只要佛山突出自身特色消费，就可以在消费市场上实现互补。如借鉴上海与苏州的旅游消费协同模式，在旅游市场上实行错位发展，上海作为中国的超级城市，通过独特的商圈辐射到苏州，使苏州成为最好的旅游城市。广州和佛山都具有丰富的旅游资源，可以利用全域旅游的网络体系，促进两市旅游市场合作共赢。此外，佛山的房价较低，而广州房地产限购，直接拉动了广佛交界处、佛山房产价格，广州房产需求和价格可直接引入或传递给佛山。广州大力打造国际性消费中心城市，佛山可以利用便捷的交通优势所引致的更多商业流和消费流，积极打造国际性消费副中心城市，助力建设区域性消费中心城市。

（3）二三产互融。佛山市是典型的工业之城，制造业十分发达。纵观2019年佛山企业上榜的榜单，制造企业数量占据了绝对优势地位。在2019年《财富》中国500强榜单上，佛山有6家企业上榜，其中4家是制造企业，包括美的集团、海信家电、联塑集团、海天味业。佛山市第三产业总值低于第一产业，但发展速度较快，如图2-29所示，2019年佛山市GDP为10751.02亿元，比上年增长6.9%。其中，第一产业增加值156.92亿元，增长3.0%；第二产业增加值6044.62亿元，增长6.3%；第三产业增加值4549.48亿元，增长8.1%。可见，佛山市实现二三产融合发展具备一定的基础，可以在生产性服务业和制造业融合、工业旅游和文化旅游融合、产业和商业融合等方面发力。

（4）五区间互动。佛山市目前有五个城区，即禅城、南海、顺德、三水、高明，五区之间经济发展十分不平衡。如图2-30所示，2019年，禅城区、南海区、顺德区、高明区和三水区GDP分别为1920.45亿元、3176.62亿元、3523.18亿元、871.58亿元、1258.76亿元。南海、顺德显然经济总量更大，发展速度更快；禅城区GDP比南海、顺德稍低，显然与其中心城区地位不匹配；三水、高明与其他三区的差距更加明显。此外，受历史原因制约，佛山财政实力市弱区强，顺德、南海一直以来经济基础较好、发展很快，对佛山市的行政认同感较弱，这样导致五区之间经济社会发展各自为政，在很多经济社会活动如招商引资、项目建设、产业融合、旅游开发、政策制定等方面缺乏有机衔接和有效合作。未来佛山市消费发展无疑要加强五区之间的基层政府联动，在促消费助发展的过程中加强消费政策协调发展、消费商圈统一布局、消费管理体制机制优化，实现全市消费发展一盘棋，凝聚合力，共同发力。

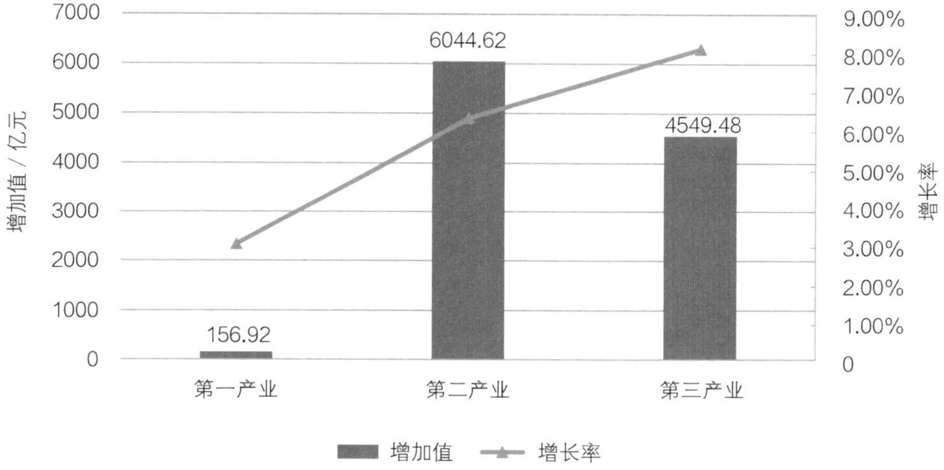

图2-29　2019年佛山三大产业增加值分析

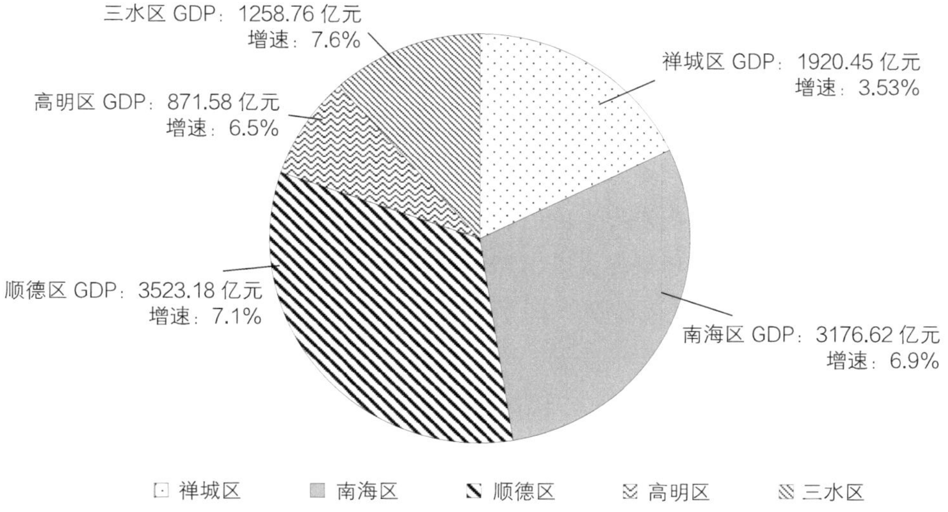

图2-30　2019年佛山五区生产总值一览

（5）部门间互通。课题组深入调研发现，佛山市基层政府某些职能部门之间缺乏有效沟通协调，导致一些“促消费助发展”的政策难以落地。如为了促进商贸业的逐步恢复，某商业综合体想举办一些大规模的场外活动，以提升消费人气，吸引更多的消费者。但是受新冠肺炎疫情防控管理的限制，申报活动的程序十分复杂，城管、公安、消防、疾控等职能部门怕担责，相互推诿，致使商业企业难以开展更多消费促销活动。再者，在促进旅游消费发展上，某区的旅游企业想通过开发套票形式，实现联动发展和抱团取暖，但是在景区的区间交通、大巴停车、财务结算等问题上，不同行政区之间不同职能部门（交通、城管、财政等）各自为政，难以协调和衔接，严重影响地区旅游业的全面恢复和发展。为此，未来各基层政府在执行“促消费助发展”的政策时，要强化部门联动、上下协同意识，加强沟通协作，建立多部门共商衔接机制，加强相关职能部门在“促消费助发展”工作上的配合，形成消费发展的合力。

（二）抓住四个建设机会：粤港澳大湾区极点城市建设、广佛同城化建设、国家文化与旅游消费试点城市建设、广东省放心消费示范城市建设

（1）粤港澳大湾区极点城市建设。2019年2月出台的《粤港澳大湾区发展规划纲要》，明确提出要打造三大极点，其中“广佛极点”由两个GDP达万亿元的城市——广州与佛山共同打造，两市共建大平台、大产业、大交通、大生态和大服务。广佛一体化发展，使得佛山以泛家居产品为代表的消费品，可依托于广州国际大城市拓宽全国消费市场，进而由内循环促进外循环，推动佛山制造走向世界。同时，未来随着港珠澳大桥、广深港高铁和莲塘新口岸陆续开通，粤港澳大湾区城市间交通运输连接将加强，大湾区内人员流动加快，“1小时生活圈”将逐步形成，这也为佛山发展消费服务行业提供了更广阔的市场和发展前景。

（2）广佛同城化建设。广佛同城化建设由来已久，从2009年至今，广佛同城化建设已从“市场自发互动”“同城化合作”迈向了“融合共建”的新阶段。2014—2018年，广佛两地合作专利总数为1329件，占广州的专利总数比重0.41%和跨市合作专利比重17.67%，占佛山的专利总数比重0.69%和

跨市合作专利比重68.10%。2017—2019年两年内，佛山市南海区先后与广州市白云、花都、番禺和南沙4区相互开通政务服务跨城通办，成为与广州市合作区域数量最多、范围最广的地区。自2002年起，广州部分院校与佛山合作办学，普通高中及以下层次的合作办学学校地点覆盖南海区、三水区、顺德区和高明区。如今，广佛共享地铁佛山一号线成为中国地铁史上的奇迹，创造了中国第一条跨越不同行政区域的线路。2018年12月，广佛两市签订《深化广佛同城化战略合作框架协议》，提出建立广佛“1+4”融合试验区。可见，广佛同城化建设为广佛间互补创造了前所未有的发展机遇。

（3）国家文化与旅游消费试点城市建设。2020年12月29日，文化和旅游部、国家发展改革委、财政部公布第一批国家文化和旅游消费试点城市（共60个），佛山成功入选，成为广东省4个入选城市之一。国家文化和旅游消费试点城市建设的目标是：推动形成若干促进文化和旅游消费的经验模式，探索激发文化和旅游消费潜力的长效机制，培育壮大文化和旅游消费新业态新模式，促进文化和旅游消费高质量发展，助力形成强大的国内市场。未来，佛山市应以入选试点城市为契机，以建设世界功夫之城、世界美食之都、博物馆之城、南方影视中心为抓手，出台一系列文旅消费的具体政策与举措，促进佛山文旅消费高质量发展，提升城市文化消费魅力。

（4）广东省放心消费示范城市建设。2017年3月15日，佛山成为广东省首个放心消费创建试点城市，佛山消费维权工作一直处于全省乃至全国的领先地位。其中，包括率先建立了政府层面的消费维权和社会监督工作领导机构，率先对消费维权投诉举报平台进行了深度整合，率先在放心消费环境创建方面进行了有益探索，走出了一条具有佛山特色的消费维权创新路子。2018年起，佛山开始放心消费示范城市建设，消费示范点（示范单位）数量不断增加，维权案件为消费者挽回的损失金额不断增加；同时，创建单位不断创新服务，近5万家会员企业参与放心消费示范工作，给佛山消费发展营造了宽松、和谐的消费环境，保护了居民消费的积极性，使居民敢消费、放心消费。

（三）补齐三个服务短板：生产性服务、生活性服务、社会公共服务

（1）生产性服务业发展较慢。生产性服务业是指为保持工业生产过程

的连续性、促进工业技术进步、推动产业升级和提高生产效率提供保障服务的服务行业，主要包括研发设计与其他技术服务、货物运输服务、仓储和邮政快递服务、信息服务、金融服务、生产性租赁服务、商务服务等。佛山市虽然是制造业大市，但与颇具竞争力的东莞市相比，其生产性服务业发展明显不足。如图2-31、图2-32所示，2018年、2019年佛山市金融业增速分

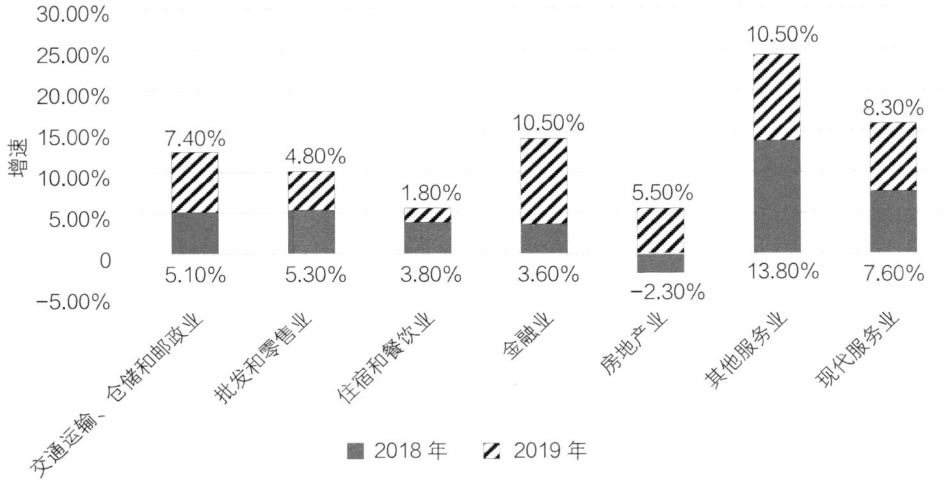

图2-31 佛山服务业增速情况

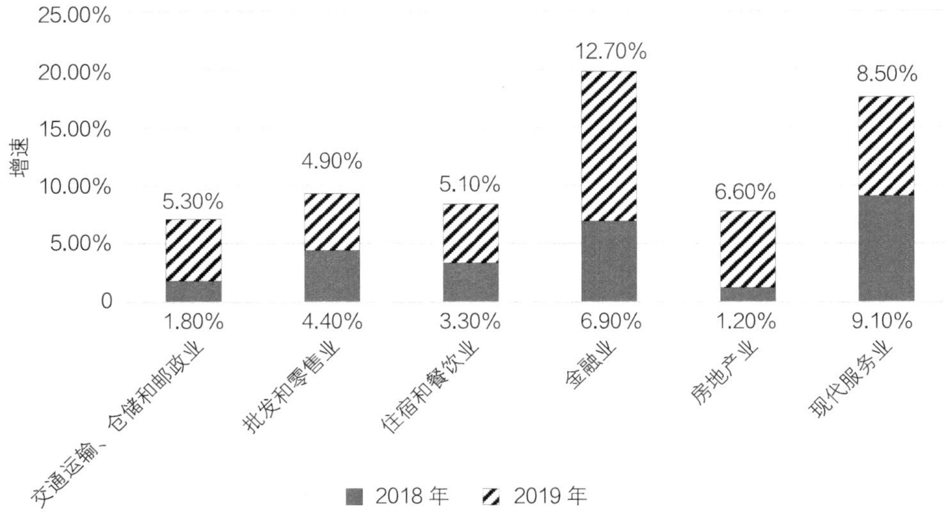

图2-32 东莞服务业增速情况

别为3.6%、10.5%，现代服务业增加值分别为2496.25亿元、2734.64亿元，增速分别为7.6%、8.3%；2018年、2019年东莞市金融业增速分别为6.9%、12.7%，现代服务业增加值分别为2561.00亿元、2523.52亿元，增速分别为9.1%、8.5%。2018年东莞生产性服务业增加值为2177.92亿元，增长10.5%。

（2）生活性服务发展滞后。生活性服务业是指直接向居民提供物质和精神生活消费产品及服务的行业，其产品、服务用于解决消费者生活中（非生产中）的各种需求，主要包括餐饮业、住宿业、家政服务业、洗染业、美发美容业、沐浴业、人像摄影业、维修服务业和再生资源回收业等服务业态。与颇具竞争力的东莞市相比，佛山生活性服务业也存在较大差距，如2018年、2019年佛山市住宿业和餐饮业增速分别为3.8%、1.8%，2018年、2019年东莞住宿业和餐饮业增速分别为3.3%、5.1%。从居民消费端看，2019年佛山市居民人均教育文化娱乐支出增长4.3%，东莞市居民人均教育文化娱乐支出增长10.3%，两市差距较大。

（3）优质社会公共服务供给不足。社会公共服务包括加强城乡公共设施建设，发展教育、科技、文化、卫生、体育等公共事业，为社会公众参与社会经济、政治、文化活动等提供保障。截至2019年底，佛山市共有卫生机构2097个，共有文化馆6间，博物馆（含民办博物馆）23间，共有普通高等学校13所，普通高中60所。2019年度广东省评定的星级养老机构名单里，五星级只有佛山市禅城区康颐养老院1家。可见，佛山公共服务品质与群众期待还有不少差距。

（四）擦亮两张城市名片：全球消费品制造之都、岭南文化核心消费区

（1）打造全球消费品制造之都。佛山制造业一直以来具有显著优势，尤其是消费品制造业。在“2019胡润品牌榜”上，美的集团以710亿元品牌价值排名榜单第28位，在家用电器行业中排名第1位；佛山市海天调味食品股份有限公司以615亿元品牌价值排名榜单第32位，在食品饮料行业中排名第2。美的、碧桂园、海天、东鹏、联塑、雄塑、蒙娜丽莎、恒洁、佛山照明、志高、万家乐、小熊电器等一批佛山企业上榜2019中国品牌价值500强。佛山智造产业领跑全国，《2019中国新互联网企业·智能制造企业TOP100》中，美

的集团排名第7，佛山华数机器人有限公司排名第88。2019世界智能制造中心城市潜力榜显示，佛山在世界排名第24。未来，应不断擦亮佛山消费品制造之都的城市名片，鼓励顺德打造全球有影响力的消费品制造中心。

（2）打造岭南文化核心消费区。佛山市是岭南文化的重要发源地，它是珠江三角洲的“美食之乡”，佛山盲公饼、扎蹄、大良野鸡卷、炸牛奶、蹦沙、南海鱼生、大福饼、九江煎堆等皆名闻遐迩。佛山是全国功夫之城，是中国南派武术的主要发源地，汇集了南北不下于60种拳种。佛山石湾素有“南国陶都”之称，这里有500年窑火不断的南风古灶，如今被打造成4A级旅游景区。佛山地处珠江三角洲腹地，河网密布，孕育了丰富的龙舟民俗文化。截至2020年6月，佛山拥有14项国家级非遗项目以及50项省级以上非遗项目，共有15名国家级非遗传承人，这三项数据均位居全省第三。这些都给佛山居民营造了深厚的文化消费氛围，成为吸引更多国内外游客的独特城市魅力所在。未来，佛山市应大力打造岭南文化核心消费区，重塑城市文化名片，改变全国乃至全球对佛山只是制造业之城的认识误区，扩大佛山文旅消费品牌影响力。

（五）实现一个中心目标：区域性消费中心

2021年作为“十四五”的开局之年，广东省政府工作报告明确提出，有序取消一些行政性限制消费购买的规定，支持广州、深圳建设国际消费中心城市，布局一批区域消费中心城市。很显然，佛山只能作为区域消费中心城市与广州、深圳、东莞等城市开展竞争和合作，争取成为与广州市消费错位发展的国际性消费副中心城市，成为广州市建设国际性消费中心城市的有力支撑。未来五年，佛山市经济社会发展目标定位是：粤港澳大湾区极点城市、全省地级市高质量发展领头羊、面向全球的国家制造业创新中心。消费作为经济社会发展的重要动力，佛山消费经济发展的目标定位应与总目标定位相一致，即粤港澳大湾区重要的消费增长极，辐射粤西北、带动云桂黔、影响东南亚的消费中心城市，面向粤港澳大湾区的区域性消费中心。

第三章 佛山市建设区域性消费中心城市战略研究

当前，大力扩大消费需求、促进消费高质量发展已成为我国积极构建双循环新发展格局的重要力量。2019年商务部等14部门联合印发的《关于培育建设国际消费中心城市的指导意见》，明确要培育一批国际性消费中心城市，同时通过建设国际消费中心城市带动一批专业化、特色化、区域性国际消费中心城市的建设。广东省积极响应我国双循环发展战略要求，大力促进消费发展，2021年5月8日在广东全省贸易高质量发展大会上，中共广东省委书记李希提出打造粤港澳大湾区国际消费枢纽。2021年7月19日国务院批复广州市成为我国综合性国际消费中心试点城市，为广东省打造粤港澳大湾区国际消费枢纽提供了有利的政策机遇。而广州市建设综合性国际消费中心试点城市离不开若干专业化、特色化、区域性国际消费中心城市的支持。佛山作为最邻近广州的城市，在广佛一体化不断深入的进程中，更能发挥其支撑作用。广佛两市具有全域同城化、产业互补、文化相通、交通互联的基础，大力支持佛山建设成为专业化、特色化、区域性国际消费中心城市，成为与广州市消费错位发展的国际性消费副中心城市，将更有利于推进粤港澳国际消费枢纽建设。

一、佛山在粤港澳大湾区国际消费枢纽中的地位与作用

佛山作为我国消费品制造之都，不仅在“世界科技+佛山智造+全球市场”的发展路径上独具特色，更有世界美食之都、功夫文化、岭南文化等文旅消费特色，这些都将是粤港澳大湾区国际消费枢纽的重要组成部分。

（一）广佛同城化为广州国际消费中心城市建设拓展新空间新场景

广州建设国际性消费中心城市的一个重要路径是推动国际消费与新场景深度融合。随着广州城市更新、新城区建设以及国际机场、高铁站场、

地铁以及其他交通枢纽设施的不断建设，城市的消费中心开始由“单中心”向“多中心”扩散，消费客流更多地从传统型商圈开始向新型商圈、大型景区、商贸园区和综合交通枢纽聚集，从而针对各种客流客群提供新场景的需求。这些新场景需要从客流动线上改变传统的城市空间布局和连通体系，从而聚集更强大的消费动能，形成具有吸引力的新消费场所。而佛山市作为广州最邻近的城市，显然具有显著的地缘优势。随着广佛同城化的深度推进，佛山的顺德、大沥、南海等将成为广州打造各具特色的新型消费聚集区的重要空间所在。同时，随着广佛居民通勤、交往及跨市居住、就业、消费等日趋频繁，教育文化资源共享逐步推动，公共卫生服务协作逐渐增强，广佛消费市场的互补性增强，进一步推进消费市场一体化发展，从而为广州建设成为全球消费者集聚的中心和粤港澳大湾区城市群联动发展的消费中心注入新动能，拓展新空间新场景。

（二）佛山“买全球、卖全球”的商贸模式将极大提升大湾区国际消费影响力

广东省打造国际性消费枢纽需要以国际化商贸为支撑，聚焦“国际”导向，凸显湾区特色，大力引入国内外商品和服务的知名品牌，培育具有全球影响力的广货名品，构建名流云集、名品荟萃的全球消费资源聚集地。而佛山作为我国消费品制造之都，在探索“世界科技+佛山智造+全球市场”创新发展之路上，走出了佛山特色，扩大了国际影响力。如佛山在全球建筑卫生陶瓷界的影响力，让中国各地建陶品牌汇聚佛山，近年还吸引韩国PATTERN TILE、马来西亚白马、意大利圣奥古丁等国际陶瓷品牌来佛山参展甚至设店，实实在在地体现了“买全球，卖全球，佛山商机无限”。佛山大沥镇38个专业市场发挥集群优势，逐步完善商贸服务体系，通过搭建宝力全球装配式建筑集中采购平台、众铝联产业链整合服务平台等线上平台，携手阿里巴巴集团打造全国首个新外贸示范镇等项目，汇聚全球商贸厂商、产品、渠道和信息资源，实现国内国外两个市场、线上线下两种资源以及产业链各环节的跨界，推动大沥更深度参与全球合作，助力南海对接全球进出口商品贸易，实现“买全球、卖全球”。

（三）佛山独特的岭南文化消费可增强大湾区国际消费集聚能力

国际性消费枢纽建设的一个重要目标就是增强国际消费集聚能力。大湾区国际性消费枢纽除了在消费品供给上实现“买全球、卖全球”，还需要通过具有显著地域特色、民族特色的文旅消费品牌，吸引全球、全国、全省的消费者，真正实现以“客流”带“消费流”，以“消费流”引“商贸流”，以全面激发消费市场活力。佛山作为大湾区重要消费节点城市，有着大湾区其他城市所没有的全球知名的特色文旅消费品牌，如有出自“世界美食之都”顺德的美食，有全球知名的功夫巨星李小龙、叶问和黄飞鸿等宗师带来的中国武术，有被称为“陶瓷活化石”的南风古灶等陶瓷历史古迹，等等。当下，佛山正以入选国家文化和旅游消费试点城市为契机，加快建设世界功夫之城、世界美食之都、博物馆之城、南方影视中心，打造粤港澳大湾区文旅休闲目的地、岭南文化消费核心集聚区。这些都将成为增强大湾区国际消费集聚能力的不可替代的力量。

（四）佛山日益完善的交通网络将夯实大湾区国际消费枢纽的现代交通基础

国际湾区的发展经验表明，轨道交通网络密度的提升，对于加速区域内城市间的经济联系，奠定湾区中心城市地位至关重要。国际消费枢纽离不开完善的国际综合交通枢纽，要实现大湾区城市间客流和商贸流的高效畅通，需要全面建设辐射区域、面向全国、通达全球的国际性综合交通枢纽。无论是广州建设国际消费中心城市，还是大湾区其他城市建设专业化区域性消费中心城市，都需要以多层级的立体化的综合交通枢纽为基础支撑。佛山作为粤港澳大湾区的重要交通节点城市，未来将修建14条地铁线路，其中9条与广州相连，同时还将筹建一座珠三角枢纽机场，与现在的广州白云机场一起辐射珠三角中西部地区。佛山市委、市政府还将重点打造三龙湾高端创新集聚区，加快推进跨市基础设施建设，广州地铁7号线西延顺德段、广佛肇高速二期等项目进展顺利，广佛大桥实现动工建设，海华大桥、番海大桥正式通车。佛山新机场是广东省重点打造的“5+4”骨干机场之一，也是粤港澳大湾区世界级机场群的重点枢纽。在广州交通枢纽布局的“五主三辅”枢纽中，佛山西站坐落在南海狮山镇，广州南站紧邻佛山，并通过南海新交通、佛山地铁2号线等轨道交通紧密相连。可以预见，在大湾区未来构建的国际综合交通网络中，佛山将为大湾区国际消费枢纽建设提供有效的交通基础设施支撑。

二、佛山建设区域性消费中心城市的消费发展基础

（一）社消零总额稳步增长

如图3–1所示，2021年上半年，佛山实现社消零总额1774.63亿元，同比增长18.1%。按消费类型分，全市实现商品零售额1636.17亿元，同比增长16%。餐饮收入138.46亿元，同比增长49.9%。从限额以上批发零售业商品零售分类看，汽车类大宗商品和耐用消费品热销，石油类商品零售额增长23.3%，汽车类商品零售额增长32.3%，家具消费额上涨43.7%；高科技产品迭代消费步伐加快，可穿戴智能设备、智能家用电器和音像器材、智能手机分别增长318.4%、21.3%、20.8%。

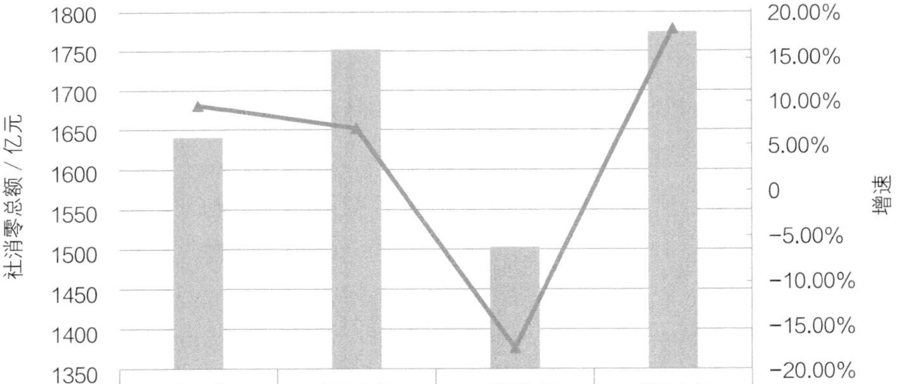

	2018 年	2019 年	2020 年	2021 年
社消零总额	1640.59	1752.61	1502.93	1774.63
增速	9.4%	6.8%	−17.7%	18.1%

图3–1　2018—2021年佛山上半年社消零总额及增速

（二）消费新业态、新模式快速发展

近些年佛山线上消费、无人零售、智能消费、共享消费等新业态、新模

式快速发展。电商直播赋能居民消费生活，佛山脱颖而出上榜2020我国十大直播之城。如图3-2所示，电子商务与跨境电商势头迅猛，2020年，佛山跨境电商进出口额增速高于当年GDP增速，进出口额位列广东省首位。以智能制造作为主打的顺德家电产品也受到了全国网友的热捧，3小时销量额达2.23亿元。2020年12月底，淘宝直播联合淘榜单发布“2020十大直播之城”，佛山上榜家装直播之城。佛山有共享单车近40万辆，每天运营的频次大约是2.5次，周转率为178%。无人餐厅、无人超市、无人零售店分别为56个、27个、74个。

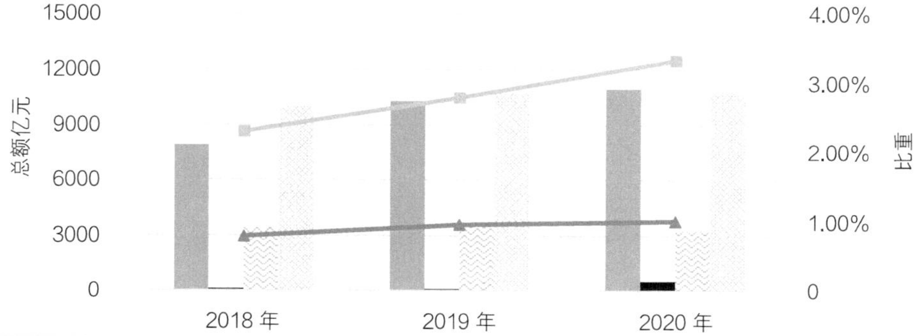

	2018年	2019年	2020年
电子商务交易额	7892.23	10300	10980.1
跨境电商进出口额	88.91	76.22	508.17
社消零	3425.44	3685.27	3289.09
GDP	9976.72	10751.02	10816.47
电子商务交易额占社消零比重	2.30%	2.79%	3.34%
电子商务交易额占 GDP 比重	0.79%	0.96%	1.02%

图3-2　2018—2020年佛山线上交易情况

（三）消费品制造品牌丰富

有家就有佛山品牌，有家就有佛山造。佛山制造业品质革命深入开展，消费品质量处于全省乃至全国领先地位。佛山注册商标、集体商标、证明商标、中国驰名商标、马德里体系国际注册商标拥有量居全省乃至全国前列；参与制（修）定国家标准、行业标准和拥有的广东省名牌产品数连续多年位居全省第一。佛山消费品制造业有多项世界冠军，如陶瓷的产量世界第一、电风扇的产量世界第一。佛山拥有美的、碧桂园、海信、格兰仕、海天、健力宝等知名企业，且拥有8家中国500强和76家广东500强企业。2020年12月，在北京召开的2020年企业标准“领跑者”大会上发布该年度第一批企业标准“领跑者”名单，佛山共有64项企业标准上榜，数量位居全国第一；全市累计企业标准“领跑者”达到95项，总数位居全国第一。

（四）文旅消费实现恢复性增长

2020年“五一”期间，全市接待国内外游客115.9万人次，同比恢复近四成。2021年“五一”期间，全市累计接待游客320.34万人次，同比增长176.39%，较2019年增长1.18%；全市累计接待过夜游客57.38万人次，同比增长469.65%，较2019年增长25.26%；全市旅游总收入18.41亿元，同比增长286.56%，较2019年增长37.47%。全市32个A级景区累计共接待游客155.61万人次，同比增长114.22%。

（五）消费环境明显改善

2017年佛山市开展全省放心消费试点城市创建工作，成效显著，得到国家市场监管总局和省市场监管局领导的充分肯定。佛山放心消费创建经验被《中国消费者报》头版刊发，并多次被“学习强国”平台、《中国工商报》、中国质量新闻网等报道。2018年，根据中国消费者协会的消费者满意度测评，佛山排名全国第四、广东省第一。根据广东省政府的《2018年广东省消费环境评价报告》，佛山排名全省第一。2019年12月，《广东佛山“五个聚焦”构筑放心消费环境社会共治生态圈》从全国近300个案例中脱颖而出，入选全国第二届市场监管领域社会共治政府类提名案例。2020年，佛山以街区、消费教育基地、消费维权服务站、肉菜社区直营及肉菜配送单位为创建类别，培育市级放心消费示范单位648家。群众食品安全满意度从2015年的74.94%提升至2020年的85.4%，安全放心消费环境持续改善。

三、佛山建设区域性消费中心城市的相关行业支撑状况

（一）商业贸易服务

1. 国内外贸易总量平稳增长

如表3-1所示，从2016年到2019年，国内外贸易总量以12.25%的速度平稳增长，高于同期GDP的增长速度。其中，对外贸易增长速度为12.79%，国内贸易增长速度为8.92%。另外，如图3-3所示，国内贸易和对外贸易结构比较稳定。2016年，二者比例为14.45：85.55；到2019年，二者比例略有变化，为13.21：86.79。

表3-1　2016—2019年国内外贸易基本情况

单位：亿元

年份	国内贸易	对外贸易	国内外贸易合计
2016	698	4131	4829
2017	716	4357	5073
2018	764	4599	5363
2019	902	5928	6830
平均增速	8.92%	12.79%	12.25%

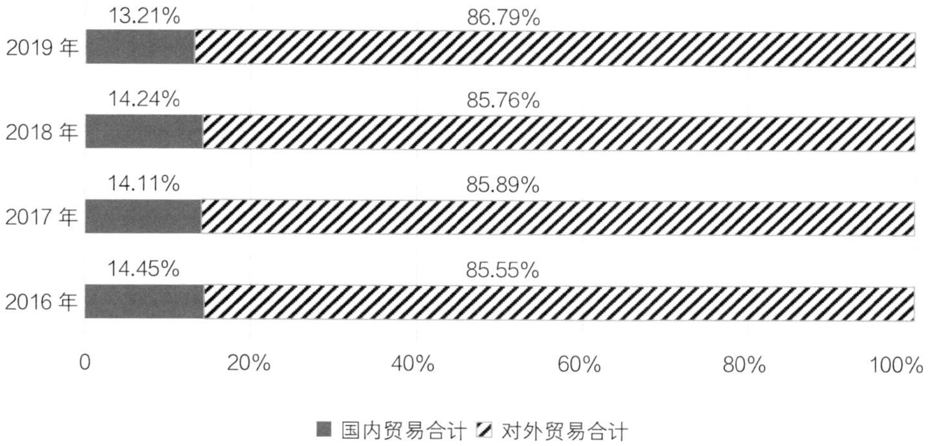

图3-3　2016—2019年国内外贸易结构分析

2. 佛山贸易出口量占比逐渐提高

如表3-2所示，2016—2019年，佛山出口总额以15.84%的速度逐渐增长，占对外贸易总额的比重也由75.17%提高到81.44%。

表3-2　2016—2019年佛山对外贸易结构分析

年份	金额/亿元			比重	
	出口	进口	对外贸易合计	出口	进口
2016	3105	1026	4131	75.17%	24.83%
2017	3154	1204	4358	72.37%	27.63%
2018	3527	1072	4599	76.69%	23.31%
2019	4828	1100	5928	81.44%	18.56%
平均增速	15.84%	2.36%	12.79%	—	—

出口贸易包括一般贸易、加工贸易、其余方式。如表3-3所示，2016—2019年，三者分别以16.65%、17.66%、11.51%的平均速度增长。其中，一般贸易占出口贸易的比重最大，如图3-4所示，2019年达到53.87%；其次是加工贸易，2019年达到26.92%。

表3-3 2016—2019年佛山出口贸易

单位：亿元

年份	一般贸易	加工贸易	其余方式
2016	1638.5	798.0	668.9
2017	1818.1	805.8	529.7
2018	1927.4	840.7	759.4
2019	2600.5	1299.7	927.4
平均增速	16.65%	17.66%	11.51%

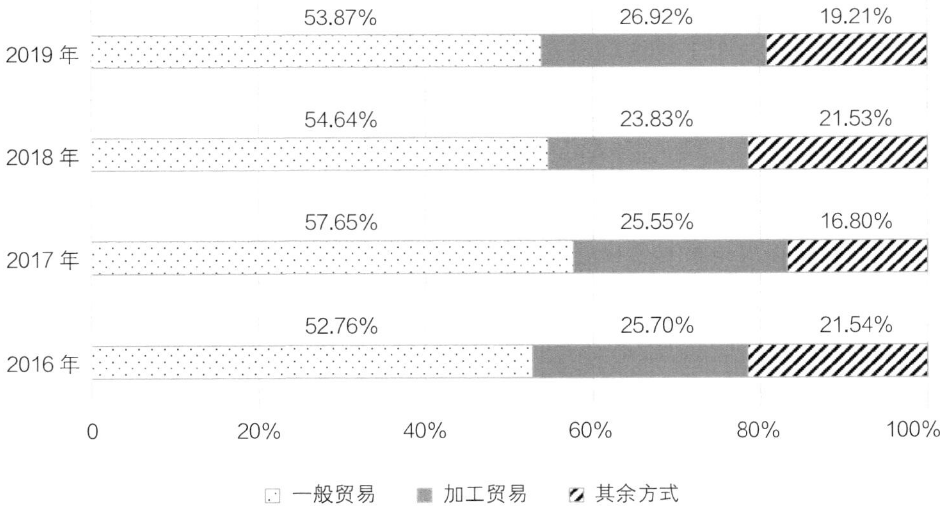

图3-4 2016—2019年佛山出口贸易结构分析

3. 佛山汽车终端销量、保有量、动力配件消费状况

如表3-4所示，2018—2020年，佛山汽车终端销售量分别为26.2万辆、26.87万辆、24.12万辆，平均增速为-4.05%，2020年同比下降10.23%。如图3-5所示，佛山汽车保有量逐年增加，以12.99%的平均增速从228万辆增加到291.1万辆。汽车普及率波动下降，平均每三个人拥有一辆汽车。

表3-4　2018—2020年佛山汽车销售量

汽车销售情况	2018年	2019年	2020年	平均增速
终端销量/万辆	26.2	26.87	24.12	-4.05%
保有量/万辆	228	273.8	291.1	12.99%
常住人口/万人	790.57	815.86	949.87	9.61%
普及率/（人/辆）	3.47	2.98	3.26	-2.99%

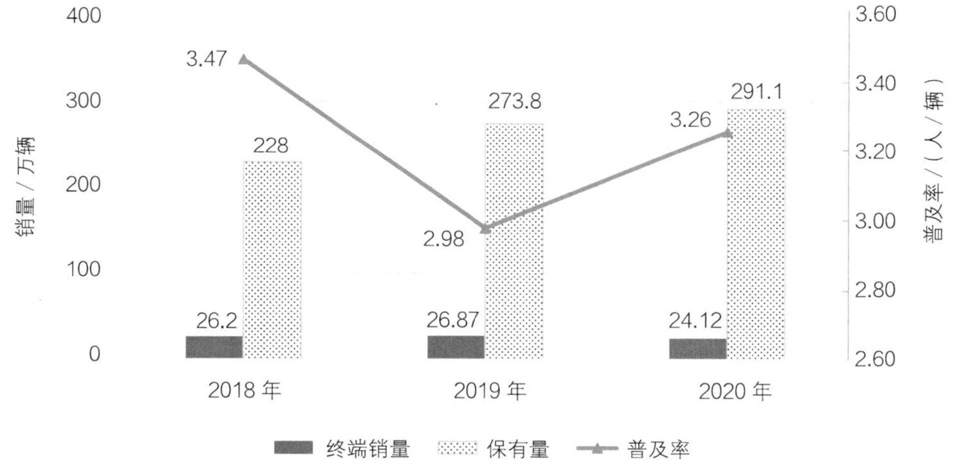

图3-5　2018—2020年佛山汽车销售状况

如表3-5所示，2016—2019年，佛山汽车、摩托车、零配件和燃料及其他动力批发额、零售额、销售总额呈下降趋势。销售总额由660.13亿元下降到576.67亿元。批发额下降速度最快，年均降速为19.91%；零售额由625.03亿元降至558.63亿元。佛山汽车、摩托车、零配件和燃料及其他动力销售额以零售额为主，零售额占比不断增加，由94.68%提高到96.87%，批发额占比波动减少。

表3-5　2016—2019年佛山汽车、摩托车、零配件和燃料及其他动力销售额

单位：亿元

年份	批发额	零售额	销售总额	批发额占比	零售额占比
2016	35.10	625.03	660.13	5.32%	94.68%
2017	48.68	549.38	598.07	8.14%	91.86%

（续表）

年份	批发额	零售额	销售总额	批发额占比	零售额占比
2018	22.06	567.62	589.68	3.74%	96.26%
2019	18.03	558.63	576.67	3.13%	96.87%
平均增速	−19.91%	−3.67%	−4.41%	−16.22%	0.76%

4. 限额以上市场主体不断增加，但占比小

限额以上批发、零售、餐饮企业是行业中的优质重点单位，经营规模和经营能力位于行业上游水准，对消费市场发展起到引领作用。佛山的消费市场主体数量不少，但限额以上餐饮、住宿业增长缓慢，没有反映实际市场活跃的真实状况。

佛山限额以上市场主体总量存在差距。如表3-6所示，2020年，佛山共有商贸注册企业135930家，其中限额以上商贸注册企业4573家，仅占注册企业3.36%。在限额以上商贸注册企业中，批发类3309家，零售类667家，住宿类207家，餐饮类390家。同年，东莞商贸类注册企业701872家，限额以上商贸注册企业4939家，其中批发类3563家、零售类759家、住宿餐饮类617家。2016—2020年，佛山的批发、零售、住宿和餐饮注册企业不断增加，批发企业从54828个增加到81850个，增加了27022个。同期零售企业增加了20991个，住宿企业增加了223个，餐饮企业增加了2677个。

表3-6　2016—2020年佛山商贸注册企业

单位：家

企业类型	2016年	2017年	2018年	2019年	2020年	平均增速
批发企业	54828	63128	72534	77702	81850	10.54%
零售企业	25725	30061	34856	39851	46636	16.09%
住宿企业	1041	1111	1137	1220	1264	4.97%
餐饮企业	3503	4340	5197	5804	6180	15.25%
合计	85097	98640	113724	124577	135930	12.44%

5. 佛山住宿餐饮业增长缓慢

如图3-6所示，2020年，东莞住宿餐饮注册企业有110362家，佛山只有

7444家，东莞住宿餐饮注册企业是佛山的近14.8倍。两市限额以上企业数量相差不大，佛山有597家，东莞有617家，但收入差距大。2016年，两市住宿餐饮业收入接近；2020年，东莞住宿餐饮业收入已是佛山的近2倍。2016—2020年佛山限额以上住宿餐饮业收入对社消零贡献从2.32%降到1.87%，而东莞则从2.88%提高到3.12%。

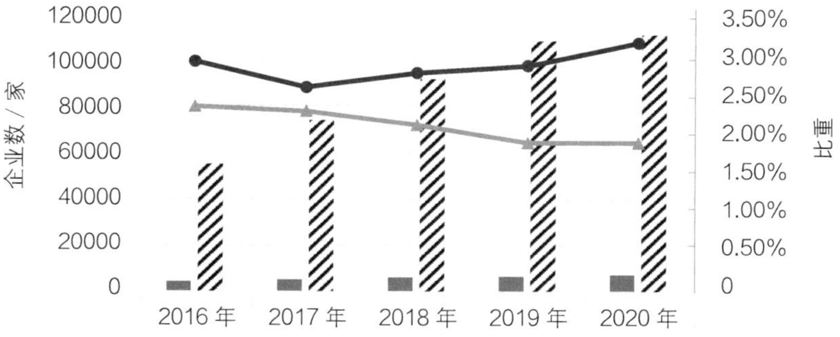

	2016 年	2017 年	2018 年	2019 年	2020 年
佛山注册企业	4544	5381	6238	6845	7444
东莞注册企业	54831	73499	91276	107703	110362
佛山限额以上企业收入占社消零比重	2.32%	2.26%	2.09%	1.87%	1.87%
东莞限额以上企业收入占社消零比重	2.88%	2.56%	2.74%	2.83%	3.12%

图3-6　2016—2020年佛山和东莞住宿餐饮业比较分析

（二）交通运输、仓储和邮政业

1. *客运以公路运输为主*

如图3-7所示，2015—2019年，佛山客运量由5731.13万人增长到5731.92万人，增长率为0.014%，客运量增长不大。分别从铁路、公路、水路、民航四种运输方式来看，公路客运量远远超过其他三种运输方式的客运量，铁路客运量又明显比水路和民航客运量多，水路客运量和民航客运量相差不大。从发展趋势来看，铁路客运量逐年上升，呈现明显的上升趋势；公路客运量整体呈现下降趋势，特别是2017年至2019年下降明显；水路和民航客运量整体变化不大，趋于稳定。

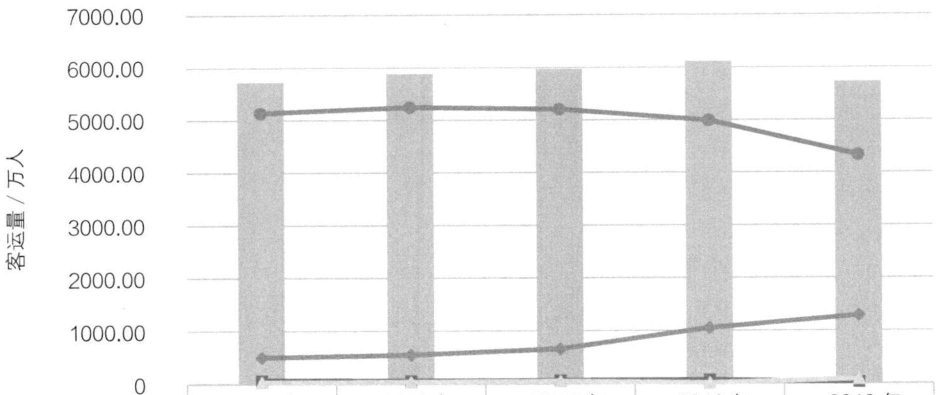

	2015 年	2016 年	2017 年	2018 年	2019 年
客运量	5731.13	5890.33	5972.94	6119.02	5731.92
铁路	498.81	547.56	657.96	1051.48	1285.42
公路	5137.00	5246.00	5205.00	4989.00	4330.00
水路	65.67	61.18	62.84	67.62	28.72
民航	29.65	35.59	47.15	10.92	87.77

图3-7　2015—2019年佛山客运量

2. 货运以公路运输为主

如图3-8所示，2015—2019年，佛山货运量由28208.22万吨增长到33637.07万吨，增长率为19.25%，比客运量增长多近乎20%。分别从铁路、公路、水路、民航四种运输方式来看，公路货运量远远超过其他三种运输方式的货运量，水路货运量又明显比铁路和民航货运量多。铁路货运量看似和民航货运量相差不大，实则是由于统计口径过大，观察不出二者的区别，于是把二者单独拿出来做一个对比，就可以发现其实铁路货运量也是远超过民航货运量。

从发展趋势来看，公路货运量逐年上升，呈现明显的上升趋势，从数据来看，由2015年的23888万吨上升到2019年的29150万吨，增长率达22.03%；2015—2018年，水路货运量逐年上升，但是在2019年有所下降，总体趋于平稳；铁路货运量则与水路货运量变化趋势完全相反，2015—2018年铁路货运量逐年减少，但是在2018—2019年陡然上升；民航货运量在所有货运量中占比最小，变化也不明显。总的来看，不论是货运量还是客运量，公路运输的量都是远超其他三种运输方式。

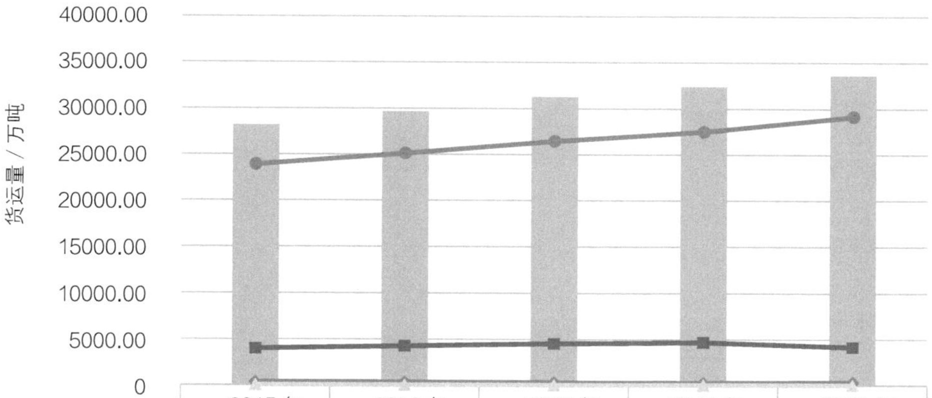

	2015 年	2016 年	2017 年	2018 年	2019 年
货运量	28208.22	29689.00	31286.76	32410.98	33637.07
铁路	329.02	317.83	289.59	245.94	325.80
公路	23888.00	25102.00	26457.00	27487.00	29150.00
水路	3991.00	4269.00	4540.00	4678.00	4161.00
民航	0.20	0.17	0.18	0.05	0.27

图3-8　2015—2019年佛山货运量

3. 南海区通车公路里程最长

如图3-9所示，佛山五区通车公路里程从总量上排名，由高到低分别是南海区、顺德区、三水区、高明区、禅城区。从趋势来看，五区通车里程总体呈现上涨，其中南海区2017—2018年明显上升，但是禅城区的通车公路里程没有太大的上升幅度。

而从图3-10、图3-11可知，佛山市五区客运量从高到低分别是顺德区、南海区、禅城区、三水区、高明区，佛山市五区货运量从高到低分别是顺德区、南海区、禅城区、三水区、高明区。南海区是通车公路里程最长的，但是南海区的客运量比顺德区低，排在客运量第二位；其货运量也比顺德区低，排在货运量第二位。顺德区通车公路里程虽然不是最长的，排在第二位，但是其货运量和客运量都排在五区中的第一位。

从客运量来看，顺德区在五区中遥遥领先，排在第一位；禅城区的客运量2016—2020年变化不大，趋于稳定；南海区客运量2016—2017年是低于禅城区的，但是在2018年陡增，超过禅城区排在五区中客运量的第二

	禅城区	南海区	顺德区	高明区	三水区	合计
2016 年	439.42	1529.62	1233.27	620.01	992.74	4815.06
2017 年	439.42	1521.78	1283.58	617.55	1010.96	4873.29
2018 年	469.14	1727.74	1304.50	706.66	1054.27	5262.31
2019 年	469.14	1726.86	1329.70	712.92	1070.18	5308.80
2020 年	467.88	1332.04	1332.04	761.71	1072.35	4956.02

图3-9　2016—2020年佛山五区通车公路里程

	禅城区	南海区	顺德区	高明区	三水区	合计
2016 年	1513.40	1134.00	2597.00	250.40	395.60	5890.40
2017 年	1492.50	1186.80	2651.30	228.60	413.80	5973.00
2018 年	1448.70	1677.20	2337.60	228.00	427.50	6119.00
2019 年	1440.90	1600.50	2020.60	233.00	446.90	5741.90
2020 年	330.25	951.69	711.51	157.00	191.13	2341.58

图3-10　2016—2020年佛山五区客运量

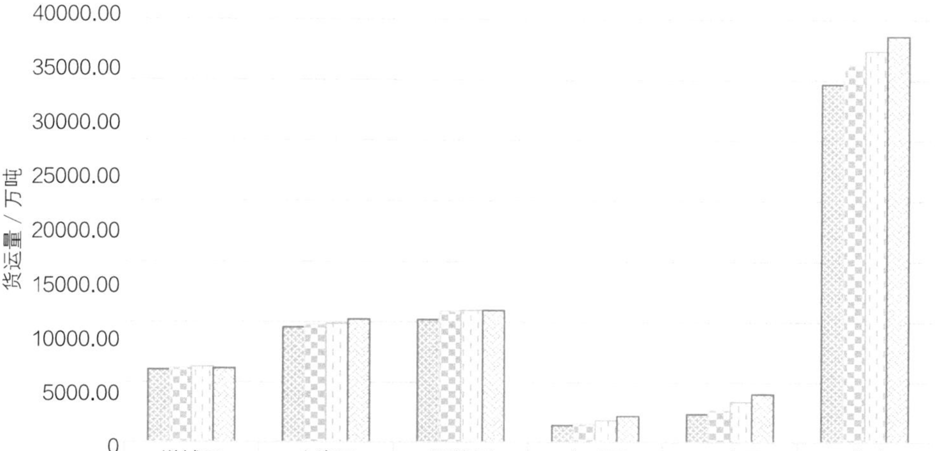

	禅城区	南海区	顺德区	高明区	三水区	合计
2016 年	6071.70	9567.20	10213.00	1443.00	2394.10	29689.00
2017 年	6251.20	9791.80	10922.00	1569.00	2752.70	31286.70
2018 年	6292.00	9885.90	10969.00	1865.00	3399.00	32410.90
2019 年	6167.30	10234.80	10971.80	2215.00	4049.00	33637.90

图3-11　2016—2019年佛山五区货运量

位；第四名和第五名分别是三水区和高明区，二者客运量在2016—2019年趋于平稳。

从货运量来看，顺德区维持在较高水平；南海区和顺德区相差不多，二者远远超过其他三个区；禅城区还是处于中间位置；三水区2016—2019年有明显的上升趋势；高明区也呈上升趋势，不过没有三水区明显。

4. 邮政行业发展情况

2020年，佛山快递业务量在全国排名第二十，快递业务收入在全国排名第十一。如图3-12所示，2016—2020年，邮政行业业务总余额从65.80亿元增长到224.35亿元，平均增速达到35.89%。其中，快递业务量以33.91%的速度从2.97亿件增长到9.55亿件，而邮政寄递服务业务量从1.13亿件降到1.09亿件。

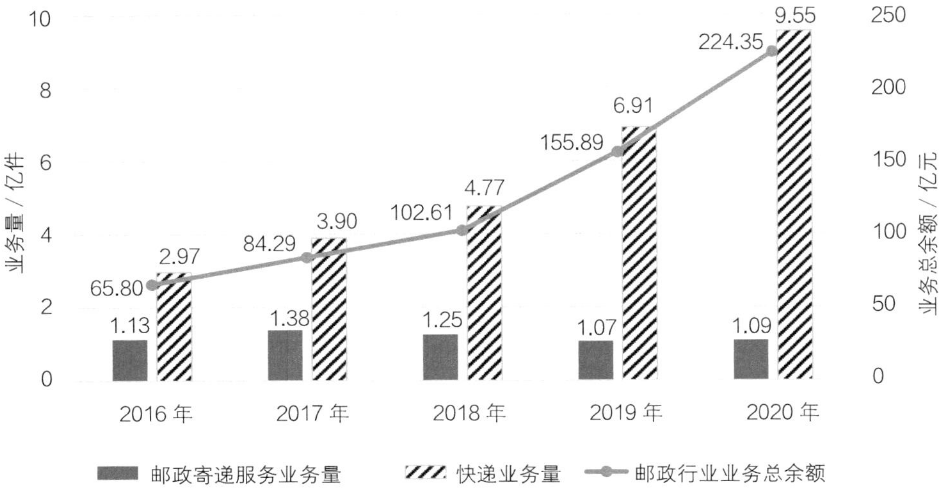

图3-12　2016—2020年佛山邮政行业业务总量

如表3-7和图3-13所示，2016—2020年，佛山邮政行业业务收入以31.46%的平均速度从45.53亿元增长到135.97亿元。其中，快递业务收入以34.47%的平均速度从37.39亿元增长到122.27亿元，而邮政寄递服务业务收入以19.49%的平均速度从8.14亿元下降到3.42亿元。

表3-7　2016—2020年佛山邮政行业发展情况

邮政行业业务量及收入	2016年	2017年	2018年	2019年	2020年	平均增速
邮政行业业务总量/亿件	65.80	84.29	102.61	155.89	224.35	35.89%
邮政寄递服务业务量/亿件	1.13	1.38	1.25	1.07	1.09	-0.94%
快递业务量/亿件	2.97	3.90	4.77	6.91	9.55	33.91%
邮政行业业务收入/亿元	45.53	59.71	76.96	110.00	135.97	31.46%
邮政寄递服务业务收入/亿元	8.14	5.33	6.67	4.87	3.42	-19.49%
快递业务收入/亿元	37.39	49.85	64.29	94.40	122.27	34.47%

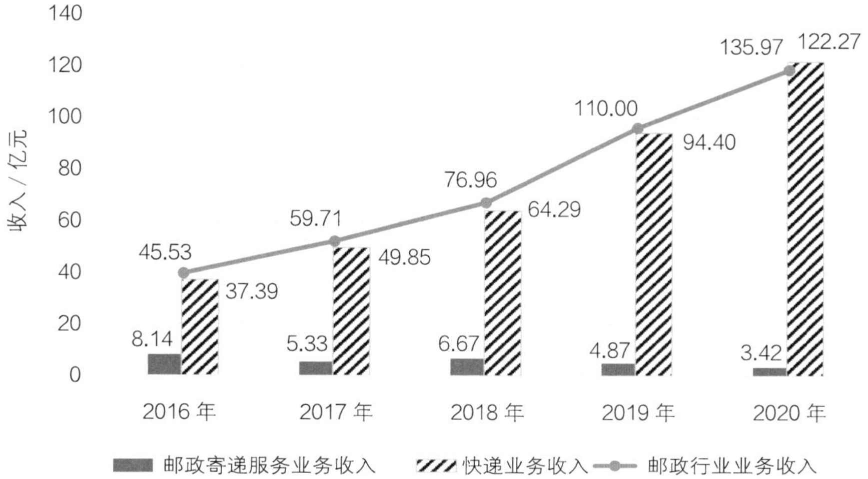

图3-13　2016—2020年佛山邮政行业业务收入

（三）信息传输、软件和信息技术服务业（R&D）

1. 从业人员数增速不明显

如表3-8所示，佛山R&D从业人员增长缓慢，从2016年的7.44万人增长至2017年的9.61万人，同比增长29.17%，之后便由9.61万人降至9.2万人，连续两年下降。2016—2018年互联网从业人员不断增加，由1.19万人增长到1.54万人，2019年互联网从业人员数有所下降，由1.54万人下降到1.32万人，同比下降 14.29%。

表3-8　2016—2019年佛山互联网和R＆D从业人员

单位：人

年份	互联网从业人员	R&D从业人员
2016	11897	74427
2017	14439	96072
2018	15413	93256
2019	13198	92022
平均增速	3.52%	7.33%

2. 固定资产投资额有所下降

如图3-15所示，佛山2015—2019年固定资产投资在信息传输、软件和信息技术服务业的数额总体趋势有所下降。其中，2016年的固定资产投资额在信息传输、软件和信息技术服务业的数额下降幅度较大，同比增长率为-22.25%；2017年投资额大幅上升，同比增长率为20.17%；到2018年投资额基本增长到下降前的数额。2019年比2018年又有所下降，同比增速为-12.4%。

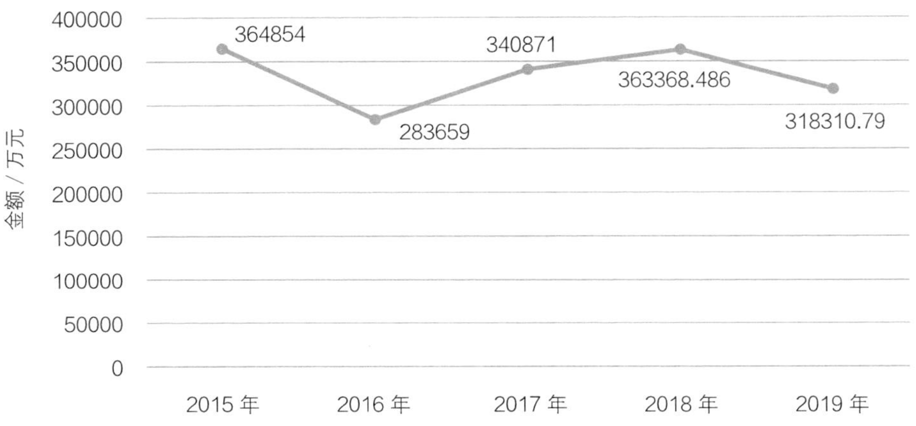

图3-14　2015—2019年佛山固定资产投资额

根据前文互联网和R&D从业人数的趋势表可以发现，从业人员数量的变化和固定资产投资额变化几乎一致，即当固定资产投资额上升，该行业从业人数也增加，当固定资产投资额下降，该行业从业人数也减少。

3. 规模以上工业企业R&D从业人数呈下降趋势

R&D人员是衡量企业竞争力的一个重要因素，也是决定城市吸引力的重要因子。互联网从业人员在2016—2019年呈现增长趋势，2019年下降。而2017—2019年，佛山R&D从业人数连续两年下降。

四、佛山建设区域性消费中心城市面临的不足

（一）社消零商品结构不优

2021年1—2月，汽车类、石油及制品类商品占主导，占比66.82%，

服装、家电、家具等消费升级类商品占比较低，其中服装、鞋帽、针纺织品类占比为4.56%，家用器材和音响器材类、家具类占比分别为9.71%、4.08%，中西药品类占比为2.14%。耐用品及限制类商品在限额以上零售类中占比过高，而服装、家电、家具和文化用品等流通类商品占比偏低。与东莞、无锡和苏州相比，佛山社消零结构更易受新冠肺炎疫情冲击，社消零增速难以很快恢复。

（二）居民消费总量偏低

其原因有三：一是低收入群体占比高。佛山是制造业大市，加工装配等劳动密集型企业目前仍占较大比重，劳动力就业层次相对偏低，收入不高。抽样数据显示，全市企业普工约占69%、技工约占14%、专业技术及管理工人约占17%。二是佛山大学生规模偏小。大学生是年轻时尚消费的主要群体，在增强城市消费活力上有着不可替代的作用。而佛山市高等教育入学率偏低，每万人中只有160人是高校在校生，佛山是中国最缺大学生的城市之一。三是居民低调务实的消费观念。佛山大多数居民的消费意愿和消费习惯比较保守，不喜欢购物。即便有少数对时尚和奢侈品牌有需求的本地人，也更愿意去广州、香港购买。

（三）消费相关的市场主体结构不优

一是限额以上企业偏少。2020年佛山市共有限额以上商贸注册企业4573家，仅占注册企业3.36%，其中批发类3309家，零售类667家，住宿类207家，餐饮类390家。同年，东莞限额以上商贸类注册企业4939家，其中批发类3563家、零售类759家、住宿餐饮类617家。2019年，杭州限额以上市场主体6498家，其中住宿餐饮业1125家，是佛山的近2倍。西安限额以上住宿餐饮业达873家，是佛山的近1.5倍。二是住宿餐饮业贡献度低。佛山住宿餐饮业数量少、规模小，行业集中度低，业态不丰富，对消费者缺乏吸引力，限额以上住宿餐饮企业对社消零贡献度十分低。2019年全市餐费收入占社消零总额比重仅为10.7%，限额以上企业餐费收入占社消零总额的比重为1.4%。2019年前100强企业餐费收入仅占全市餐费收入的8.5%。而东莞住宿餐饮业发达，注册企业比佛山多10倍，龙头住宿餐饮业带动着整个行业，吸引着国内外游客。

（四）中高端消费供给不足

其主要表现在：一是城市场景与消费设施滞后。佛山吸引和集聚消费的基础设施建设相对滞后，城市缺乏体现时尚化、国际化、现代化的高端消费商圈。部分商圈转型迭代缓慢，停留在传统“购物+餐饮+娱乐”的结构和功能，忽略与服务性政务、专业性商务、公益性事务等项目的结合，缺乏主题概念、环境设计。二是消费生活服务业滞后。根据第七次全国人口普查结果，2020年11月1日，佛山市5个区的常住人口中65岁及以上人口为69万，占总人口数的7.35%。养老机构中只有为数不多的几家高端养老机构。居家养老服务、医疗保健等专业服务不足且远未达到市场化要求。不少特色的文化、历史资源重视不够，未得到充分保育活化，文化、旅游、体育等消费存在有效供给不足、宣传力度不够等问题。三是周边城市的市场竞争影响。佛山是制造业城市，虽然整体经济表现强劲，但是消费市场被广州分流。此外，由于价格、质量、种类、交通等因素，不少佛山居民更加青睐到外地购买高端商品，尤其是母婴产品、化妆品、数码产品等，导致中高端消费外流。

（五）消费管理体制机制不优

其主要表现在：一是基层缺乏主管消费工作的政府机构。商务局作为消费工作重要主管部门，在各区无挂牌。在经历过大部制改革和新一轮机构改革后，五区没有独立的商务局，商务职能大多划在区经济促进局（有的称区经济科技促进局），不便于商务工作向基层延伸。二是市弱区强和各区“各自为政”。禅城、顺德、南海三个区虽然距离较近，但由于历史原因，三个区的空间发展方向各有偏重，每个区都拥有自己相对集中的商业集聚区。高明、三水两个区到佛山中心城区的距离较远，难以接受中心城区的消费辐射。消费人群尤其是高端消费人群不集中，不利于发挥规模聚集效应。三是基层政府部门之间缺乏联动。在诸如佛山秋色、行通济和赛龙舟等大型文化活动中，基层政府部门之间缺乏联动，不能发挥活动的综合效应，活动集聚的客流未能形成消费的资金流。

五、佛山建设区域性消费中心城市的八大举措建议

建设区域性消费中心城市，要跳出“消费”，从生产、流通、分配和消费四个环节去研究对策。佛山建设区域性消费中心城市，一方面要充分发挥其消费品制造业优势，大力发展生产性服务业，促进先进制造业与现代服务业融合发展，吸引更多高层次人才在佛山生活，激发城市消费活力；另一方面要充分发挥佛山城市历史文化资源优势，提质扩容传统消费，大力发展消费生活服务业，提升社会公共服务水平，促进人城产文深度融合发展，实现城市综合实力与居民生活品质同步提升。

（一）推进消费品制造业转型升级

1. 实施消费品制造业创新工程

推动移动互联网、云计算、大数据、物联网等与佛山消费品制造业深度融合，促进消费品制造业与物流、服务一体化联动发展，为陶瓷、家电、不锈钢、针织、光电显示、食品饮料、家具等产业设立行业性、区域性技术创新中心。具体内容有：引进中国科学院、清华大学、中山大学、华中科技大学、香港理工大学等合作平台，建立中德工业服务区，开展全方位创新合作构建共性技术和公共技术服务平台；建设三龙湾和佛山高新区两大平台，着力建设全球有影响力的消费品先进制造业创新中心；探索设立广佛科技合作专区，共同打造粤港澳大湾区创新开放高地；充分发挥顺德区率先建设广东省高质量发展实验区作用，主动对接广深港澳科技创新走廊和国内外高端科研创新资源。

2. 推进消费品制造高端化、智能化、品牌化

以全国唯一的制造业转型升级综合改革试点城市建设为契机，坚持以智能制造为主攻方向，在品牌创建、科技创新、产业链整合、多元化发展、市场开拓、总部建设、“互联网+”等领域攻坚克难，推进消费品制造业迈向高端化、智能化。依托创意产业园、工业设计城、中德工业服务区、绿岛湖产业带等，推进消费品制造业与现代服务业的融合发展，实现消费品制造产业链和价值链的高端化。促进汽车产业和产品升级，鼓励发展新能源汽车、智能汽车，加强5G等新一代信息技术在汽车领域的应用。大力打造佛山智能

消费品品牌，扩大其全国和全球影响力，巩固“世界科技+佛山智造+全球市场”的发展之路。

3. 建立全国消费品质量评测中心

佛山是中国消费品制造之都，内生评测需求旺盛，并能带动形成包括消费品质量测评中心在内的内源型消费品制造服务产业。争取广东省和中央支持，建立由专业检测机构、权威媒体、行业协会、龙头企业共同组成的全国消费品质量评测中心，制定评测标准，结合消费趋势和消费热点话题，定期开展评测并发布评测结果。大力打造“佛山标准”名片，引导更多佛山优质产品走向全国、全球高端市场，通过使用统一专用标识，强化“佛山标准”品牌宣传、培育和保护，为企业赋能、为产品赋值，推动更多企业自觉对标和实施高于国家、行业标准的佛山标准，提升“佛山消费品制造”的美誉度和认可度。

4. 设立佛山市消费产业基金

打造以“大学（研究所）+上市公司+金融服务公司”为主体的基金服务团队。引入政府引导基金、本地上市公司产业资本以及其他社会民营资本共同参与，推动佛山本土消费产业链在新形势下的布局以及升级改造，聚焦新基建、新产业，聚焦数字经济、线上经济，聚焦产业强链、延链、补链和创新链、产业链、价值链融合，聚焦多层次资本市场注册制改革，促进基金投资消费产业相关项目推进。通过消费产业升级孵化器的运营以及消费产业基金的管理，引进、推动、成立本土消费产业在新零售、新消费、新业态等运营落地。

（二）加快消费品牌工程建设

1.“家居佛山”品牌工程

以禅城、顺德为重点打造家居佛山消费工程。由家具业带动家居文化创意设计和会展业，通过建设中国家居博览城、家居文化国际论坛等一系列大型项目，促进商贸与文化相结合，形成具有佛山特色的家居文化产业链。

2.“美食佛山”品牌工程

以顺德、高明为主体建设美食佛山消费工程。充分挖掘和发挥高明生态绿色食材、顺德厨艺技术等优质资源，落实推进“粤菜师傅工程”，形成佛山特色美食发展路径。

3. “功夫佛山”品牌工程

以顺德、南海、高明为主要载体建设功夫佛山消费工程。全市推进功夫衍生品项目，扶持影视文娱产业发展，联合港澳等地推出粤港澳电影文化节，延伸功夫产业链、价值链。

4. “生态佛山”品牌工程

以高明、三水为主建设生态佛山消费工程。做好三水水都、温泉和体育健身文章，利用高明获评国家生态文明建设示范市县契机，加大两区的环境保护和美化力度，实施绿色发展，发展生态旅游，打响生态品牌。

5. “养生佛山”品牌工程

以三水为主建设养生佛山消费工程。做好三水水都、三水食材、养生美食文章，着力打造一批适宜养生消费的旅游景区。促进养生消费市场繁荣，建成佛山的“巴马养生地”。

（三）促进消费生活服务业提质升级

1. 制定佛山消费生活服务业发展规划

建议由商务局牵头制定佛山消费生活服务业发展规划，突出文旅消费的区域特色，立足于粤港澳大湾区建设的大开放需求，将佛山打造为宜居、宜业、宜游之城。教育、卫生、文化、医疗、城建等各部门联合出台具体行动计划，将港澳的国际学校、国际医疗机构以及各类美食爱好者引入佛山，活跃夜间文旅经济。积极探索“互联网+生活服务业”创新示范社区建设，提升社区生活服务的智慧化、便捷化水平，探索发展社区智慧养老模式，推进“智慧社区”建设。探索制造业“反哺”文化旅游机制，设置文化旅游融合发展扶持资金，引导龙头制造业投资文化旅游领域。

2. 推进文旅服务智慧化、品牌化

以佛山成功入选第一批国家文化和旅游消费试点城市为契机，以建设世界功夫之城、世界美食之都、博物馆之城、南方影视中心为抓手，依托“文旅＋科技”融合创新，运用互联网、人工智能等现代信息技术，推动文化旅游与数字经济深度融合，发展沉浸式体验型文旅消费。利用民俗资源或自然资源打造新的文旅品牌，如岭南天地、美的鹭湖、三水南山十二院等。大力引进成熟的文旅品牌，比如顺德华侨城、南海西樵千古情等。

3. 鼓励打造文旅消费集聚区

鼓励利用老旧街区和厂房打造集文化旅游、休闲购物、体育健身、娱乐餐饮于一体的文旅消费集聚区，促进工商旅文体协同发展。以祖庙街区为核心，联动其他景区构建全域旅游体系，全方位打造岭南文化核心消费集聚区。大力发展佛山民族工业旅游，建设全国工业旅游示范城市，开发西樵继昌隆缫丝厂近代民族工业遗产资源，组织中国现代纺织工业起源与民族资本主义兴起的探寻之旅。不断提升民宿设计美感、文化内涵和服务品质，打造一批网红民宿新地标。打造城市文化地标，建设“国家历史文化名城”的实物载体，实施“城市文旅地标建设工程”。

4. 举办高水平文艺演出和专业性顶级体育赛事

结合佛山特色，引入优质文体旅资源和高水准的专业展演、策划和运营团队，推进高品质文博藏品和艺术资源在佛山轮展，举办高水平文艺演出和专业性顶级体育赛事，形成有影响力、有辐射力的特色功能。推进佛山名人宅邸文化旅游发展，发展岭南传统节庆市场，创办国际龙舟赛事，发展狮王争霸赛市场，扩大赛事溢出效应。

（四）创新商贸流通服务模式

1. 构建高品质消费商圈

以打造时尚引领之都为目标，规划时尚品牌消费服务体系布局，提高大型购物中心与国际接轨的水平。全面提升祖庙商圈和桂城-大沥商圈的品牌集聚能力，分类推进商圈服务数字化工程，完善配套商务服务设施，美化核心商圈公共环境。调整商业物业功能，建设国际品牌体验中心、广佛文化体验馆和消费品牌国际设计工作室。以发展有古城特质、有商旅文健联动的特色消费为目标，规划佛山特色商圈体系布局，提高特色商圈的全球知名度。保护好古镇老街历史风貌，完善配套设施，打造传统文化体验消费打卡胜地。搞活一批区级明星商圈，打造时空穿越体验消费胜地。统筹规划和建设城乡商业中心、社区便民商圈，发展“便利店+”商业模式。

2. 创新发展新型电子商务

以全国跨境电商示范区建设为契机，大力打造高端跨境电商集聚区，引进大型的跨境电商企业，充分发挥中小微跨境电商企业的灵活性优势，推进跨境电子商务产业集群发展，进一步凸显“买全球、卖全球”商贸功能。推进市场采购贸易方式创新，借力“进博会”与“广交会”渠道，实现由商品采购到供应链合作的转变，积极建立会下常设进出口合作机制。积极引导佛山智能家电、生态家居制造等采用C2M按需定制模式，实现厂家与消费者的供需精准匹配。

3. 大力打造体验式消费场景

鼓励消费品制造企业线上线下融合，个性化定制与服务，广泛开展体验式消费，并引入区块链技术以改善消费者体验。积极利用高新科技手段打造商贸综合体，将人文、饮食、购物、娱乐紧密地串联在一起，构建起兼具文化性、娱乐性、便捷性的沉浸式消费空间。充分发挥消费品制造业的地缘优势，在重要商圈建立其消费体验店、品牌首发店，如智能家居体验店、智能家电品牌店等，并以更优惠的商品价格吸引更多的外地游客。

（五）不断改善消费软硬环境

1. 优化消费管理体制机制

组建市消费发展领导小组，由市发改委牵头，将商务、科技、工信、文旅体、住建、民政等相关部门组成领导小组，加强对全市消费发展工作的领导。加大力度推动“强市活区实镇”工作，调动各区和辖区街道的积极性和主动性，开展丰富多彩的消费促销活动。延伸市商务局职能在区镇的组织机构，借鉴省内其他地方的经验采用合署办公或“一套班子、多块牌子”的模式，健全区镇促进消费工作的组织机构。充分发挥消费在“十四五”规划中的引领作用，强化市、区的各项消费发展计划衔接，重视市区两级消费政策匹配，进一步推进消除五区消费边际藩篱，调动五区做大佛山消费的基本盘。

2. 大力打造放心消费示范城市

在决策部署上，将“放心消费”创建行动写进政府文件，把“放心消费”创建与佛山经济提质增效、建设区域性消费中心城市等紧密结合，统筹推进。在组织领导上，市级层面成立佛山市消费者权益保护工作联席会议，统筹领导“放心消费”创建的各项工作；签订责任状，将创建责任层层分解落实到基层。区级层面均成立消费者权益保护联席会议办公室，上下同步，加大创建力度。在制度保障上，出台网络交易管理政府规章，推行线上线下

7天无理由退货、设立消保基金、先行赔付等举措。通过宣传发动、组织动员、评审验收，每年在全区组织评选放心消费单位。

3. 大力推进新兴消费示范应用场景建设

借鉴浙江、上海、北京的经验，探索设立“互联网+生活服务业”创新试验区，鼓励支持“互联网+生活性服务类”企业的发展壮大，完善“互联网+”消费生态体系，构建“互联网+社会服务”消费模式。优先推进与新兴消费密切相关的“新基建”项目建设，如5G网络建设、智慧公交、智能网联汽车、人工智能等新基建，打通未来投资供给与新兴消费需求的通道。制订佛山市5G应用创新发展行动计划，在基础条件较好的街区开展新兴消费应用场景试点，重点打造示范应用场景。加快建设佛山大数据中心。健全全市公共数据目录，统一数据接入的规范和标准，优先将与民生紧密相关、行业增值潜力显著的公共数据纳入开放清单。

4. 构建消费大数据服务平台

依托大数据赋能，建立佛山市消费大数据服务平台。平台功能主要包括三个方面：一是消费数据收集和分析。依托市统计局数据平台，加强五区之间消费数据的共享交换，构建五区消费数据定期汇总机制，建立覆盖全市的消费信息网络；通过创建查询模板及早发现异常消费数据，加强对汇总数据趋势的综合审核，提高消费数据的准确性。二是消费环境监测与预警。依托市消委会的消费者投诉平台，从安全、诚信、便利和维权四大维度，加强与商务、文体旅、税务、工商、质监等部门协作，构建佛山市消费环境指数的调查评价体系，定期发布消费预警信息，创建放心消费环境。三是消费者服务与咨询。搭建起覆盖全市的消费应用平台，打造美食、旅游、购物、购房等功能板块，为市民、外地人员等提供全方位的消费信息咨询和服务。

（六）构建综合交通枢纽体系

1. 大力发展交通枢纽型经济

抢抓珠三角枢纽（广州新）机场建设的历史性机遇，大力打造珠江西岸门户型航空枢纽。强化与广州白云机场、广州南站、佛山西站等枢纽的互联互通，推动广湛高铁、深南高铁、肇顺南城际等接入机场，打造空铁联运综合枢纽，高效衔接“一核一带一区”城市群。完善与珠三角枢纽（广州新）

机场无缝对接的高快速公路，推进佛肇高速、江肇第二高速、南沙至云浮高速（佛山机场高速）等规划建设，进一步提高机场通达性。大力推进干线铁路、城际铁路、市域铁路、城市轨道交通“四网融合”，真正实现10分钟进入高快速路网、45分钟到达区域核心枢纽、60分钟通达湾区各主要城市。

2. 构建现代化物流运作体系

以建设国家物流枢纽为契机和载体，聚焦世界级先进制造业物流基地、大湾区一体化物流核心枢纽、产业升级绿色供应链组织中心、佛山枢纽经济创新发展动力引擎定位，加快构建“通道+枢纽+网络”的现代物流运作体系，推动区域物流协同发展。实现面向先进制造业的供应链一体化物流服务、铁路干线运输组织、多式联运服务、应急物流功能、区域分拨配送和国际物流服务等基本功能，以及专业物流服务、综合信息服务、供应链金融服务、物流咨询研发服务等延伸功能。

3. 大力发展与智慧零售相适应的智慧物流

要高效实现线上即时消费的供给本地化，发展智慧物流是必需的。加快制定和实施《佛山智慧物流专项行动计划（2020—2025年）》。有步骤分阶段推进佛山智慧物流体系建设的一系列行动。加快佛山智慧物流平台建设。以佛山交通物流信息共享平台为依托，建立跨地区、跨行业、覆盖全市的物流公共信息平台，实现物流信息资源共享。创新发展智慧物流模式。发展新型的“公路港物流”模式，构建“智慧物流”网络体系；创新“物流+互联网+金融”模式，在基础平台上搭建共享信息服务系统，打造配套的互联网、金融产品。

（七）优化人才和就业政策

1. 大力打造佛山“工匠高地”

落实《佛山市“广东技工”工程实施方案》，建设一支高素质的“广东技工”大军，打造佛山“工匠高地”，使佛山市成为我国培养大国工匠的摇篮。结合职业院校专业建设规划，大力培养新一代信息技术、高端制造及精密制造、生物医药等新兴专业以及健康养老等紧缺专业的技能人才。创建一批佛山市劳模和工匠人才创新工作室，推动全市企业创新和行业创新，为培养大国工匠营造浓厚的创新氛围。全面改善全市产业工人的政治、经济、社会待遇，提升全市产业工人创新力和竞争力，使这批成长起来的技能人才成为佛山消费的重要支撑，进一步推动人口结构优化，增加高层次人才，带动居民收入水平整体提升。

2. 引进高端学府培养后备力量和人才

积极向教育部等上级部门申请，加快新一轮高校建设。同时，对标加州理工学院、香港科技大学、杭州西湖大学的成功经验，建设一所国际一流、小型、专业研究型的民营大学。推进佛山科学技术学院第二轮高水平理工科大学和“强特色”建设，高起点规划建设香港理工大学（佛山），加快建设广州美术学院佛山校区。推动顺德职业技术学院建设中国特色高水平高职院校，支持佛山职业技术学院高质量特色化发展。鼓励和支持省内外高等学校在专业镇设立大学科技园、专业镇分园和科技企业孵化器，联合高等学校、科研院所开展全方位的产学研协同创新活动，提升产学研融合发展水平。

3. 大力发展总部经济吸引高素质人才

总部经济作为一种经济形态，它可通过产业乘数效应扩大所在区域的经济总量，提升第三产业发展水平；通过消费带动作用，刺激需求；通过劳动就业效应，不仅增加就业机会，而且提升就业结构，增加高素质人才就业；通过社会资本效应，改善一个区域的形象，提升区域品牌价值。建议出台《关于佛山市鼓励总部企业发展的若干规定》，围绕总部经济发展，加快建设各种高级商务楼，规划各种类型的总部聚集区，注重大力发展金融、保险、信息、咨询等现代服务业，建立健全总部经济相关的各种法律制度，吸引和培育大量高素质人才。

4. 全面贯彻落实稳就业政策

在当前全球经济仍处于低迷状态，我国经济逐步恢复的形势下，要保障重点群体增收活力。支持制造企业在招收普工时放宽年龄限制，鼓励企业吸纳40～55岁年龄段员工就业。支持企业稳定就业岗位。就业就是最大的民生，开拓就业渠道，拓宽收入渠道，切实增加居民收入，增强居民消费能力。持续推进“粤菜师傅”“南粤家政”“广东技工”就业工程以及各类稳就业的减税降费政策落实落地。

（八）推进现代公共服务体系建设

1. 优化提升城市形态品质

统筹生产、生活、生态空间布局，完成新一轮国土空间总体规划编制，加快构建“1+1+7”组团式、多中心、网络化城镇空间布局，加快推进城市更新，优化提升城市品牌形象。持续推进中心城区城市形态提升，岭南天地、千灯湖、渔人码头、美的鹭湖、三江汇流等一批网红打卡点热度持续升温，焕发城市时尚魅力。

2. 扩大公共产品/服务供给

根据佛山城市规划定位，加大基础设施建设和增加公共消费支出；提升城市治理水平和公共服务质量，打造博物馆之城、文化体育之城、休闲旅游之城等城市名片。着力保障和改善民生，逐步完善符合国情、比较完整、覆盖城乡、可持续的基本公共服务体系，提高政府保障能力，推进社保、医疗、教育、文化等基本公共服务均等化。加强社会管理能力建设，创新社会管理机制，切实维护社会和谐稳定。

3. 大力推进智慧城市建设

出台数字佛山建设总体规划，高水平建设新型智慧城市，加快构建覆盖全域的“城市大脑”。深化数字技术在城市公共管理、公共安全、公共交通、民生事业等领域的应用，加快建设“佛山通”城市服务App平台。打破公共数据壁垒、数据孤岛，推动政府数据安全有序开放共享。推进数字城管建设，加大城市管理黑点、难点清除力度，强化沿街景观整治，打好违法建设治理攻坚仗。

第四章

佛山市新型消费发展的战略研究

2020年9月国务院办公厅印发的《关于以新业态新模式引领新型消费加快发展的意见》指出："要坚定实施扩大内需战略，以新业态新模式为引领，加快推动新型消费扩容提质，努力实现新型消费加快发展。"2021年3月，国家发改委等28部门印发《加快培育新型消费实施方案》，进一步为全国各省（区、市）大力发展新型消费提供了具体指导。当前，在新冠肺炎疫情防控常态化的形势下，佛山市需要加快升级改造传统消费业态，加快培育和发展新型消费，促进线上线下消费融合发展，推进区域性消费中心城市建设。

一、佛山市培育与发展新型消费的现实背景

新型消费是以数字、人工智能、生物、新能源等新一代技术创新与应用为支撑，以新产业为引领的传统消费及其场景的重塑和拓展，以及消费的新领域、新体验和新模式，它既包括被新技术改造升级后的传统消费（如智能家居），又包括由新技术所催生的新兴消费（如共享消费）。佛山市培育与发展新型消费是现实形势使然，也是适应现实需求的必然。

（一）新型消费成为构建双循环新发展格局的重要力量

当前，我国经济发展正处于从过于依赖投资和出口拉动向更多依靠国内需求特别是消费需求拉动转变的新发展阶段，推进消费升级促进形成强大国内市场将是我国构建双循环新发展格局的重要抓手。新发展阶段下我国居民消费升级在发生着深刻的变化。从消费内容看，在新一代技术和新兴产业的支撑下，消费远远超出了衣食住行等传统消费的范畴，拓展到数字、智能、互联网络、大健康等新兴领域，新型消费成为消费升级的必然选择。2020年我国经济全面复苏之际，内需恢复明显滞后，全年社消零总额391981亿元，比上年下降3.9%。但全年网上零售额117601亿元，比上年增长10.9%。其中，

实物商品网上零售额97590亿元，增长14.8%，占社消零总额的24.9%，比上年提高4.2个百分点。

（二）新型消费完全契合居民消费行为变化的新趋势新特征

在我国经济社会进入新的发展阶段之后，居民消费行为呈现出不同于传统消费时代的新趋势新特征，而新型消费完全契合了这样一种新趋势新特征。其一，消费的个性化。消费者在购买消费品或享受消费服务时，追求消费的差异性呈现。它本质上体现了消费者的自我认同。其二，消费的多元化。不同收入水平的消费阶层，不同地域的消费群体，拥有不同的消费偏好，表现出多元化的消费行为模式，它本质上体现了消费市场的阶层差别、地域差别和个体差别。其三，消费的品质化。人们的消费需求不再只限于满足基本生活需要，而是更加注重商品和服务质量，更加注重品牌和美誉度，它本质上是消费需求结构的优化升级，以及为了满足品质消费需求而实施的消费品和服务提质。其四，消费的智能化。随着互联网的崛起和人工智能等新兴技术的发展，更多的智能产品和服务进入日常消费领域，消费生活日益智慧化、信息化、自动化。它本质上是消费技术革命带来的消费方式和消费手段的创新过程，是消费人性化的技术回归。其五，消费的国际化。跨境电商的快速发展，互联网技术的广泛运用，使消费者不出国门就能快捷享受到全球消费品及其服务。它本质上是消费力的全球部署和消费文化的全球融合。

（三）新型消费成为推进新产业新业态发展的主要动力

消费与生产是相互促进的关系，新型消费由新兴技术催生而起，新技术在新产业新业态的广泛运用带来更多的新产品和新服务，同时新型消费的发展又可进一步推进新产业新业态的更大规模发展。尤其是新冠肺炎疫情期间，新型消费在餐饮、零售领域显现出强大的生命力，各种新型消费模式极大地激发了企业活力。2020年，在新型消费需求的强力引领下，我国新产业、新业态、新商业模式蓬勃发展，新动能保持高速增长。据统计，以新技术为引领的相关服务业营业收入保持稳定增长，1—11月，规模以上高技术服务业、科技服务业和战略性新兴服务业营业收入增速分别为12.0%、11.0%和8.6%。网络零售B2C模式占比不断提升，B2C零售额占全国网络零售额的比重达75.8%，较上年同期提升4.1个百分点。随着国家政策的倾斜和5G等相关新兴基础技术的发展，中国人工智能产业在各方共同推动下进入爆发式增长阶段，2019年中国人工智能核心产业规模就已超过510亿元，2020年，中国人工智能产业规模大约为3100亿元，同比增长15%。

二、佛山市培育与发展新型消费的基础条件

2020年12月14日通过的《广东省国民经济和社会发展第十四个五年规划和二〇三五年远景目标的建议》，强调全面促进消费升级，要大力发展消费新模式新业态，加快推动线上线下消费有机融合。为响应广东省发展新型消费的规划要求，佛山市需在现有的基础条件下，充分利用互联网、人工智能、大数据、区块链等新兴技术，加快对传统消费的巩固提升和改造升级，大力发展新型消费，推进消费与生产复合驱动型城市建设。

（一）经济发展基础夯实

如图4-1所示，当前，佛山经济发展基础夯实体现在：①生产总值实现正增长。2019年，佛山市生产总值突破万亿元，达10739.76亿元，成为广东省继广州、深圳之后第3座GDP超过万亿元的城市。2020年佛山市生产总值为10816.47亿元，同比增长0.7%，第一产业增加值为164.12亿元，同比下降0.6%；第二产业增加值为6095.30亿元，同比增长1.3%；第三产业增加值为4557.05亿元，同比增长2.0%。②规模以上工业快速增长。佛山一直以制造业立市，2020年实现规模以上工业增加值4924.88亿元，同比增长1.0%，体现了佛山制造业的强大韧性；支柱行业生产加快，电气机械和器材制造业、汽车制造业增加值分别增长9.9%、20.4%；全市先进制造业、高技术制造业增加值分别增长4.0%和1.9%，国家高新技术企业突破5000家。③进出口增速加快。2020年全市外贸进出口总额5060.3亿元，增长4.8%。其中出口4131.2亿元，增长10.8%；进口929.1亿元，下降15.6%。

（二）数字经济蓬勃发展

佛山市十分重视数字经济发展，佛山在数字经济领域具有很好的基础。2019年佛山数字经济总体规模位居广东第五位，全市新建5G基站1701座；

2020年新建5G基站3788座，累计达5489座。数据中心的建设也在如火如荼地进行中。目前，佛山建设了佛山广域信云数据中心、中国电信开普勒佛山大数据中心、佛山顺德五沙（宽原）大数据中心、广东福能大数据产业园等一批数据“粮仓”。2016年，佛山市在全省地级市中率先成立数字政府建设管理局。2017年3月，佛山市数据开放平台上线试运行，汇总了41个政府部门共386个数据集，共计3550多万条数据，访问量已超过28万次。2020年佛山市政府印发实施《佛山市推动数字经济发展实施方案》，作出“三步走”战略安排，明确数字经济总体规模到2035年将达到2万亿元左右，努力将佛山打造成为全国数字经济发展标杆城市之一。如图4-2所示，2018年，佛山市电子商务交易额约7892.23亿元，较2017年同期增长12.18%；跨境电商进出口总额88.91亿元，同比增长36.78%。2019年，全市实现电子商务交易额约10300亿元，同比增长30.51%；跨境电商进出口总额达76.22亿元，同比下降14%。2020年，全市电子商务交易额约10980.1亿元，较去年同期增长6.6%；跨境电商进出口总额约为508.17亿元，同比增长566.71%。

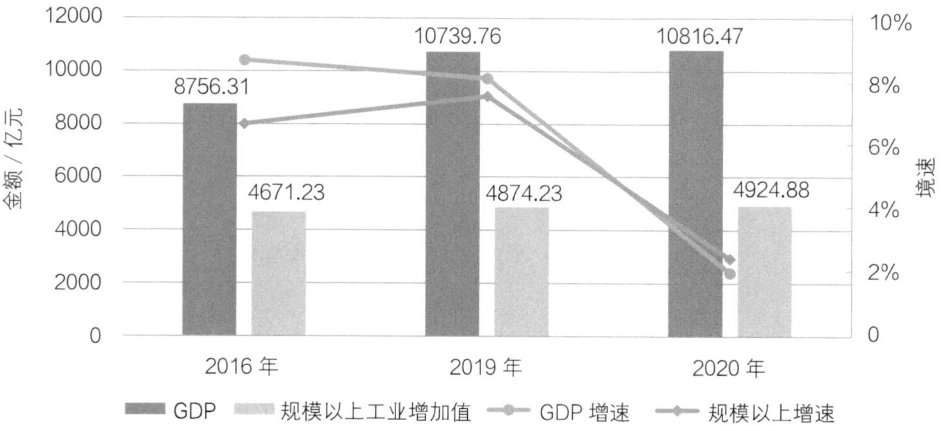

图4-1　2016—2020年佛山经济发展状况

（三）新型消费市场空间巨大

当前，新型消费市场需求旺盛，尤其是2020年新冠肺炎疫情催生了强大的新型消费需求动力。如佛山众多企业抓住电子化、数字化带来的消费模式转变机会，积极开拓线上销售，加强电商营销和直播带货等。2020年，远航酒业推出的青梅酒上线头部主播直播间，仅1分钟，就创下了100万多元的销售额；德尔玛联手头部主播，打造出了净水器、挂烫机、吸尘器等多款爆款产品；箭牌家居加大直播力度，在“6·18”“双十一”等电商大促活动中频频成为行业全网销冠。禅城区以直播经济为切入口，举办“云推介”“禅城超级品牌日”直播专场，向全国消费者推广禅城品质好货，3小时的直播带货吸引262万人次围观，下单超3.1万笔。以智能制造作为主打的顺德家电产品也受到了全国网友的热捧，3小时销售额达2.23亿元。2020年12月底，淘宝直播联合淘榜单发布2020十大直播之城，佛山上榜家装直播之城。佛山的家具、家装等特色产业通过淘宝直播实现升级，当年通过直播引导成交增幅同比平均都超过100%，有的甚至能够达到2～3倍。

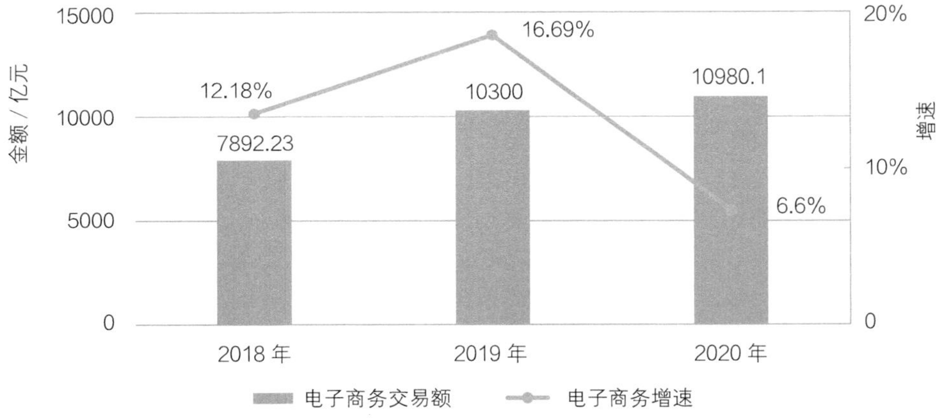

图4-2 2018—2020年佛山电子商务交易额

（四）居民新型消费理念快速形成

佛山市消费市场规模大、潜力足、韧性强，已经并且将持续通过新兴消费方式释放出来，催生出新的消费形态。线上夜消费迅速发展。2019年，佛山入选“夜间经济十佳城市”；2020年，佛山获评为中国夜间经济二十强城市。佛山不仅线下夜消费繁荣，而且线上夜消费撑起夜经济半边天。淘宝直播，盒马、饿了么等线上消费，听歌、看书等在线文娱带动佛山产业升级、数字就业及数字经济发展。阿里数据显示，2020年6—7月，淘宝天猫夜间消费占全天大盘40%，其中，佛山夜间线上消费占比42%，略超全国水平，占比排名第六，夜间线上消费总金额排名全国十五、广东第四。共享消费方式日渐普及。2017年共享汽车进入佛山，到2018年在佛山运行的共享汽车超千辆，其中新协力运维的共享汽车目前每辆每天约运行2.48次，每次行程约25千米，以公务出行为主。巴斯巴产业集团向三水投放双人座新型共享汽车，腾毅光电有限公司在体育馆附近放置共享望远镜，顺德的广东美博制冷设备有限公司在业内率先提出共享空调的概念，广东左连右网络科技有限公司成立了共享家具打样中心，建立家具共享生产线。绿色消费方式深入人心。绿色消费商品将成为佛山人购物“新姿势”，天猫数据显示，全国最爱买智能车机导航的TOP10城市中，佛山排名第六。继全国首座商用加氢站落地佛山南海丹灶，2021年12月，佛山禅城首座加氢站也开始营业，同时有70辆氢燃料电池公交车正式投运，这是截至2021年广东省最大的一批氢燃料公交车投放。《新能源汽车上牌保险数据库》统计显示，2020年1—4月我国珠三角地区新能源商用车销量为4145辆，同比增长13%，主要是由于佛山市新能源商用车销量与2019年同期相比大幅增长。

三、佛山市培育与发展新型消费的总体思路

（一）基本原则

（1）坚持创新驱动、融合发展。深入实施创新驱动发展战略，推动技术、管理、商业模式等各类创新，加快培育新业态新模式，推动互联网和各类消费业态紧密融合，加快线上线下消费双向深度融合，促进新型消费蓬勃发展。

（2）坚持问题导向、补齐短板。针对新型消费基础设施不足、服务能力偏弱等问题，充分调动市、区、街道的积极性，进一步加大软硬件建设力度，加强新装备、新设备的生产和应用，优化新型消费网络节点布局，加快补齐发展短板。

（3）坚持深化改革、优化环境。以深化“放管服”改革、优化营商环境推动新型消费加快发展，打破制约发展的体制机制障碍，顺应新型消费发展规律创新经济治理模式，系统性优化制度体系和发展环境，最大限度激发市场活力。

（4）坚持市场主导、政府促进。使市场在资源配置中起决定性作用，以市场需求为导向，顺应居民消费升级趋势，培育壮大各类新型消费市场主体，提升新型消费竞争力。更好地发挥政府作用，为新型消费发展提供全方位的制度和政策支撑。

（二）基本路径与目标

（1）“互联网+”新消费。目前，我国“互联网+”消费呈现向纵深拓展的新趋势：一是云技术、大数据、人工智能等新一代信息技术广泛应用，改善了“互联网+”消费的客户体验，增强了消费者线上消费的黏性。如消费者线上购买次数大幅增加，对网购生鲜的接受度明显提高。有了智能化的物联网保障，消费者对配送不及时导致商品质量问题等的担忧也得以缓解。二是线上消费领域进一步拓展，从原有的实物消费、居民消费加速向服务消费、生产领域延伸。如对在线教育、在线医疗、在线金融、远程办公等的渗透率都有较大幅度提升。这些新趋势从更深层次看是城乡居民收入持续增长、消费逐步升级的结果，也是数字经济快速发展、移动互联网加速普及的结果。佛山市可通过“互联网+”新消费的路径，加快对传统消费的巩固提升和改造升级，促进线上线下消费融合发展。

（2）新技术引领新消费。2020年全球新冠肺炎疫情暴发倒逼新技术运用走出加速度，人工智能诊断技术在20秒内对疑似病例的CT影像进行判读；医疗服务机器人、无人防疫车等5G智能设备，服务全国数千家医疗机构；健康码、云计算、大数据、人工智能等新技术让疫情防控“耳聪目明”；居家办公、“云端”会议，智能工厂、云监工，智能制造支撑“人休机不休”；无人配送、非接触采购；订单共享、非接触定制；等等。有了跨境电商平台，无须出门，人们就能轻松选购全球优质商品。互联网、大数据的应用，使厂家和物流的协同进一步增强，配送环节更少、效率更高、成本更低。智慧供应链不仅可以更好地计算每一个网店的配菜量，而且可以建立起整个链条安全可追溯的食品安全报告。佛山市要用好新技术这个帮手，更好地顺应消费升级的趋势，提供更多新产品和新服务。

（3）新基建赋能新消费。新基建为新消费打造雄厚基础。疫情渐散，新基建快马加鞭。2020年3月，中共中央政治局常务委员会召开会议提出，加快5G网络、数据中心等新型基础设施建设进度；2020年3月6日，工信部召开加快5G发展专题会，加快新型基础设施建设；2020年4月报道，新基建主要包括5G基站建设、特高压、城际高速铁路和城市轨道交通、新能源汽车充电桩、大数据中心、人工智能、工业互联网七大领域，涉及诸多产业链。2021年4月《佛山市推进新型基础设施建设行动方案（2020—2022年）》发布，明确到2022年，佛山将初步形成以新发展理念为引领，以科技创新为驱动，以信息网络为基础，支撑数字转型、智能升级、融合创新的新型基础设施体系。佛山市已经按下新基建快进键，将激活新消费发展动能，助力新消费行稳致远。

（三）发展重点

根据《国务院办公厅关于以新业态新模式引领新型消费加快发展的意见》的要求，各地要积极开展消费服务领域人工智能应用，丰富5G技术应用场景，加快研发可穿戴设备、移动智能终端、智能家居、超高清及高新视频终端、智能教学助手、智能学伴、医疗电子、医疗机器人等智能化产品，增强新型消费技术支撑。鼓励发展智慧旅游，提升旅游消费智能化、便利化水平。大力发展智能体育，培育在线健身等体育消费新业态。创新无接触式消费模式，探索发展智慧超市、智慧商店、智慧餐厅等新零售业态。推广电子合同、电子文件等无纸化在线应用。规划建设城乡融合新型消费网络节点，积极发展“智慧街区”“智慧商圈”。结合佛山经济社会实际和新型消费发展的基础条件，我们建议关注并引导以下重点领域的新型消费培育和发展。

1. 智能家居设备

随着新时代市场消费需求迭代升级，传统家居的单一功能已不能满足消费者对健康、安全、舒适等个性化、多样化的需求，智能家居应运而生，已成为物联网产业中最汹涌的浪潮。《中国智能家居设备市场季度跟踪报告》2020年第四季度显示，2019年中国智能家居市场出货量突破2亿大关，达到2.08亿台，较2018年增长33.5%；2020年第四季度，中国智能家居设备市场出货量为6087万台，同比增长6.0%，销售额为130亿美元，同比增长4.4%。智能家居市场延续快速增长态势，传统厂商的智能转型正逐步成为市场增长的重要动力。智能家居这条赛道上吸引了海尔智家、美的集团、小米、华为、百度、阿里等众多重量级玩家，形成了家电厂商、手机厂商、互联网厂商三大阵营争夺该市场的局面。

佛山家具产业起步时间早、产业规模大、市场辐射广，已经形成了全国家具产业链最完整、家具品类最丰富、家具企业数量最多的家具产业集聚区，家具规模和市场占有率居全国第一位。佛山智能家电虽然还处于发展的初级阶段，但互联网、物联网、自动控制等技术在家电产业的应用十分迅速。如表4-1所示，广东智能家电产业集群主要集中在佛山、深圳、珠海，2020年前三季度，佛山智能家电产业增加值实现778.40亿元，增长6.3%，占全省智能家电产业增加值比重的40.4%。广佛智能家居城与21万平方米的永旺梦乐城毗邻，周边环绕广佛智城、保利、融创等知名地产高档社区群，商圈可辐射至周边30千米的消费人群，提供一站式智能家居体验购物场所。未来，佛山将着力壮大顺德传统优势制造业集群，打造智能家电和高端装备制造两个超5000亿级产业集群。

表4-1　2020年前三季度广东分区域智能家电产业发展情况

地区	总产值/亿元	累计增速	增加值/亿元	累计增速	占比*
广东省	8900.24	-1.3%	1946.17	3.0%	—
广州市	778.60	11.0%	174.83	26.2%	9.1%
深圳市	1632.14	-7.0%	253.12	-0.6%	13.1%
珠海市	562.20	-12.0%	206.24	-11.1%	10.7%
汕头市	43.35	1.4%	9.45	2.9%	0.5%
佛山市	3138.76	3.0%	778.40	6.3%	40.4%
韶关市	13.84	7.0%	4.06	7.6%	0.2%
河源市	42.05	-5.9%	9.14	-3.3%	0.5%
梅州市	15.55	-14.2%	2.68	-13.0%	0.1%
惠州市	619.17	-1.9%	95.06	0.6%	4.9%
汕尾市	1.16	35.9%	0.24	50.5%	0.0%
东莞市	735.98	-2.7%	139.77	-0.5%	7.2%
中山市	857.69	0.8%	170.14	3.2%	8.8%

（续表）

地区	总产值/亿元	累计增速	增加值/亿元	累计增速	占比*
江门市	284.95	1.6%	51.42	3.1%	2.7%
阳江市	10.13	18.7%	2.72	11.0%	0.1%
湛江市	33.11	–65.3%	6.43	–64.2%	0.3%
茂名市	1.71	–47.0%	0.20	–44.6%	0.0%
肇庆市	24.31	–10.0%	4.75	–11.4%	0.2%
清远市	44.45	–1.1%	9.25	–0.8%	0.5%
潮州市	10.88	8.6%	2.45	11.5%	0.1%
揭阳市	46.70	6.8%	7.40	6.8%	0.4%
云浮市	3.50	11.1%	0.55	20.5%	0.0%
珠三角核心区	8633.81	–0.6%	1873.75	3.3%	97.2%
沿海经济带（东翼、西翼）	147.04	–28.1%	28.89	–26.7%	1.5%
北部生态发展区	119.40	–3.6%	25.69	–1.6%	1.3%

注：*表示各个地方的智能家电产业增加值占全省智能家电产业增加值比重

2. 文旅消费数字化

大力发展文旅消费是促进我国形成强大国内市场，构建双循环新发展格局的重要力量，而推进文旅消费数字化发展既是适应居民消费升级的客观需要，也是应对疫情防控常态化要求的现实所需。2020年，文旅部、国家发改委等部门陆续发布《关于推动数字文化产业高质量发展的意见》《关于深化“互联网+旅游”推动旅游业高质量发展的意见》等政策文件，从多个角度提出推动文化和旅游产业数字化、网络化、智能化转型升级。越来越多的文旅企业已经开始顺应消费新趋势，通过数字化手段将文化资源融入旅游场景。2020年3月发布的《旅游企业复工复产现状与趋势调研报告》显示，新冠肺炎疫情期间，网络动漫、网络音乐、网络直播、短视频等业态的流量大增，云娱乐、云直播、云看展等新业态的用户高涨，各大在线旅游平台纷纷推出了云旅游项目，各地的博物馆也推出了共计2000余项网上展览，总浏览量超过了50亿人次，线上文旅产品和服务在一定程度上丰富了人们的“宅生活”。

佛山作为国家旅游和文化消费试点城市，将通过以祖庙为代表的岭南文化核心消费区建设，整合禅城古迹、南海影视、顺德美食、红色高明、生态三水等特色资源，逐步成为粤港澳大湾区的文化旅游新高地。发展数字化文旅消费也是佛山创建文旅消费试点城市的重要内容。2020年4月，佛山市政府正式印发《佛山市推动数字经济发展实施方案》，提出力争到2035年全市数字经济总体规模达2万亿元，努力将佛山打造成全国数字经济发展标杆城市，这将为佛山文旅消费数字化提供了有力的数字产业和数字技术支撑。佛山应积极发展演播、数字艺术、沉浸式体验等文旅消费新业态，促进在线演出市场发展，优先建设一批新型文化和旅游聚集地。大力推进一些平台型互联网企业与文博机构、旅游景区合作，通过“会员模式”“流量转化模式”“体验付费模式”等，整合打造市场化的数字文旅消费平台，不断提升数字文旅产品的供给质量。

3. 智慧生活服务

近年来，我国居民消费逐步从生存型实物消费向发展型、享受型服务消费升级，生活型服务消费在经济社会持续健康发展中发挥了越来越重要的作用。2020年初全球新冠肺炎疫情暴发，使得智慧生活服务需求日益高涨，智慧生活服务业的发展应运而生。智慧生活服务是运用互联网、物联网、人工智能、大数据、云计算等现代信息技术，创新居民消费生活服务模式，包括智慧教育、智慧医疗、智慧养老、智慧体育等内容。智慧生活服务业已成为服务业创新发展的蓝海，我国很多省市区在发展智慧生活服务业上取得了很好的成绩，如上海市于2016年率先设立“互联网+生活性服务业”创新试验区，浙江省积极打造全国“互联网+”先行示范区，北京丰台区大力打造生活服务业创新示范区，等等。

佛山市作为我国消费品制造业之都，消费生活服务业发展明显滞后。根据第七次全国人口普查结果，2020年11月1日，佛山市5个区的常住人口中65岁及以上人口为69万，占总人口数的7.35%。养老机构中只有为数不多的几家高端养老机构。居家养老服务、医疗保健等专业服务不足且远未达到市场化要求。与颇具竞争力的东莞市相比，佛山生活性服务业也存在较大差距，如2018年、2019年佛山市住宿业和餐饮业增速分别为3.8%、1.8%，2018年、2019年东莞住宿业和餐饮业增速分别为3.8%、5.1%。从居民消费端看，

2019年佛山市居民人均教育文化娱乐支出增长4.3%，东莞市居民人均教育文化娱乐支出增长10.3%，两市差距较大。在我国构建双循环新发展格局的战略要求下，佛山市通过促消费助发展，加快建设区域性消费中心城市，需高度重视发展居民消费生活服务业。尤其要借助数字产业的发展，将数字经济融于居民消费生活服务中，重点发展智慧养老、智慧教育、智慧医疗、智慧健身、智慧餐饮等，大力构建便捷化、数字化、网络化、智能化的智慧生活服务体系，大力打造智慧街区、智慧社区示范，促进传统消费生活服务业的巩固提升和改造升级。

4. 智慧城市建设

智慧城市是运用物联网、云计算、大数据、空间地理信息集成等新一代信息技术，促进城市规划、建设、管理和服务智慧化的新理念和新模式。智慧城市建设的核心不在于技术本身，而是能够贴合人们的生活方式，通过大力打造包括智慧街区、智慧社区、智慧商圈、智慧超市等在内的智慧场景，应用现代信息技术和数据资源在衣食住行各个方面为居民提供真正智慧化的服务。建设新型智慧城市是信息化和城镇化同步推进的最佳结合点，目前我国已有500多个城市提出要建设智慧城市，智慧城市行业市场规模日益壮大，如图4-3所示。2019年中国大数据产业博览会上，海信在“智慧城市”的基础上，正式推出全国首个5G技术赋能的“智慧街区”，为智慧城市建设提供了一个全新的样本，且将在贵阳市人民大道率先投入使用。

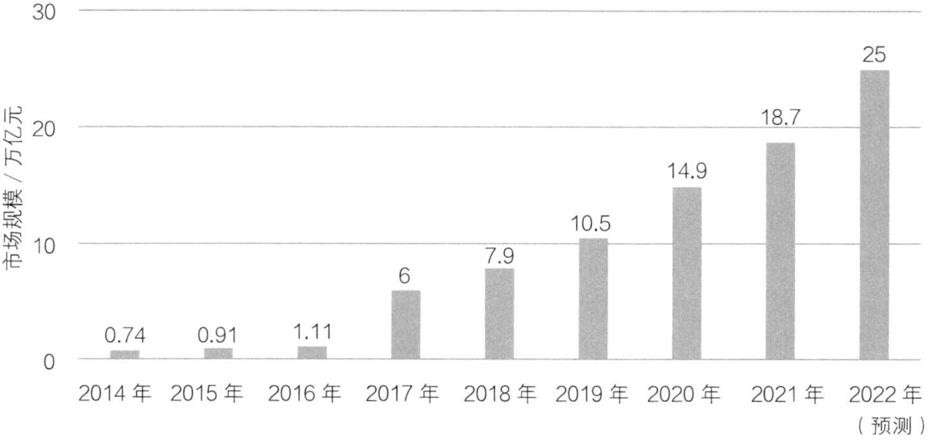

图4-3 2014—2022年中国智慧城市行业市场规模统计情况及预测

佛山在跨领域多层面的“智慧城市”建设中走在全国前列。如在确定智慧城市的发展路线后，佛山展开了一系列推动城市信息化、智能化的合作行动。2011年，政府联手佛山移动，推进基础网络建设和公共服务信息平台应用；2012年3月，牵手神州数码，在智能交通、物联网、云计算等领域开展合作；2014年5月，佛山携手电信，广泛铺开光纤和4G网络。截至2017年11月，光纤入户基本实现全覆盖，佛山成为广东省首个正式发布千兆宽带的城市。佛山还积极推行全国首创的“市民之窗”自助服务终端，实现多种行政事项的“一窗式”自助办理；佛山“一门式一网式”的政府服务模式改革获全国“创新社会治理”最佳案例并在全省推广。在医疗领域，“健康佛山”是全国首个实现预约挂号、实时结算功能的政务服务类微信公众号平台。未来，佛山市应依托智慧城市建设，着力发展智慧交通、智慧政务、智慧城管等城市服务，大力打造智慧社区、智慧街区、智慧商圈示范，为居民扩大新型消费需求提供有力支撑。

四、佛山市培育与发展新型消费的具体举措建议

（一）完善新型消费的顶层设计

一是制定《佛山市培育与发展新型消费的行动计划（2021—2026）》。建议由佛山市商务局牵头，加强与市发展和改革局、市工业和信息化局、市市场监督管理局等其他职能部门的协调，聘请专业的智库专家团队，对佛山市居民新型消费需求进行问卷调查，真实把握居民新型消费需求特点；对佛山市消费类行业或企业进行广泛调研，精准把握传统消费与新型消费供给状况。将佛山市经济社会实际与我国培育发展新型消费的基本规律相结合，从智能家居、数字化文旅、智慧生活服务、智慧城市等重点消费领域入手，结合佛山市经济社会发展预期，明确新型消费战略目标、基本原则、主要任务和实施步骤，确定新型消费供给的行业发展重点和主要任务，完善培育和发展新型消费的制度设计和政策体系。

二是出台《佛山市培育与发展新型消费的实施方案（2021—2026）》。由佛山市发展和改革局牵头，组织协调各相关职能部门，结合《佛山市培育与发展新型消费的行动计划（2021—2026）》的主要目标、发展重点和主要

任务，共同制定培育和发展新型消费的具体实施方案，明确市工业和信息化局、市商务局、市文广旅体局、市自然资源局、市住房和城乡建设局、市财政局、市人力资源和社会保障局、市税务局、市市场监督管理局、市消费者委员会等部门职责分工，落实具体实施细则。建立培育和发展新型消费的部门联席制度，由市长总负责，各部门负责人组成联席会成员，定期开展关于新型消费发展的重大问题讨论和决策应对。

三是明确五区培育和发展新型消费的重点任务和考核指标。结合佛山市五个行政区域的经济社会实际情况，结合每个行政区的自身优势，明确新型消费发展的重点任务。建立市、区、街道之间的上下联动机制，加大对各区街道在发展新型消费方面的财政资金投入，用于区街道平台建设和软硬件配备，继续完善系统监督考核和分析研判功能。科学制定各区街道在新型消费发展方面的考核指标，建立合理奖惩制度，充分调动各基层单位的积极性，凝聚共识，在促进佛山市新型消费发展上群策群力。

（二）扩大新型消费的有效供给

一是着力打造智慧生活服务工程。建设智能家居应用示范小区。大力支持佛山里水小镇智能家居产业集群发展，打造“全球智能家居产业名镇”。鼓励移动、碧桂园等企业应用佛山智能家居设备，打造智慧家居范本，启动更多的智能家居体验馆，为居民带来全新的数字生活体验。大力发展智慧医疗/养老服务。鼓励有条件的医院、养老院积极运用5G网络、物联网、大数据、人工智能、云计算等信息技术，优化医疗服务流程，升级院内核心系统等，助力建立5G智慧养老及医疗服务体系。有序发展在线教育。以政府兜底、企业支持的方式，大力搭建“互联网·家·学与教”云平台，推进全市中小学生在线教育终端网络全覆盖。引进全国知名的远程教育培训企业，打造一批高质量在线教育课程，满足不同群体的在线教育需求。大力发展智慧体育。大力推广佛山文化公园智慧体育发展的成功经验，加快新一代信息技术和高端智能制造在南海文化中心、南海体育中心、德胜体育中心等项目中的广泛应用。运用 5G 等新技术为佛山武林大会、《百姓英雄》、“佛山龙王”、“佛山狮王”等赛事活动赋能。深入发展数字文化和旅游。支持数字文化企业参与佛山文旅资源的深度挖掘与品牌推广，如学习湖南卫视、浙江卫视开展“荣耀之路·武术文旅路线”等文旅合作项目。制定佛山智慧旅游景区建设指南，完善分时预约、在线预订等线上服务功能。在岭南文化核心消费区建设中，着力加强文创商店、特色书店、小剧场、文化娱乐场所、艺术展览、沉浸式体验型项目等多种业态集合。

二是创新商贸流通扩大新型消费需求。大力发展“生鲜超市+网络零售+门店餐饮+物流配送”的商业模式，重构“人—货—场”关系；大力发展利用大数据精准定位销售人群和消费偏好，实现“千店千面”式供货和“无界式”消费体验的商业模式，重构“门店销售—消费体验”关系；大力发展连锁社区店、连锁乡村店，重构“门店销售—送货上门—服务到家”底层商业模式，解决好方便快捷购物、服务到家的“最后一公里”问题。鼓励支持实体零售企业逐步提高信息化水平，创新服务体验，转型成为线上线下融合发展的新型零售主体。以全国跨境电商示范区建设为契机，大力打造高端跨境电商集聚区。推进市场采购贸易方式创新，借力“进博会”与“广交会”渠道，实现由商品采购到供应链合作的转变。积极引导佛山消费品制造采用C2M按需定制模式。

三是加快构建智慧物流体系。制定和实施《佛山市智慧物流专项行动计划（2021—2026年）》。开展大数据开发利用、智能仓储改造、智能货运提升、重大载体联通、智慧供应链创新应用、市场主体赋能、服务品牌塑造等一系列具体行动。加快佛山市智慧物流平台建设。以佛山市交通物流信息共享平台为依托，建立跨地区、跨行业、覆盖全省的物流公共信息平台，实现物流园区、物流企业等信息资源共享，支持物流配送终端及鼓励在法律规定范围内发展共同配送等物流配送组织新模式。发展新型的“公路港物流”模式，通过“互联网＋物流”，构建“智慧物流”网络体系，弥补公路物流短板，提升物流效率，形成全市公路物流一盘棋、智慧化的运行格局。创新“物流+互联网+金融”的模式，集平台化、智能化、网络化为一体，在基础平台上搭建起共享信息服务系统，建立、打造配套的互联网、金融产品。

（三）加快新型消费的基础设施建设

一是推动移动物联网深度覆盖。高水平建设5G网络。加强基站规划布局建设，编制全市5G建设规划，持续推进各区中心城区、交通枢纽、政府部门、产业园区和重要园区等重点区域5G网络覆盖，推动5G在产业发展、社会管理、民生服务、文化娱乐等领域的广泛应用。深入推进物联网全面发展，大力推进物联网泛在感知设施部署，围绕产业数字化、治理智能化、生活智慧化，积极部署低成本、低功耗、高精度、高可靠的智能化传感器，加快窄带物联网（NB-IoT）建设，深化工业物联网在工业制造领域的行业应用，规范数据采集应用管理，推进感知系统互联互通和数据共享，加快推动“万物互联”发展。

二是打造高水平创新基础设施。加快推动布局重点领域科研基础设施，加快季华实验室、佛山仙湖实验室等重大科研平台建设。对标国际先进、国内领先，谋划启动大科学装置建设，努力打造符合产业发展需要的系列重大科技基础设施。优先布局基于边缘计算类、低时延类业务的数据中心，推进佛山蓝湾云计算产业、腾龙湾区数据中心等项目建设，推动睿江云、电信开普勒等本地数据中心“云化”，推动边缘计算资源池节点建设。

三是培育推动平台应用及信息服务产业。积极推进“5G+工业互联网”融合创新，加快美的厨电省级“5G+工业互联网”应用示范园区建设，打造一批“5G+工业互联网”示范工程。鼓励传统商贸流通企业平台化发展，进行线上线下融合销售模式创新，探索发展协同经济、无人零售等新业态。优化平台经济发展政策环境，健全以信用监管为基础的平台监管机制，提高“以网管网能力”。

（四）优化新型消费的外部环境

一是加强网络消费市场监管。加强线上线下价格监管和反不正当竞争执法。进一步完善网络交易平台监管服务系统，结合网络交易中的新问题进一步完善其信息技术服务，扩大该系统的运用范围，如将微信的朋友圈微店纳入该系统监管，弥补网络监管盲区。强化网络监管结果的直接反馈，如系统可直接面向消费者即时推送网店黑、灰名单，为消费者理性网购提供消费提示、警示，强化信用管网。加大对网络商品的抽检力度，逐步建立准确完善、动态更新的网络经济户口数据库，掌握网络交易主体日常经营情况，实现落地监管。

二是促进信息互联互通和数据共享。加强佛山市政务大数据开放与共享的顶层设计，依照“法律讨论先行，技术壁垒破除，人财物保障持续跟进”的路径推进政务大数据开放与共享。加快建立佛山市大数据中心，健全各区公共数据目录，统一数据接入的规范和标准，优先将与民生紧密相关、行业增值潜力显著的公共数据纳入开放清单。重视采用绩效评估技术对政务大数据的开放与共享情况进行详细和精确的效果评估、反馈和问责。在实施佛山标准供给工程中，进一步完善行业标准，打破行业之间的数据壁垒，增强相近行业产品应用系统的兼容性，推进跨行业、跨领域的数据交流与融合。加大对佛山社会公共服务平台的智能化支持，构建物联网大数据、智慧城市、智慧医疗、智慧教育、智慧物流等多元化、多层次的产业新生态。

三是营造公平有序的电商市场环境。加大对电商平台企业不正当竞争行为的处罚力度。鉴于网上售假问责及消费者维权的困难，应规定并提高网上售假之惩罚性赔偿金，如提高至网购交易额的5倍。强调电子商务经营者特别是第三方平台应严格落实主体审核和信息公示等基本义务，严格审核资质资格，落实平台治理义务，适当地加大对电子商务消费者的保护力度。工商部门与电子商务相关职能部门共同建立电子商务经营主体信用档案。以电子商务经营主体的信用状况为主导，划分电子商务主体的监管等级，建立电子商务违法经营主体黑名单，采取不同监管措施。将被投诉举报主体信息、举报量、举报类型等相关信息通过官方平台予以公示，指导电商企业对平台内违法经营主体进行信息公示。

（五）加强新型消费的政策支持

一是完善新型消费的财税金融政策。进一步发挥消费券的内需拉动作用。加大通用型消费券的发放力度，改进消费券发放方式和内容，扩大消费券覆盖面并提高精准发放度。加大对新兴消费领域的金融支持力度，加大对智慧社区、智慧教育等创业的担保贷款投放力度，支持智能终端技术研发和推广。鼓励银行业金融机构与网络零售平台在小额消费领域开展合作。加大对智慧零售企业的财税支持力度。大力推广“平台销售+直播带货+短视频”全渠道矩阵营销，打造一批智慧零售示范企业，市财政按照其商品零售额增量的0.5%给予奖励。

二是完善新就业形态的劳动政策。推动出台维护新就业形态劳动者劳动权益保障政策，合理确定平台责任，兜牢劳动报酬、劳动时间、劳动安全、社会保险等权益底线。加强对新就业形态从业人员就业创业的政策宣传，落实社会保险补贴、一次性创业补贴等政策。加强职业技能培训体系建设，将新就业形态从业人员纳入职业技能培训、技能提升补贴等政策享受范围。可根据新就业形态从业人员劳动关系的现状特点，进行分类指导，将具有劳动关系特征的，作为社保扩面的重点，督促平台企业按规定参加社会保险。鼓励平台企业、工会等组织为新业态从业人员提供多种形式的商业保险，推进新就业形态从业人员职业伤害保障。

三是完善引导社会资本融资的政策。支持符合条件的企业通过首发上市和再融资募集资金，或到交易所债券市场发行公司债、可转债及资产支持证券融资，拓展新型消费领域融资渠道。支持符合条件的企业发行企业债券，用于新型消费基础设施项目建设。推动私募股权投资基金和创业投资企业在支持新型消费发展方面发挥更大作用。

（六）强化新型消费的要素保障

一是加大新基建的财政资金配套支持。以1：1资金配套支持应用示范小区（社区）、应用示范行政村（或自然村）及体验厅（点）的建设，制定出台佛山市4K电视网络应用试点示范城市建设指导意见，明确配套资金投入和分配，专款专用于建设奖补和工作经费，发挥财政资金对社会资金的带动作用。运营商要发挥建设主体作用，加大资金投入力度，大力开展4K节目源引入、网络基础设施改造升级，提升网络速度，结合4K超高清有线电视和IPTV等应用推广，降低资费水平。

二是加大对实战型电商人才培养力度。高标准搭建电子商务人才培育平台。以佛山规模企业为基础，加强与知名网商企业的合作，高起点建设电子商务培训中心，引进其先进电子商务培训管理理念，聘请其高级专业人才前来培训授课，形成独具特色的实战型电子商务人才培训基地。多渠道开展电子商务技能普及工作。在党校培训、创业培训主题班中开设电子商务课程，在开展扶贫培训、农村技术培训时把电子商务纳入重要内容，利用电视、网络等媒体开展电子商务技能专题讲座。以校政企联动的人才培养机制为核心，深度对接产业园基地为手段，以全新的维度和深度积极探索和完善实践教学体系，着力打造紧贴企业需求的优秀实战型电商人才。

三是加强与外地知名电商平台的消费数据资源共享。新兴消费发展是未来居民消费升级的新趋势，加强对佛山市现有新兴消费的相关供给和需求的数据分析，对于预测未来发展重点、科学制定相关政策很有价值。目前佛山市在新兴产业、新兴消费等数据统计上有缺失，如很多电商平台上的线上消费数据就没有进入统计指标内，佛山居民通过跨境电商平台实现的境外消费数据基本没有。未来，佛山市政府要支持统计部门加强与各电商平台的数据共享合作，加强对新兴消费的数据统计和分析，为新兴消费和新兴产业发展的科学决策提供系统化、精准化数据参考。

第五章 佛山市促进文化旅游消费发展的战略研究

2020年新冠肺炎疫情暴发，旅游、文化娱乐等聚集性消费是此次疫情冲击最为严重的领域。而被抑制、被冻结最严重的消费领域，在疫情后也是最容易被释放、最容易扩大的。随着人民生活水平不断提升，文化和旅游消费已经成为居民生活的重要组成部分，也被国家纳入提振消费的主要措施。2020年3月国家发改委等23个部门出台《关于促进消费扩容提质加快形成强大国内市场的实施意见》，明确指出要“重点推进文旅休闲消费提质升级”，具体要求包括丰富特色文化旅游产品、改善入境旅游与购物环境、创新文化旅游宣传推广模式等。佛山市促进文化旅游消费发展既是贯彻执行国家提振消费的战略方针所需，也是促进居民消费升级的重要途径，对佛山市实现经济社会高质量发展有着重要现实意义。

一、佛山市促进文化和旅游消费发展的现实意义

（一）融入双循环发展格局的有利抓手

构建“畅通国内大循环、促进国内国际双循环”的新发展格局是适应我国比较优势和社会主要矛盾变化、适应国际环境复杂深刻变化的迫切要求，是当前和未来较长时期我国经济发展的战略方向。而扩大内需、提振消费和扩大有效投资则是畅通国内大循环的主要手段，在提振消费方面，促进文化与旅游消费则是最为迫切的需求。因为文化与旅游消费发展不仅关乎居民消费生活质量，更关乎文旅行业的经济恢复，关乎社会就业的稳定。佛山市作为制造业之城，生活服务业发展本就是城市发展的一个短板，在制造业发展遭遇全球新冠肺炎疫情影响的形势下，大力发展生活服务业成为扩大内需、提振消费的关键。促进文化旅游消费能直接带动餐饮、娱乐、教育、酒店等生活服务业发展，是推进城市生活服务业发展的最有效方法。未来，在我国

双循环新发展格局下，佛山市应积极抓住有利时机，在融入“双循环”发展格局中搭建高层次文商旅融合发展平台，吸引高层次的资源和有影响力的项目落地，更加完善文化和旅游消费产品体系，充分挖掘居民消费潜力，同时留住本土消费者，吸引国内国际游客，从根本上优化佛山消费环境。

（二）激发城市经济活力的重要途径

文化和旅游消费与百姓生活密切相关，以此来给城市“定位”，标志着人们生活的便利性、舒适度、幸福感，将日益成为城市高质量发展的重要标尺。促进文化和旅游消费发展往往也是城市有机更新的重要助推力，无论是老工业城市的转型，还是城市老区的有机更新，以工业遗产、文化街区为吸引物，以旅游为依托引入外来需求，激活城市特定区域，实现产业的更迭和升级，成为多个城市经济重新焕发生机的重要途径。佛山市作为工业之城，城市经济发展曾经主要依托于制造业，而在城市文化与旅游业发展上明显不足。虽然佛山市有着丰富的工业旅游、美食旅游、历史文化旅游资源，但由于文化与旅游消费不足，城市商业魅力严重缺乏，第三产业发展缓慢，城市居民高端消费外流。未来，佛山市要实现产城人融合发展，必然需要促进文化与旅游消费，不断提升第三产业发展品质，完善居民消费生活环境，使更多的产业工人、高层次技术人才在佛山生活与工作，从而激发城市经济新的活力。

（三）满足居民美好生活需求的客观要求

党的十九大报告指出：中国特色社会主义进入新时代，我国社会主要矛盾已经转化为人民日益增长的美好生活需要和不平衡不充分的发展之间的矛盾。当前，伴随我国经济快速发展和人民生活水平的提升，在满足了“吃饱穿暖”基本需求后，人们开始转向除物质需求之外的精神文化需求，文化旅游逐渐成为一种人们幸福、快乐、健康、美好的生活方式，是新时期人民群众美好生活和精神文化需求的重要内容。而当下，为了提振消费、促进经济恢复性增长，全国各地区都在促消费助发展上“大做文章”。佛山市可以借此大力发展文化与旅游消费，如此既能加快服务消费提质扩容，激发居民新的消费需求，又能通过文化旅游服务业的发展，满足居民文化休闲的美好生活需求。

二、佛山市文化和旅游消费的基本情况

（一）文化和旅游消费发展逐步向好

2020年虽受新冠肺炎疫情冲击，但是在国家、省市一系列政策支持下，佛山市文化和旅游行业加快复苏。复苏后的文旅行业呈现蓬勃发展之势，主要经济指标向好，本地居民文化旅游消费十分活跃。

1. 旅游消费主要指标向好

新冠肺炎疫情之前，2010—2019年全市旅游人数、旅游收入保持平稳增长。如图5-1所示，从旅游人数来看，游客数量年年攀升，从2010年的2817万人次增至2019年的6226万人次，每年保持5%以上的增长率，2019年的增长率达到14.8%；如图5-2所示，从全市接待过夜游客总人数来看，每年基本保持5%以上的增长率，2019年增长率达到最高，为14%；如图5-3所示，从全市接待过夜游客旅游收入来看，每年保持10%以上的增长率，但增速从2014年开始放缓，2016年、2017年增速略有回升。另外，旅游业也带动了餐饮业和住宿业的持续增长，近几年增长率在2%～4%之间，2019年餐饮业和住宿业收入达到141亿元。

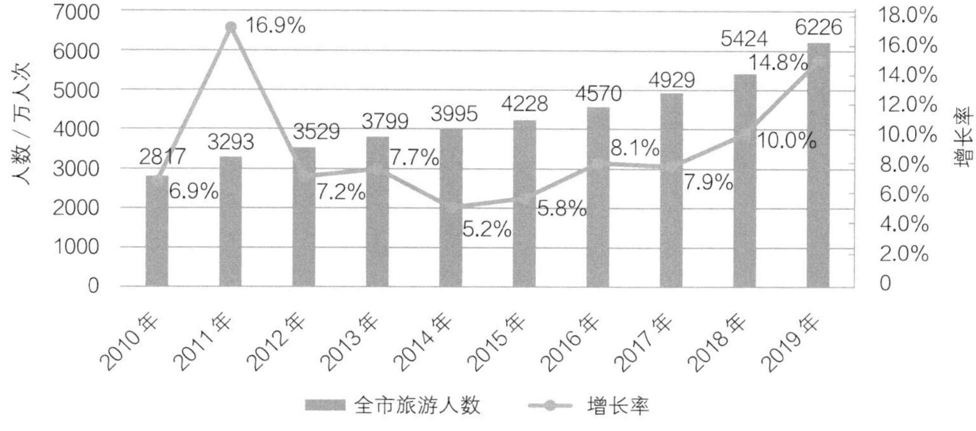

图5-1　2010—2019年全市旅游人数增长情况

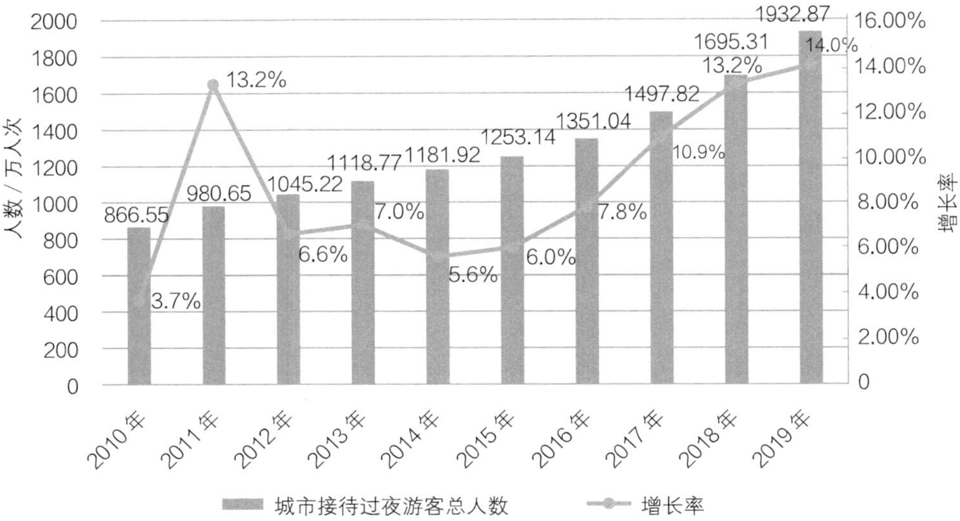

图5-2　2010—2019年全市接待过夜游客人数增长情况

图5-3　2010—2019年全市接待过夜游客旅游收入情况

新冠肺炎疫情发生以来，全球旅游行业遭受重大冲击，但是从佛山市旅游指标来看，虽有较大影响但是恢复也十分明显。2020年，全年接待旅游者3573.56万人次，恢复至2019年同期的86.89%。在旅游人数中，接待过夜旅游者1757.19万人次，恢复至2019年同期的83.70%。全年旅游总收入325.05

亿元，恢复至2019年同期的67.82%。从2020年五一黄金周数据来看，尽管全市各个景区因为疫情防控需要实行有限开放，每日限定游客数量，但部分景区的游客数量大幅增长。祖庙区域在本地游览人次排名第一，总人次高达78599，日均15719人次，是2019年同期祖庙日均686人次的近23倍；排名第二的西樵山，日均人次是2019年同期人次的近11倍。南海湾森林生态园和罗浮宫国际家具艺术博览中心，与2019年同期相比，日均人次分别是116倍和93倍。

2. 文旅产业体系不断完善

2020年，全市文化、体育和娱乐业的固定资产投资增速高达75.5%，按行业划分仅次于卫生和社会工作（86.9%）、住宿和餐饮业（80.7%），显著高于全市的第二产业（-10.1%）和第三产业（4.4%）的固定资产投资增速。全市2019年文化产业增加值381.14亿元，占GDP比重为3.5%，已形成了行业门类比较齐全的文化旅游产业体系，规模以上法人单位495家。全市共有国家级文化产业示范基地4个；市级以上文化产业示范园区12个（其中省级6个、市级6个），聚集中小微文旅企业超3000家；省级文化旅游融合示范区1个。

3. 特色文旅产品供给丰富

2017年4月26日，佛山市委、市政府出台了《“文化佛山”三年行动计划（2017—2019年）》，要求充分发挥文化在城市建设和经济社会发展中的引领、带动、支撑作用。2020年，“文化佛山”三年行动计划完美收官，累计完成投资478.7亿元，完成三年计划投资的104.03%，与“经济佛山”相匹配的“文化佛山”形象逐步显现。创建国家公共文化服务体系示范区顺利通过终期验收，全市6所区级以上公共图书馆和6所区级以上文化馆100%为国家一级馆；32家镇街文化站100%为广东省特级站；实现村（社区）综合性文化服务中心建设全覆盖。全市新投资建设一批文旅产业中心，比如在“三龙湾”核心区域建设建筑面积35.5万平方米、投资超20亿元的“粤港澳大湾区电竞文创中心”，投资120亿元建设的顺德华侨城欢乐海岸PLUS项目，投资20亿元建设的佛山国际文化体育演艺中心。在全市引导、各区投入之下，全市已经形成错落有致、各区具有特色的文旅产品供给格局。

4. 影视体育产业发展快速

2020年，落户佛山发展的影视企业大幅增长。全市影视及相关企业1700家。其中，影视制作企业1420家，与南方影视中心建设前的65家相比，新增1355家，增长20多倍。全市影院154家，电影票房2.12亿元，观影5659万人次。全市农村公益电影放映队13支，组织开展农村电影放映4216场，观影66万人次。佛山市抓住体育产业发展新机遇，壮大体育产业规模，实现较快增长速度，体育产业增加值占全市生产总值比重为1.4%；共有体育产业法人单位3000余家，吸纳从业人员超过10万人。2021中国网球巡回赛·佛山站开幕，中国网球巡回赛是中国网球界全新赛事IP，本次中巡赛佛山站属于中国网球巡回赛CTA500赛事，是中国网球巡回赛精英级赛中最高级别的赛事。佛山市以承办本次赛事为契机，积极推动网球的普及与发展，加快体育强市建设，积极推进“粤港澳大湾区体育赛事名城”“全省地级市文广旅体高质量融合发展示范区”建设。

5. 文化遗产和博物馆众多

作为千年古城，以及岭南文化的发源地，佛山有着丰富的历史文化资源。佛山彩灯、佛山狮头、佛山剪纸、香云纱等都是市民喜闻乐见的传统非遗产品。目前市内拥有国家级非遗项目14项、国家级非遗传承人15人，省级非遗项目50项、省级非遗传承人58人，市级非遗项目131项、市级以上非遗传承人226人。咏春拳、粤绣和中医正骨疗法三个项目申报第五批国家级非遗代表性项目；2021年5月、9月，伦教糕、顺德红米酒分别获批中国地理标志保护产品，是顺德增强地区文化凝聚力，实现非物质文化遗产标准化、品牌化、品质化保护的体现。市内已有及在建博物馆133家（包含纪念馆、名人故居），美术馆83家，非国有博物馆备案登记24家（位居全省第二），村史馆101个，博物馆之城在建项目71个，其中65个已启动，累计投入约16.7亿元。

（二）文化与旅游消费发展仍有不足

1. 文旅品牌影响力不够

近年来，佛山市通过因地制宜的文旅宣传和一系列推广活动，佛山文旅品牌形象得到一定提升，但其认知度、知名度、满意度、美誉度等还无法满足人民群众日益增长的文化消费需求。以祖庙商圈为例，课题组从对祖庙各重点酒店、宾馆和三大景点（祖庙、南风古灶和梁园）的调研了解到，不少外地游客对于祖庙内的各大旅游景点不清楚，对于各大旅游景点的历史背景、文化特色也不甚了解。祖庙尚且如此，表明全市其他旅游项目的宣传力度、品牌识别度还需要加强，佛山文化旅游品牌形象需进一步凝练和提升。尤其在全国范围内，佛山市文旅消费品牌的知名度远不及佛山的消费品制造品牌，更多的省外游客对佛山的文旅品牌了解得较多的也只是顺德美食。而顺德美食受制于食材要求的新鲜度、烹饪方法的创新不足，并不能走出佛山，不能遍布全国。其他功夫文化品牌如李小龙、黄飞鸿、叶问等武术名家资源，其品牌价值仍挖掘不力，品牌影响力有待进一步扩大。

2. 文旅消费配套不完善

完善的文旅配套设施能提升游客的满足感、幸福感，并极大刺激游客的消费。结合调研来看，目前全市的文旅配套设施还不够完善，这已成为制约全市文旅发展的阻碍。一是停车位不足。在自驾游盛行的情况下，热点景区车位爆满，不仅停车难而且停车贵，这已经成为自驾游游客共同的“遭遇”，让自驾出行体验大打折扣。二是道路交通不便利。比如祖庙、南风古灶、梁园等热门景区附近交通时有堵塞，新能源汽车充电桩的配套不够等。三是景点交通引导标识设置不规范，外地游客经常摸不清方向，造成一定程度的困扰。四是安全保障方面，救援网络及安全服务设施建设还不够完善。

3. 文旅消费联动机制不优

目前全市在极力推动全域旅游，但各区之间、区内各大景点之间并没有形成文旅消费联动机制，造成游客的体验感不好。比如缺乏购买套票平台，不少游客觉得购票流程复杂，每去一个景点都需要重新购票，不仅耽误时间，也影响体验；政府、景点、酒店和餐饮未形成联合推广机制，外地游客对各大景点不太了解，导致未及时计划而遗漏景点，未能留住游客的同时，也使得游客扫兴而归；一部分游客习惯于直接向旅行社和入住的酒店购买门票，但景区未充分赋予旅行社和酒店售票权，使得一部分游客流失。以上问题的产生主要源于文旅消费相关的政府管理部门如文旅、财政、城管、商务、市场监管等部门之间不能进行有效的协调和合作，各自为政，有些甚至互相推诿责任。如全市旅游套票制无法落实就是由于文旅局与财政局之间难以协调以及各区财政局之间的行政壁垒。

4. 文旅消费群体规模不足

外来人群旅游消费是拉动消费的重要力量，世界旅游组织测算，旅游消费每增长1%，能拉动GDP增长约0.5%；旅游收入每增加1元，可带动餐饮等相关行业增收4.3元。以成都为例，其常住人口为佛山的2倍，本地居民人均生活消费支出为佛山的52%，成都本地人群消费体量优势并不明显。但2019年成都吸引游客数为佛山的4.5倍左右，实现旅游总收入4650亿元，位居全国前列，如图5-4所示。而2019年佛山吸引游客6226万人次，数量仅为经济体量相当城市宁波、无锡的一半左右，远低于成都、广州、长沙等旅游城市。

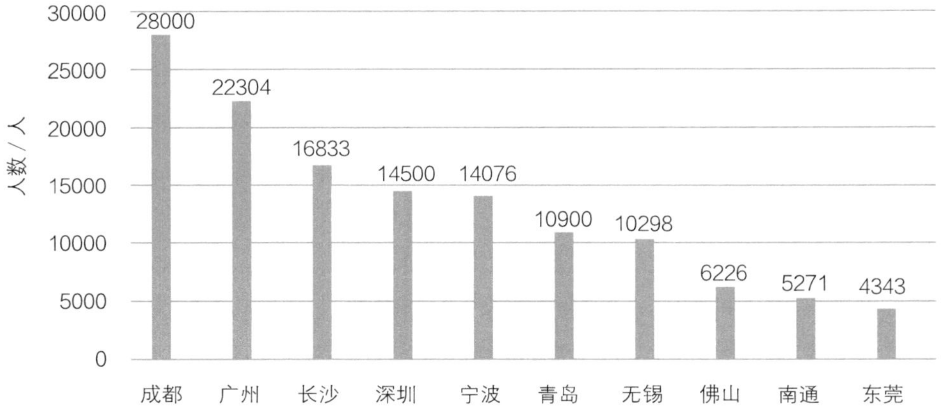

图5-4　2019年各大城市接待游客人数对比

5. 人均文化消费水平偏低

如表5-1、图5-5、图5-6所示，以GDP、人口相近为依据，选取国内7个城市与佛山市进行对比，数据显示佛山市居民文化消费的欲望和潜力未能充分释放，人均文化消费水平偏低。从人均可支配收入来看，城镇和农村人均可支配收入最高的是宁波，佛山市城镇居民人均可支配收入排在第三位，农村居民人均可支配收入排在第五位，均不突出；如图5-5所示，从人均文化消费支出占人均生活消费支出的比重来看，长沙市人均文化消费支出占人均生活消费支出的比重最高，佛山市城镇居民人均文化消费支出占人均生活消费支出排在第四位，农村居民人均文化消费支出占人均生活消费支出排在第五位。

表5-1　2019年各城市人均可支配收入、人均消费支出情况

城市	GDP/亿元	人口/万人	人均可支配收入/元		人均生活消费支出/元		人均文化消费支出/元		人均文化消费支出占人均生活消费支出的比重	
			城镇居民	农村居民	城镇居民	农村居民	城镇居民	农村居民	城镇居民	农村居民
成都	17013	1658	45878	24357	29720	17572	3214	1557	10.8%	8.9%
宁波	11985	609	64886	36632	38274	22797	4720	2206	12.3%	9.7%
无锡	11852	503	61915	33574	37433	23026	5488	2671	14.7%	11.6%
青岛	11741	950	54484	22573	35266	14899	3503	1389	9.9%	9.3%
长沙	11574	839	55211	32329	39516	23090	7361	3563	18.6%	15.4%
佛山	10751	816	55233	31503	37970	21822	4853	2190	12.8%	10.0%
东莞	9482	251	55156	35905	36198	27721	4244	3108	11.7%	11.2%
南通	9383	732	50217	24303	29964	16849	3978	1874	13.3%	11.1%

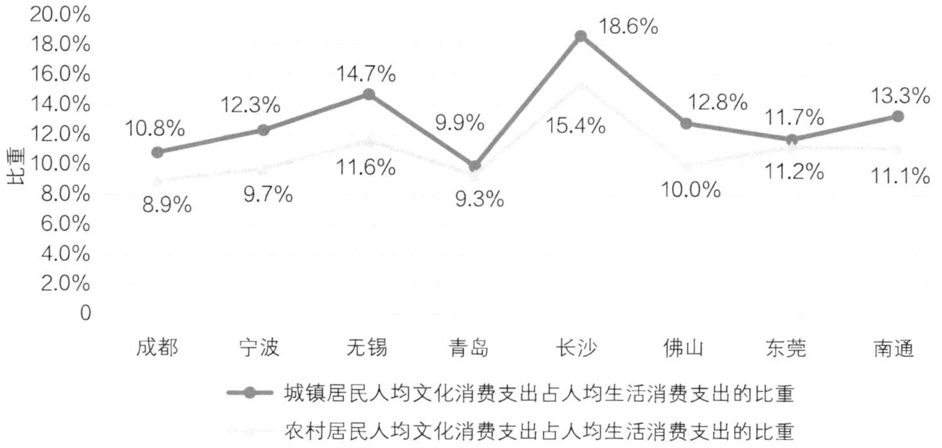

图5-5　2019年各城市人均文化消费支出占人均生活消费支出的比重对比

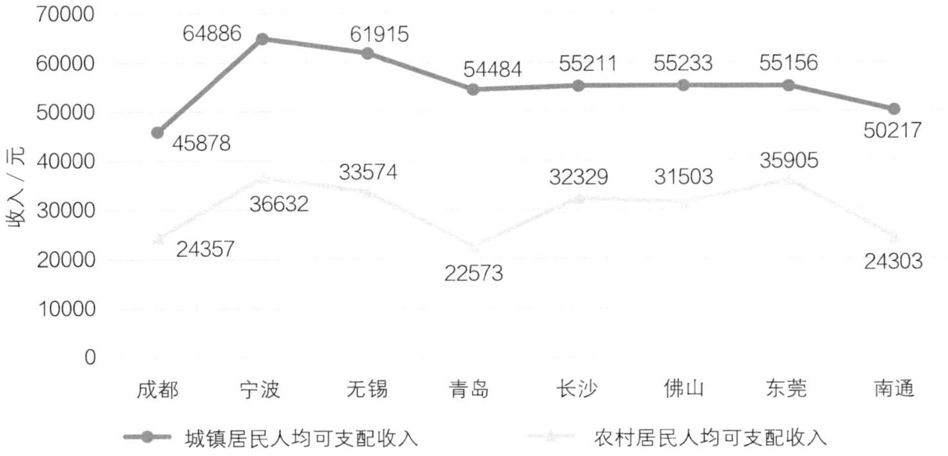

图5-6　2019年各城市人均可支配收入对比

三、佛山文化和旅游消费发展面临的机遇

（一）科技产业变革加速文旅产业升级

新一轮科技革命和产业变革迎来从蓄势待发到群体迸发的关键时期，新产品、新服务、新业态创新不断涌现，新一代信息技术在文化和旅游消费领域各环节的应用持续深化拓展，消费数字化特征越来越明显。并且，我国将大力推进的5G、人工智能、工业互联网、物联网定义为“新型基础设施建设”，新基建以新发展理念为引领，以技术创新为驱动，以信息网络为基础，面向高质量发展需要，提供数字转型、智能升级、融合创新等服务的基础设施体系。比如，近年来VR、AR、5G等数字技术在文旅产业被广泛使用，各类传统文化资源和旅游资源借助数字技术得以“活起来”。各大在线旅游平台纷纷推出云旅游项目，众多5A级景区也开辟了线上游览功能，一批VR文化旅游产品更是在网上传播。新基建推动文旅产业与数字经济的深度融合，引导和培育网络消费、体验消费、智能消费等消费服务新模式，将助推佛山文旅产业数字化、网络化、智能化发展。

（二）双循环相互促进的格局加快形成

一是国内消费结构升级步伐加快，消费动能加快转变，消费拉动国民经济增长的驱动力日益增强。二是国家消费政策持续加码培育和壮大内需市场，各地重视并抢抓培育扩大内需市场和高质量发展机遇，内需市场的活力和后劲将持续释放。三是国家完善对外开放战略布局。顺应世界经济格局调整演变趋势，推进“一带一路”建设，为国际贸易和投资搭建新平台，同更多伙伴开展合作，推动区域经济一体化，推动经济全球化朝着更加开放、包容、普惠、平衡、共赢的方向发展。佛山把握经济发展新格局，促进文化和旅游消费，将助推佛山经济走向高质量发展。

（三）广佛同城提升佛山城市发展能级

一是粤港澳大湾区建设和广佛全域同城化推动佛山与湾区四大核心城市形成紧密合作，深入实施区域文化旅游协调发展战略，共同拓展旅游客源市场，推动旅游休闲提质升级，立足合作区独特的文旅产业优势和资源特色，打造粤港澳大湾区世界级休闲旅游目的地。二是实现广佛两地产业优势互补。以深入推进广佛全域同城化高质量发展、共同建设社会主义文化强国的城市范例为目标，紧紧抓住粤港澳大湾区、深圳先行示范区建设和支持广州“四个出新出彩”的契机，打造和丰富优秀文化旅游产品，推动两地文化旅游资源共建共享、优势互补。三是依托于广州国际大城市拓宽全国文化和旅游消费市场，进而由内循环促进外循环，推动佛山文旅产业走向全国，走向世界。

四、国内促进文化和旅游消费的经验借鉴

（一）洛阳促进文旅消费经验

一是形成供需匹配的场景打造模式。洛阳是第一批国家文化和旅游示范城市。文化和旅游闭环式逻辑，环环紧扣，链链相接，相互连接，相互承接。全市40多家文旅企业、200多家文化事业单位参与组建洛阳文化消费联盟，推进“洛阳礼物”等特色文旅产品开发。打卡地、打卡物、打卡场景、活动、宣传都是手抓手。文创产品生活化，实施文化找轮、旅游找魂，形成供需匹配的场景打造模式。

二是建立文旅消费监测统计体系。搭建“享游洛阳”文旅消费平台，

集文旅消费、公共服务、渠道运营为一体，既为游客提供公共服务、消费预定，又为全市文旅企业、景区提供产品营销、数据分析等服务。政府可以实时分析文旅消费大数据，监测文旅消费数据，又能帮助全市文旅企业创新产品供给，激发消费需求，营造消费新场景。

三是举办“两节一会一论坛”促进文旅消费。以“河洛文化”概念于每年4月举办“文旅消费季　花开洛阳城”活动，邀请河南省所有文旅企业参加并展示各自的文化旅游产品。打造文化旅游品牌，发展特色文化旅游，将研学旅行纳入学校教育教学计划。发展红色旅游、特色乡村旅游。打造文旅特色街区，建设一批文化创意集市、文化产品展销店、文旅消费集聚区。加大文创产品开发力度，举办文创设计大赛，推动文创产品进景区、进酒店，进服务窗口、进线上平台。

四是数字化赋能促进文旅产业融合发展。推动文化旅游与科技融合，运用大数据、5G、区块链等新技术，建设“数字龙门石窟”“数字隋唐”“数字博物馆”等一批数字化景区。发展基于5G、人工智能、增强现实、虚拟现实等技术的新一代沉浸式体验型文化和旅游消费项目，如利用快手直播间开展“豫见快手、嗨购洛阳”活动，通过主播互动+县（区）长带货形式，推介各类文旅商品，展示地方文旅发展成果。实施“古都夜八点”夜间经济品牌，开展“夜游古都”活动，为全域旅游发展增添新内容。

五是提升服务优化文旅消费环境。提升文化旅游服务品质，优化城市文旅环境。建设城市国际化、标准化标识系统，完善旅游集散服务功能，实施旅游星级饭店、精品民宿提升工程，引进国际高端知名品牌，建设一批高星级旅游饭店。支持外资旅行社落户自贸区，提升洛阳旅游官网外向度。实施景区降价惠民。实施景区门票减免、淡季免费开放，优秀剧目展演等活动门票打折等惠民举措。

（二）南京促进文旅消费经验

一是以小切口导入，精准激活演出市场。从2017年起，市财政每年落实1500万元专项资金，先期试点演出市场，采取直接补贴消费者、积分奖励补贴、绩效奖励等多种形式相结合的方式，激发演出市场潜力。截至2020年10月，演出剧目531部，演出970场，财政补贴4760万元。此外，在受新冠肺炎疫情影响财政资金紧缩的情况下，市财政仍追加500万元专项资金用于扩大文化消费试点范围，将试点从高品质演出剧目向高端文旅展陈拓展。

二是以新技术搭建智能综合服务平台。南京文旅消费智能服务平台基于文化消费试点对“文化+旅游+科技”的模块规划，形成了以垂直传播消费模式为基础，搭建文化消费积分系统，各领域消费积分互通互兑，可横向复制到各个文旅消费场景，纵向衍伸到全省乃至全国各个地域的平台模式，全面助力文化和旅游消费。

三是以全媒体开展城市营销和文旅宣传。在需求端实施文化惠民、释放居民消费潜力，在供给端强化政策支持、增强企业创新活力。从2017年起，每年安排专项经费用于城市营销和文化消费试点宣传，利用南京发布、《南京日报》、“我的南京”App、“紫金山”App等官方媒体，全媒体推广南京。充分利用地铁、公交等城市交通优势宣传资源，利用核心商圈、机场、高铁等城市窗口地区户外露出媒介，播放文化消费试点工作宣传视频，使全民了解并参与文化消费试点工作。

四是以新业态持续拓展文旅消费领域。聚焦文化创意、电子竞技、文艺影视、旅游民宿、特色旅游、会奖旅游、夜间文旅、数字文旅八大文旅新兴业态，加快业态创新，搭建文旅消费新场景；挖掘“世界文学之都”资源，开发彰显文学之都气质的旅游项目；稳步开拓入境旅游市场，构建南京文旅境外精准营销网络。

五是以地标品牌整合文旅消费资源。打造“夜之金陵”品牌。推出“夜购、夜食、夜宿、夜游、夜娱、夜读、夜健”精品消费路线，在全市时尚广场、繁华商圈、城市地标中融入消费场景，点亮南京夜生活。打响“南京礼道”品牌。完善南京特色文旅商品资源信息管理系统，打造一批特色文旅商品、特色文旅商店及特色文旅街区。构建南京特色文旅商品线上展示平台，重点展示和推介南京特色文旅商品。培育高品位“文旅消费集聚区”，加强节庆资源整合，推出系列重大文旅活动。

（三）苏州促进文旅消费经验

一是通过居民服务卡建立消费大数据平台。在社保卡基础上发展市民卡公司，市民卡日活跃用户超300万人。通过运营“苏州市文化和旅游消费大数据平台”，对市民文旅消费行为进行分析，为文旅消费政策制定、产品设计、活动推广、宣传推介等提供数据支撑。整合“苏州文化云”和“苏州旅游总入口”两大线上平台，建设“君到苏州——苏州文旅总入口”智慧文旅项目，抓好与“苏心游”系统的对接，为市民游客提供更加便捷舒心的咨询服务和消费体验。

二是通过“姑苏夜八点”促进产业融合。制定《关于加快苏州夜间经济发展的实施意见》，提出建设国家级、省级夜间文旅消费集聚区。实施“文旅+”“+文旅”战略，推进文旅产业与相关产业协同发展、跨界融合，形成共同促进文旅消费的合力。

三是不间断激励加强文旅消费品牌建设。苏州在全国首创“无理由退货”，建立先行退款机制，实现“线下购物线上退、本地消费异地退”，营造“安心、放心、舒心”的市场消费环境。依托苏州“百戏之城”“百馆之城”底蕴，通过“江南小书场”“江南小剧场”等项目，展示江南文化的独特魅力，让游客能够“白天看景，晚上看戏”；运用在旅游OTA平台发放大礼包、旅游消费补贴，举办直播带货活动、“双十二”购物节等举措，形成全年不间断的消费激励。探索柔性监管、审慎监管，让城市烟火气更足、人情味更浓。打造文旅消费品牌，以文化旅游促进消费。

四是线上线下联动集聚文旅消费新动能。苏州立足线下、狠抓线上，提出“客分三类、时分四季”营销推广思路，启动“苏州人游苏州”“来苏州旅游都挺好”“到中国游苏州”等三项主题活动，激发本地市场、拓展国内市场、维护国外市场。组织“品质苏州　美好生活”苏州文旅消费月活动，联动中国苏州创博会、江南文化艺术·国际旅游节等重点文旅展会，对市民文旅消费进行补贴。对上海等长三角重点客源地城市开展营销活动，在高铁沿线组织广告投放。

（四）杭州促进文旅消费经验

一是抓实文化消费的产业基础。经过多年的培育，目前杭州拥有国家级文化产业平台14个，省市文化产业示范园、文创街区等50余个，并连续15年举办中国国际动漫节，连续13年举办杭州文博会，持续举办文化和旅游消费季，连续3年消费季累计推出文化和旅游惠民活动106项，拉动文化和旅游消费超38亿元。大力推进数字娱乐、数字阅读、数字游戏等数字文化产品供给，2020年前三季度杭州数字内容产业逆势上扬，同比增长16.3%。推出“杭州数字经济旅游十景”、100个文化和旅游特色消费示范点（店）、10大文化和旅游消费标杆地、“10+X”夜经济地标、文化和旅游赋能乡村“6+X”计划等，构建丰富多元的文化和旅游产品供给体系。这些都为丰富文化消费打下了坚实的产业基础。

二是创新消费活动形式。启动线上分享美好生活日志，超466万人次参与；推出“城市锦鲤”盲盒消费、“杭州文旅超级品牌日”等活动，通过多载体、多元化的推广，营造浓厚的消费氛围；开展全民代言活动，拍摄了11个系列宣传片，播出覆盖1.96亿人次。举办城市主题文化和旅游产品直播活动，成交额突破2500万元；举办夜间文化和旅游经济IP活动“杭州奇妙夜”，现场销售超3000万元，线上超3亿人次关注；依托微拍堂、“东家”App等打造17家“杭州市文化直播服务平台”，组织旅游达人、金牌导游、“村姑主播”等开展直播活动。

三是加强智慧治理和服务。依托城市大脑，强化数字赋能，实现数据互联互通，加强旅游安全监测，推行景区景点“限量、错峰、分时段预约”，引导客流管控，优化景区服务，提升旅游治理能力，央视新闻等主流媒体对杭州做法做了广泛报道。围绕“多游一小时”的目标，在全市195个景点、206家文化和旅游消费场所及515家酒店推出“10秒找空房”“20秒景点入园”“30秒酒店入住”等应用场景，大力推广无接触服务和消费，累计使用超过2000万人次。西湖西溪景区、良渚古城遗址公园等景区积极开发电子地图，开展智能导游导览，为游客提供全方位、多角度的智慧旅游服务，极大增强了游客体验度。

2020年新冠肺炎疫情期间，全国各省市纷纷出台文旅行业的刺激和扶持政策，极大地推动了文旅消费市场的恢复和持续发展，如表5-2所示。

表5-2　全国主要省市相继出台文旅行业刺激政策

地区	政策或文件	内容
全国	《关于暂退部分旅游服务质量保证金支持旅行社应对经营困难的通知》《关于用好货币政策工具做好中小微文化和旅游企业帮扶工作的通知》	暂退范围为全国所有已依法交纳保证金、领取旅行社业务经营许可证的旅行社，暂退标准为现有交纳数额的80%；各地要加强与当地人民银行分（支）行的政策协调，及时反馈当地中小微文化和旅游企业资金需求，尽最大可能争取额度
贵州	《关于印发〈支持文化旅游业恢复并高质量发展十条措施〉配套实施细则的通知》	发布之日起至2020年12月31日，贵州省内开放的A级旅游景区针对境内外全体游客实施门票五折优惠政策，针对全国疾控工作人员实施门票免费政策
海南	《海南省旅游业疫后重振计划——振兴旅游业三十条行动措施（2020—2021年）》	通过减免租金、税收等方式降低旅游企业运营成本；对符合条件的旅游公司、景区给予一次性奖励；促进旅游项目落地；加大推广营销力度，刺激旅游消费等措施
宁夏	出台门票优惠政策	2020年宁夏所有A级景区将向全国各地医护人员、现退役军人和公安干警等免费开放，同时对宁夏和湖北籍游客实施门票半价
福建	文旅企业扶持政策	全省2020年3月15日前完成暂退旅行社质量保证金；对符合条件的景区给予30万元到300万元不等的奖励；安排专项资金支持文旅重大项目建设
浙江	发放10亿元文旅消费券	浙江将推出总价达10亿元的文旅消费券和1亿元的文旅消费大红包；积极谋划“疫去春来”浙江文旅消费季一揽子促进消费活动，例如推出生态旅游、健康旅游、乡村旅游的线路和产品

（续表）

地区	政策或文件	内容
北京	《关于使用2020年旅游发展补助资金支持旅游企业共渡难关的通知》	明确3.45亿元旅游发展补助资金将重点支持旅游企业应对疫情，积极争取文化和旅游部国家旅游发展基金补助
上海	《关于上海市全力防控疫情支持服务旅游企业平稳健康发展的若干政策措施》	加快旅游专项资金工作；暂时退还旅游服务质量保证金，暂退标准为现有交纳数额的80%，暂退保证金至2022年2月5日前返还；推进旅行社责任保险支持政策；免除旅游行业协会会员单位会费
重庆	策划“2020重庆春季线上旅游交易会”	打通线上旅游供需渠道，减少线下聚集疫情传播风险；线上销售终端渠道为淘宝飞猪平台。活动主办方将统一组织和指导景区、酒店、温泉等文旅企业，上架春季特价旅游产品
杭州	《关于疫情防控期间支持旅游行业共渡难关的补充意见》	2020年全市所有A级景区对全国医务工作者实行全年免费开放；5月1日前，符合疫情防控要求的国有A级景区向境内外游客实行免门票开放，鼓励非国有A级景区参加免费开放活动
温州	出台门票优惠政策	2020年3月20日至4月30日，温州全市54家旅游景区景点向全国游客免费开放
扬州	《关于2020年促进旅游业发展更好服务游客的意见》	国有收费旅游景区将向全国医务工作者、公安干警免费开放一年；大中小学生暑假和寒假可免费游览瘦西湖、大明寺、个园、何园等六大景区；瘦西湖景区3—5月、9—11月门票优惠至100元，其他月份优惠至60元
绍兴	出台景区门票免费政策	2020年3月14日至6月30日，绍兴市国有50家A级景区景点向全国游客实施门票全免政策

（续表）

地区	政策或文件	内容
西安	推动文化旅游产业快速发展相关政策	在文旅企业经营绩效方面给予资金奖补；对荣获省级以上奖项的文艺精品奖励0.5万~200万元；使全国医务工作者2020年免费参观游览全市34家3A级以上景区；在旅游景区恢复开放3个月内，国有3A级以上景区全部免费；鼓励3A级以上非国有景区免费开放，政府将以实际接待游客数量，按原票价的30%给予补贴
南京	发放消费券、景区限时免费政策	南京共48家旅游景点在指定日期限时免费开放；发放消费券总额度3.18亿元，主要包括餐饮消费券、体育消费券、图书消费券、乡村旅游消费券、信息消费券、困难群众消费券、工会会员消费券等7大类
济南	实施惠民消费券	面向景区、旅行社、影剧院、演艺场所、书店等文旅企业推出2000万元惠民消费券，拉动文旅消费
宁波	发放文旅惠民消费券	宁波市将推出总额1亿元的文化旅游惠民消费券

五、佛山市促进文化与旅游消费发展的对策建议

（一）主要思路

以习近平新时代中国特色社会主义思想为指引，顺应文化和旅游消费提质转型升级新趋势，不断激发消费潜力，完善文化和旅游消费设施，优化消费环境，丰富产品供给，促进融合协同发展，有效引导和扩大全市文旅消费。以入选国家文化和旅游消费试点城市为契机，以建设世界功夫之城、世界美食之都、博物馆之城、南方影视中心为抓手，出台一系列促进文旅消费的具体政策。建立文化和旅游消费数据监测分析体系，丰富文化和旅游产品、服务供给，优化消费环境，规范文化和旅游市场秩序，鼓励发展新兴消费业态，全面提升全市文旅消费总量、人均文化消费支出和消费满意度，促

进佛山文化和旅游消费高质量发展。

（二）对策建议

1. 营造良好的外部软环境

一是完善文旅产业扶持政策。以文旅消费城市试点为契机，形成《佛山市文化和旅游消费试点工作方案》。将全市已有的《佛山市加快文化产业发展若干政策措施》《佛山市促进全域旅游发展扶持办法》《佛山市扶持影视产业发展的若干政策》等政策进行有效整合，形成佛山文旅产业扶持政策体系。用好用足现有各级各类支持政策，加强对文化和旅游企业的政策引导和扶持。

二是加大中小微企业融资扶持力度。引导企业通过“佛山通·企业融资快线”与知识产权质押融资平台，获得便捷融资通道和风险补偿服务。适时举办全市文旅项目金融对接活动，支持各类金融机构设立文旅支行，面向文旅中小微企业创新金融产品，拓宽融资渠道，充分利用好佛山市在文旅行业的专属金融产品“文旅e贷”。

三是建立文旅消费数据检测分析体系。根据文化和旅游消费特点，与中国银联等机构合作，建立文化和旅游消费数据监测分析体系，通过大数据技术获得用户信息数据，搭建出由点到面完善丰富的用户画像，通过用户画像分析用户群体消费行为轨迹，为政府制定政策提供数据支撑。

四是提升市场监管效能。综合运用法律、行政、经济等手段对消费市场进行监管，强化事中事后监管，构建守信激励、失信惩戒的长效监管机制，充实行业、社会监督力量，推进市场监管力量的下沉，构建起政府监管、行业企业自律、社会监督三位一体的市场监管体系，营造放心文旅消费环境。

2. 完善文旅基础设施条件

一是推进综合性文旅消费设施建设。持续推进市级“六馆三院”、区级“五馆一院”和街道级“四馆一院”配套建设。推进国家、省级综合性文化服务中心和旅游咨询中心融合试点工作。以“企业园区—镇街”圈层式格局建设为重点，加强面向产业工人的公共文化服务设施建设。将公共文化、广电服务、旅游服务等设施进行整体规划、统筹布局，创新建设、改造一批“文化+体育+旅游”“文化+旅游”“文化+体育”“旅游+体育”混业经营的综合性文旅消费设施。

二是完善文旅消费配套。设立市公共图书馆馆藏文献资源共享平台，实现全市范围内图书资源优化配置；实现综合性文化服务中心全市覆盖，推动基本公共文化服务标准化、均等化和便利化；大力推进旅游“厕所革命”行动，新建、改建一批旅游厕所，提高文明程度和旅游品质；切实改善道路、步行道、停车场、垃圾污水处理、消防安防、应急救援和游客信息等服务设施。

三是完善交通服务配套。进一步完善全市旅游交通标识，优化旅游交通格局，有效提高全市旅游景区的通达性，方便游客出行，完善旅游交通集散体系，交通枢纽实现“运游一体化”建设，旅游交通专线和城市公交专线延伸到主要景区和乡村旅游点，与机场、火车站、客运站实现交通换乘无缝对接，打通“最后一公里”。

四是全面建设“博物馆之城”。全面推进具有鲜明岭南文化名城特色、制造业一线城市特色及佛山人文特色的“博物馆之城”建设，将佛山博物馆之城打造成为“岭南文化的活态展示城”“佛山制造的故事讲述城”“水乡风情的全域体验城”。

五是建设“智游佛山”文旅公共服务平台。为公众提供丰富便捷的文旅在线服务，实现“一站式一条龙综合服务”。推动全市旅游景区、旅游饭店、博物馆、图书馆、美术馆、剧场、文艺院团、旅行社等与“智游佛山”平台实时对接，上线具有旅游服务、文化服务、公共服务3大类别，精品演出、旅游景区、非遗展示、金牌导游、电视直播、投诉客服等16项内容的文博场馆。

3. 提高文旅产品品质

一是打造新的佛山文旅品牌。利用民俗资源或自然资源打造新的文旅品牌，如岭南天地、美的鹭湖、三水南山十二院等。引进成熟的文旅品牌，比如顺德华侨城、南海西樵千古情等。

二是鼓励打造文旅消费集聚区。鼓励利用老旧街区和厂房打造集文化旅游、休闲购物、体育健身、娱乐餐饮于一体的文旅消费集聚区，促进商旅文体协同；提升民宿设计美感、文化内涵和服务品质，打造一批网红民宿新地标。

三是举办高水平文艺演出和专业性顶级体育赛事。结合佛山特色，引入优质文体旅资源和高水准的专业展演、策划和运营团队，推进高品质文博藏品和艺术资源在佛山轮展，举办高水平文艺演出和专业性顶级体育赛事，形成有影响力、有辐射力的特色功能。

四是推动文旅消费体验场景化生活化。打造推出一批智慧旅游、数字景区、数字博物馆、数字美术馆、线上演艺等文旅线上新产品，线上引流，线下体验，双向发力，拓宽供应链，实现线上、线下产品优势互补，促进文旅产业数字化、网络化、智能化发展。完善佛山文化云、智慧旅游云等云平台功能建设，构建全体系“云”服务平台，让“指尖上的文旅服务”成为常态。

4. 释放文旅消费活力

一是激发文化创意消费。以文化创意为依托，推动更多资源转化为旅游产品。开展5家“景区+非遗”、5家“景区+文创”、10家“饭店+文创”、10家“饭店+演艺”等文旅融合试点，促进演艺娱乐、游戏动漫、音频视频、创意设计等创新发展，着力形成一批更具岭南文化特色的文旅消费新场景。

二是充分释放本地消费。积极筹备更多“岭南味　佛山品”文化旅游季等活动，发布文化旅游季重点活动、景区优惠政策等惠民举措，谋划发展周末游、近郊游、自驾游，举办话剧、数字文创展、当代艺术季、商业演出季等活动，充分释放本地消费。

三是加大政府公共服务支出。加大政府购买公共服务力度，发行文旅消费补贴基金、文旅消费券和文旅惠民卡等，实施景区景点、博物馆分批、分段免费开放。

5. 加强文旅品牌宣传

一是组织参加各类旅游展会，主要有澳门国际旅游（产业）博览会、中国义乌文化产业交易博览会、西安丝绸之路国际旅博会、香港国际旅游展、广东国际旅游博览会、广东省旅游文化节、广西东盟博览会旅游展等，不断提升佛山市文化旅游的知名度。

二是以粤港澳大湾区建设为契机，组织相关人员到广州、深圳、香港、澳门等地开展旅游推介，同时与大湾区各城市进行合作，打造不同主题的旅游线路产品，包括人文特色、乡村生态等，以满足不同游客需求，促进旅游交流与合作，促成旅游资源共享、线路互推、客源互送、政策互惠等区域旅游合作。

三是强化文化旅游宣传推广，组织当地主流媒体紧紧抓住佛山城市的形象定位，打造城市品牌，树立城市形象。邀请携程、马蜂窝等旅游平台对佛山开展旅游宣传报道，有效地推广佛山市文化旅游资源。

四是依托华侨华人文化交流重要平台，借助境外华侨同乡会等组织的力量，推进境外佛山旅游推广的深度与广度。

6. 增设文旅消费场景

为推广佛山文旅资源，树立佛山文旅品牌，探索打造“从白天到夜间、吃住行游购娱”全通式体验消费新场景，建议推出“文旅岭南　醉美佛山·五大文旅消费新场景”，主要集中在以下几个方面：

一是打造岭南文化新场景。围绕禅城区内祖庙、南风古灶、梁园等，南海区内西樵山、康有为故居等，顺德区内清晖园、碧江金楼、和园等，高明区内皂幕山等，三水区内胥江祖庙、古锅耳屋群等，大力弘扬岭南文化，提高城市品位，打造精品岭南文化旅游主轴线。

二是打造乡村旅游新场景。佛山有近200个古村，为推进乡村振兴战略实施，可以集中在五区内选出一批古村，大力推进古村旅游，打造各村的特色文化消费新场景，实现差异化发展，如禅城区莲塘村龙狮文化、南海区松塘村翰林文化、顺德区碧江村祠堂文化、高明区深水村礼孝文化、三水区长岐村长寿文化等。

三是打造节庆文化新场景。除了春节、元宵、清明、端午、七夕、中秋、重阳等中国传统的节日外，还可以充分利用大型传统民俗活动，如行通济、北帝诞、佛山秋色，以及五区内石湾陶瓷艺术节、三水禾花雀节、高明狩猎节、顺德龙舟赛、南海舞狮赛、风筝赛等，形成一批富有地方传统特色的旅游项目。同时做到节庆活动全年贯穿，节目安排丰富多彩，实现文化惠民活动“周周有活动、月月有亮点、季季有主题、全年全覆盖”。

四是打造城市阅读新场景。建议全市图书馆积极举办全民阅读系列活动，从受众细化、主题多元化、类型丰富化等角度举办各类阅读活动，建立佛山阅读联盟，吸纳、组织、培育民间读书会，积极打造“书香佛山”，推动佛山全民阅读活动迈向新高度，为城市的高质量发展赋能。

五是打造文化“云服务”新场景。建议由政府牵头推出品牌项目，让精彩的线上活动贯穿全年，助力开启“云服务”新场景。比如文旅新地标、艺术慕课、文化名家课堂、青年艺术家圆梦计划、文旅体产业云推计划、精品展播台等。以新平台、新形式、新场景，打造线上新优势、擦亮公共文化线上服务，进一步提升公共文化服务效能。

7. 发展假日夜间经济

一是营造假日和夜间经济氛围。落实带薪休假制度，鼓励单位与职工结合工作安排和个人需要分段灵活安排带薪年休假、错峰休假。把握节假日及高峰期旅游消费集中的规律特征，充分挖掘佛山夜间消费资源，培育、建设、提升一批高品质夜间经济集聚区、夜间经济示范点，加快建立夜间经济产业体系。

二是打造假日和夜间经济品牌。精心打造餐饮、酒店、景区等品牌消费节目。在餐饮方面，突出佛山粤菜粤厨特色亮点，加快培育粤菜名厨名师，支持餐饮企业申报粤菜（名店、名菜、名点）品牌；在旅游线路方面，依托佛山新城、佛山新港遗址、会展中心等特色区域景观，开发东平河–潭州水道夜间游船项目，精心打造“夜赏”城市节点；在消费商圈方面，加快连接南海万达广场、保利水城、中海寰宇、万科广场的千灯湖连廊等慢行道建设，推动商圈连片区发展；在特色景区方面，推动4A级以上景区延长夜场参观时间，夜场门票价格减半；在赛事演出方面，引进夜间高端演出与培育本土特色演出相结合，加快建设宋城·西樵山岭南千古情、佛山粤剧园粤剧演出项目，推动夜间演出市场发展；在功夫健身方面，发掘佛山功夫发源地的夜间经济价值，推动武馆遗址试点夜间开放；在文化场馆方面，加快建设佛山市博物馆、佛山市美术馆、三龙湾高端艺术社区等一批文化新地标，精心打造“夜读”学习书吧和“夜宿”精品酒店，修订民宿产业扶持政策促进民宿产业发展。

实践篇

Shijian Pian

第六章

禅城区祖庙街道打造岭南文化核心消费区的实践研究

禅城区祖庙具有地理标识和文化标识两层含义。从地理标识来看，祖庙有祖庙景区和祖庙街道之分，祖庙景区即佛山市祖庙博物馆，占地面积为3.02万平方米；祖庙街道是佛山最小的街道，区域面积为21.5平方千米。从文化标识来看，历史上的祖庙就是佛山镇，是全国四大名镇、天下四大聚之一，代表佛山文化，是岭南文化的文脉之一。祖庙作为地理标识，处于广佛极核重要支点，是市委、市政府所在地和全市的政治经济文化中心；作为文化符号，是佛山文化之根，在佛山乃至岭南具有深刻的历史影响。祖庙是佛山打造湾区岭南文脉之都的重要支撑，具备建设岭南文化消费核心区的基础。

一、祖庙打造岭南文化核心消费区的重要意义

面对新的时代背景和国际形势，消费已成为应对国际挑战、稳定国民经济、满足人民美好生活需要的关键，兼具经济效益和社会效益的文化消费作用日益凸显。文化消费作为居民生活的组成部分，是“十四五”时期培育新的经济增长极和助推消费扩容提质的重要支撑。佛山市政府提出了制造业和文化产业双轮驱动战略，祖庙是粤港澳大湾区三大极点之一的广佛极点核心片区，也是珠三角腹地，区位优势十分明显、岭南文化发祥地和集聚区气息浓厚、基础设施相对完善，对打造宜居宜业宜游优质生活文化圈具有坚实基础。从文化佛山和文化消费视角来看，祖庙因势利导、抢占先机，助力佛山打造以祖庙为基点的岭南文化核心消费区具有重要意义。

（一）夯实消费基础、融入双循环新发展格局的需要

党的十九届五中全会提出“加快构建以国内大循环为主体、国内国际双循环相互促进的新发展格局”，在双循环新发展格局下，我国超大规模市场

和区域平台市场优势凸显，消费在经济增长中的作用日益突出。把国内需求作为重要出发点，充分体现出国内市场的重要作用，展现出对经济和文化的自信。在文化全球化的浪潮中，中华老字号品牌市场占有率不断提升且“国潮”崛起。祖庙充分发挥广佛同城优势，大力促进文化消费，搭建文商旅融合发展平台，吸引高层次的资源和有影响力的项目落地，在融入“双循环”发展格局中育新机、开新局。

（二）营造消费场景、建设岭南文化特色街区的需要

文旅消费正处于蓬勃发展期，文旅部和国家发改委联合发文，将打造一批文化特色鲜明的国家级旅游休闲街区。[①]岭南文化是博大精深的中华优秀传统文化重要分支，与中原文化一脉相承又具有地方特色，从民族民系大致划分为广府文化、潮汕文化和客家文化。广府文化以广州、佛山为核心，是岭南文化中最有影响力且最具典型的文化。祖庙是岭南文化的重要发源地，也是佛山旅游的地标，拥有丰富的历史人文资源。其中包含市级以上非物质文化遗产项目101项，市级非物质文化遗产项目传承人163人。周边汇聚了祖地塔坡、仁寿寺、妈庙、祖庙、梁园、中山公园等祖地根脉，也有兆祥公园粤剧主题公园、岭南天地文化核心区、燎原路老街区、莲花路老街区、佛山北大门、汾江河、长途汽车站、佛山市博物馆等特色文脉，还汇集了岭南天地商圈、祖庙商圈、东方广场商圈、升平国瑞商圈等传统商脉。祖庙打造岭南文化核心消费区，以岭南民俗风情展示和体验为主要业态，融合创意文化基地、文化景点、文化培训体验基地、特色康体养生体验馆、商务配套商业区等，突出岭南文化体验、文化传承、文化创意和商业发展特色，打造展示岭南文化的重要窗口。这说明祖庙有条件、有能力建成国家级旅游休闲街区。

① 2021年5月，文化和旅游部办公厅、国家发展和改革委员会办公厅联合发布《关于开展旅游休闲街区有关工作的通知》。该通知指出，为贯彻党的十九届五中全会精神，落实《中华人民共和国国民经济和社会发展第十四个五年规划和2035年远景目标纲要》有关任务要求，将打造一批文化特色鲜明的国家级旅游休闲街区。

（三）焕发街区活力、促进人城产文深度融合的需要

佛山市加快促进“人城产文”深度融合，推动城市更加宜居宜业。禅城区委书记黄少文在区第四届人民代表大会第六次会议上指出，祖庙要用“绣花功夫”推动“人城产文”的融合发展，不断焕发老街区新活力；要加大力气做好“文化振兴”文章，规划打造“岭南文脉轴线”；推动“文商旅”融合发展，打响祖庙古文化的旅游牌。祖庙发力“文化+”，深入推进文商旅融合发展，既是促进全市文化消费和助力佛山打造“三都三品”[①]，也是为“人城产文”深度融合贡献“祖庙经验”。

（四）适应全市消费升级、建设文化导向型名城的支撑

佛山是粤港澳大湾区重要节点城市，是岭南文化发祥地、著名侨乡和珠三角重要旅游节点，也是中国首批历史文化名城之一。祖庙是佛山的文化中心和城市核心，更是该城市的地标。随着经济社会发展进步和社会主要矛盾的转化，人民美好生活需要日益广泛，文化消费需求快速增长，高品质、多样化的精神文化生活成为衡量人民幸福感的重要标准。近年来，佛山实现了从“文化大市”到“文化强市”到“文化导向型城市”再到“高质量文化导向型名城”的跨越。祖庙作为全市的中心片区和政治经济文化中心，加快打造岭南文化核心消费区不仅有助于扩大全市文化消费，还为建设岭南文化艺术高地、高质量文化导向型名城提供支撑。

二、祖庙街道打造岭南文化核心消费区的基础与条件

（一）祖庙是岭南文化的重要发源地

祖庙街道是岭南文化的重要发源地，具有千年的历史文化积淀。与汉口镇、朱仙镇、景德镇并称中国四大名镇的佛山镇，镇域大致位于现时祖庙街

① “三都”为建设湾区岭南文脉之都，建设中国数字视听、电音电竞之都，建设世界陶艺文化之都；“三品”为打造面向世界的品牌文旅活动，打造面向全国的品牌文旅线路，打造面向青少年的品牌体育运动。

道内；在清朝时期与北京、汉口、苏州并称“天下四大聚”。辖区内岭南传统文化独具魅力，拥有祖庙、梁园和黄飞鸿博物馆等景点，是粤剧、剪纸、木版年画、武术、舞狮等国家级非物质文化遗产和黄祥华如意油、梁仲宏抱龙丸、冯了性风湿药酒等多种中成药的发源地和兴盛地，是佛山秋色、祖庙北帝诞、行通济等佛山民间传统活动的举办地。全市拥有8处全国重点文物保护单位，其中2处就在祖庙，如表6-1所示。

表6-1　佛山市全国重点文物保护单位

序号	名称	建造时间	地点	公布批次
1	佛山祖庙	明、清	禅城区祖庙街道恩光社区居委祖庙路21号	国家第四批
2	康有为故居（延香老屋）	清	南海区丹灶镇银河苏村	国家第四批
3	东华里古建筑群	清、民国	禅城区祖庙街道福贤社区福贤路	国家第五批
4	南风古灶、高灶陶窑	明	禅城区石湾镇街道忠信社区居委会高庙路6号	国家第五批
5	佛山市清晖园	清	顺德区大良清晖路23号	国家第七批
6	顺德糖厂早期建筑	1934年	顺德区大良街道顺峰沙头村广东顺德糖厂有限公司内	国家第七批
7	古椰贝丘遗址	新石器时代	高明区荷城古椰村鲤鱼岗侧	国家第七批
8	西樵山采石场遗址	明、清	南海区西樵镇西樵山	国家第八批

（二）岭南文化全球认同感不断增强

岭南文化的重头戏是广府文化，以通行的粤语（也称白话、广东话、广府话）为主要特征，除了珠三角一带，香港、澳门、粤西、粤北部分地区和广西南部等地也通行粤语。伴随广东经济高歌猛进以及粤港澳不断协调发展，岭南文化在全球认同感不断增强。从语言来看，联合国教科文组织于2009年将粤语定义为语言；全球有近1.2亿人口使用粤语，国外主要分布在泰国、新加坡、马来西亚、美国和加拿大等国。从饮食来看，顺德被联合国教科文组织认定为世界美食之都，享誉全球，粤菜的国际认知度位居国内八大菜系之首。数据显示，粤菜在美国、澳大利亚、日本、韩国、泰国和新加坡等国的认知度高，66.8%的海外受访者表示自己曾品尝过粤菜。[①]岭南文化中的其他形态诸如音乐、电影、戏曲、绘画等均已进入非遗名录，在国内其他省市有不少消费人群，在华侨聚集地区也十分常见。“十四五”时期是文化消费扩容提质的关键时期，也是佛山推进高质量文化导向型城市建设、岭南文化加快传播的重大机遇期，祖庙要充分利用这一机遇期和政策利好，打造岭南文化核心庙会消费区。

（三）湾区文化产业大发展提供机遇

粤港澳三地同根同源，地域相近、文脉相亲、产业互补、商缘相通，形成了以岭南文化为核心的“粤港澳大湾区文化圈”。湾区文化产业呈现蓬勃发展态势。文化产业是深圳的四大支柱产业之一，在广州、香港、澳门等地的重要性与日俱增。深圳文化产业增加值占全市GDP的比重接近8%，增加值位居全国大中城市第三、广东省第一。广州文化产业占全市GDP的5%左右，正在加快向集聚化、规模化、品牌化方向发展；香港文创产业与国际接轨、业态成熟，近年来产业增速显著；澳门文创产业对经济贡献的增加值为9.7%，被视为城市新名片和助推经济适度多元发展的新引擎。“十四五”时期作为粤港澳大湾区加快建设的关键时期，抢抓横琴粤澳深度合作区、前海深港现代服务业合作区建设机遇，在百花齐放中加快推进文化产业和文化事业，打造文化消费重镇，促进文化消费走出佛山；充分利用天时地利，发挥人和作用推动核心消费区建设。

（四）岭南文化消费市场需求强劲

广东消费市场十分活跃，社消零总额居全国第一，2020年约4.02万亿元；居民人均可支配收入和人均消费支出分别为41029元和28492元，位列全国第一梯队。从文教娱乐消费支出来看，广东近些年上涨较快，2019年增速为17.9%，位于八大类消费支出增速的首位。虽然，2020年受新冠肺炎疫

---

① 数据来源于《环球时报》旗下环球舆情调查中心2019年5月发布的《2019年粤菜影响力调查报告》。

情影响下滑较为严重，增速下滑24.7%，但不可忽视的是，2020年的在线教育、在线娱乐等文化消费呈现井喷之势。广东，特别是珠三角地区，尤其重视促进文化消费。广州、深圳把文化消费作为国际消费中心城市重要支撑；佛山、惠州等地入选国家文化和旅游消费试点城市以来，在文化消费领域持续发力。祖庙作为“佛山初地”所在地和佛山中心城区核心街区，有着丰富的历史积淀和文化底蕴，且人均消费支出远高于全市平均水平以及其他镇街水平，有助于文化消费市场繁荣。

三、国内打造文化消费区的经验借鉴

（一）成都宽窄巷子打造全国示范步行街经验借鉴

宽窄巷子位于成都市青羊区少城街道，是四川最具代表性的历史文化商业街区。少城街道面积3.66平方千米，辖6个社区，常住人口13.8万余人，户籍人口10.9万余人。宽窄巷子面积479亩（约32万平方米）。2019年，宽窄巷子游客量达到4163.7万人次，同比增长32.8%；街区营业总额12.11亿元，同比增长42.9%。宽窄巷子已成为促进成都消费升级的发动机和国际消费中心城市建设的重要载体。宽窄巷子可供借鉴的经验主要有：

一是重视顶层设计，整合市区资源。按照全市统一规划，统筹市场主体、明确分工任务，由成都文旅集团全面负责宽窄巷子项目的投资、招商、运营和管理；由青羊区政府承担拆迁任务，青羊区政府和成都文旅集团合资组建的少城公司负责建设。目前，宽窄巷子由成都文旅集团的子公司——成都文旅宽窄巷子文化产业发展有限责任公司运营。自开街以来，市、区都给予宽窄巷子有力支持，青羊区专门成立宽窄巷子特色街区管委会，由一名副区长任管委会主任，强化政府协调、综合执法和管理。

二是科学论证策划，形成产业集聚。成都文旅集团邀请历史、文化、艺术等专家学者成立“宽窄巷子历史文化保护区专家委员会”，对宽窄巷子采取保护性改造。改造把宽窄巷子分为核心区和环境协调区，核心区40%的建筑按原有特征进行修复，其余建筑在保持原有风貌的基础上改建；对于环境协调区，拆除原有绝大部分建筑，开发与核心区建筑风格一致的仿古建筑。宽窄巷子改造后，约有20%的老建筑得以保留，40%进行更新，其余40%均为新建。目前三条巷子承载不同产业与相应文化形态，形成丰富的业态组团。

三是采取专业运作，重视招商引资。政府制订《宽窄巷子历史文化保护区管理办法》，对历史文化片区的保护与布局、公共设施和商业经营日常监督管理等方面作出具体规定，实现综合管理规范化、制度化。以宽窄巷子为核心成立成都特色商业街协会，加强行业协调与管理。成都文旅集团面向全国以及国际市场，通过锁定目标、点对点沟通、搭建综合营销平台等招商引资；在业态调整过程中，对引进的制作工艺、商家都认真把关。目前运营可概括为“三位一体”模式，即政府经营环境（战略定位、综合管理、配套支持）、企业经营市场（商业定位、招商规划、市场营销）、商户经营文化（文化创新、具体经营）。

（二）苏州姑苏区打造平江历史文化街区经验借鉴

平江历史文化街区位于苏州市姑苏区平江街道，是苏州规模最大、格局最完整、遗存最丰富的历史文化街区。平江街道面积约8.68平方千米，总人口约12.1万人。平江历史文化街区面积约1.16平方千米，旅游资源丰富，拥有世界文化遗产藕园、昆曲博物馆、评弹博物馆等省市级文物古迹，堪称苏州古城精华的缩影，获得首批十大“中国历史文化名街”。平江历史文化街区可供借鉴的经验主要有：

一是各级单位聚力打造文化街区。《苏州市城市总体规划（2017—2035）》强调对平江等历史文化名城保护，将包括平江路在内的古城区定位为全国示范创意园、面向世界的文化展区。区政府推动成立苏州市平江历史街区保护整治有限责任公司，负责古旧房屋修缮和经营、旅游项目开发设计、对外宣传包装推广和重要考察接待等工作。街道整合商家资源成立平江路商会，支持商会积极参与平江路发展的各项工作，例如商家品质化管理考评、业态风貌审核、街区品牌推广等，共同为平江路的发展出谋划策。

二是注重文化保护与商业开发相结合。充分发挥历史街区产业培育的优势，积极引导形成历史街区特有的文化产业品牌。街区在管理中对店招店牌、装修风格等进行前期介入，通过精心选择，保证其与街区文化的和谐。针对平江街区的产业特色，街区采取解读理念、突出特色、打造精品主题活动、推介目标等方式进行多层次、多角度的市场营销，形成品牌差异化优势，营造“纯苏州”的品牌形象。

三是用绣花精神加强精细化管理。针对整治提升背街小巷环境，平江街道建立“三级街巷长制”，街道一把手任总街巷长、班子成员挂钩辖区内一级街巷长，社区书记、网格长（员）、卫生干事等担任二级街巷长，街道人员分片包干街巷，压实城管、保洁快速处置措施，助推全域旅游品牌建设。针对街区沿线业态风貌，街道推动成立平江路风貌业态审核小组，成员包括主管部门负责同志、商会代表、专家等。通过先审批后施工的方式，从源头上控制街区风貌业态。

（三）福州三坊七巷打造历史文化街区经验借鉴

三坊七巷位于福州市鼓楼区南街街道，是国内现存规模最大、保存最完整的历史文化街区，有全国独一无二的古建筑遗存。南街街道辖区面积1.22平方千米，三坊七巷面积约40公顷（约0.4平方千米）。三坊七巷曾先后被授予“中国十大历史文化名街”、闽台（福州）文化创意产业园、“国家5A 级旅游风景区”等称号，并成功入选世界文化遗产中国预备名录。三坊七巷可供借鉴的经验主要有：

一是政府主导、市场运作。三坊七巷的运营管理遵循“政府搭台、市场唱戏”的原则，在政府购买公共服务的同时，鼓励社会力量参与文化产业建设，创出了独具魅力、富有活力的模式。通过对业态建设、房屋租赁、物业管理和旅游开发等业务实行市场化高效率运作，街区较好地实现了管理规范化、服务标准化、营销精准化目标。

二是充分挖掘公共文化属性及经济价值。以文化展示、参观游览、公益服务、文化休闲以及众创空间等业态为主，引进民宿客栈、茶社、咖啡馆等业态，充实景区经营内容，推动街区文化商业精品化、特色化，创建集旅游观光、文化创意、娱乐体验、购物餐饮等功能于一体的文化休闲旅游品牌。加强品牌运营，拓展业务板块，发挥品牌资源的无形价值；强化旅游营销，精准施策，以辐射全省为核心目标，积极开拓旅游市场。

三是在保护文物建筑的前提下进行旅游开发。“三坊七巷”原则上坚持文物保护建筑不对外招租、不搞商业经营，主要辟为博物馆、展览馆等公共文化活动场所。按照“体验人文消费文化”的要求进行“活态化营运”，将历史建筑和老房子对外出租经营，注重旅游与文物保护的有效结合。同时，通过智慧街区建设，促进文物精细化保护、商户精准化监管及旅游品质化体验。街区已建立大数据展示运营中心，接入停车场管理系统、票务系统、智能垃圾分类、夜景灯光等项目，提升智慧街区实用性；启动智慧公厕、支付宝三坊七巷小程序等旅游角色软件，上线目的地平台“三坊七巷一键游”，提供各类实用点位导航和场馆语音讲解等服务。

四、打造岭南文化核心消费区的定位与思路

（一）定位

以祖庙街道为基点，抓住粤港澳大湾区建设国际消费中心，广州建设成为国际消费中心城市，佛山建设成为专业化、特色化、区域性国际消费中心城市、国家文化和旅游消费试点城市和广佛全域同城化建设机遇，打造“全国有影响力、全球有知名度”的岭南文化核心消费区。

（二）思路

实施核心区、覆盖区、辐射区三区联动，增强商圈吸引力。具体如图6-1所示，祖庙作为佛山构建岭南文化核心消费区的重要支点，通过全市文旅部门重点推介，凝聚、打造成全省岭南文化核心消费区品牌，通过加强与广州、深圳等市广泛合作，争取在广东省、佛山市的支持下进一步将岭南文化核心消费区推及至全国，再通过加强与香港和澳门的交流协作，通力建设粤港澳大湾区，辐射东南亚国家华侨华人，通过乡亲乡情、省亲祭祖和文化活动链接，扩大岭南文化核心消费区的影响力，这样逐层推进，使岭南文化核心消费区的概念逐步传播，不断强化，直至深入人心，使祖庙真正成为全球知名的岭南文化展示窗口、体验中心和核心消费区，让佛山再现昔日“四聚”的繁华盛景。

1. 打造岭南文化核心消费区品牌

如图6-1所示，以辖区的祖庙商圈、东方广场商圈、季华商圈等三大商圈为基础，充分挖掘历史文化资源，合理布局商业网点，优化业态结构，完善配套功能、服务功能，提升商业等级层次，推动街道消费区的集聚和形成

强有力的辐射能力。以祖庙的独特文化传播为区隔，以非遗产业与现代经济融合为支撑，依托祖庙便利的交通和步行街结合，发挥“祖庙”核心消费区辐射面积大、跨区综合性强、物流便利、带动消费的特点，实现市民在综合交通枢纽的“零距离换乘”和货物运输的“无缝衔接”，打造全消费产业链，增强核心消费区影响力和辐射力，建设佛山北大门祖庙特色经济文化商圈。融入佛山市文化旅游试点城市建设体系，并在其中找准定位、突出特色，与周边各镇区优势互补，通过春行、夏游、秋色、冬祭等活动强化祖庙文化影响，切实扩大本地消费，吸引周边消费资源集聚，重点发展能够满足大众消费的集购物、休闲、体育、文化消费为一体的商业综合体，夯实岭南文化核心消费区的基础和主城区地位。

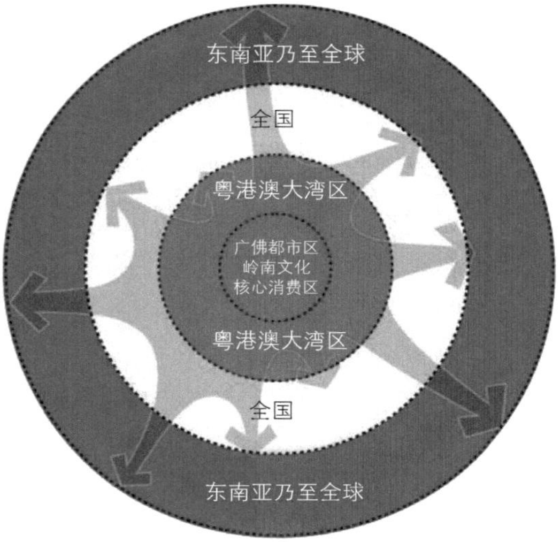

图6-1　祖庙岭南文化核心消费区辐射变化图

2. 打造对接湾区十城的岭南文化消费覆盖区（“祖庙”覆盖消费区）

打破区域竞争思维，紧紧抓住粤港澳大湾区和横琴粤澳深度合作区以及前海深港现代服务业合作区建设的机遇，充分发挥文化积淀深厚的优势，利用粤港澳大湾区同属于南粤大地、文化同根同源的特点，通过文化纽带，结合新的消费趋势和数字化手段，更进一步密切与深港和珠澳延伸带的联系，繁荣粤港澳三地岭南文化，连接广州、深圳、珠海、惠州、东莞、中山、江门、肇庆以及香港、澳门的旅游资源及线路，走出去、引进来，在全省及粤港澳大湾区的文旅消费中形成、推广祖庙岭南文化核心消费区的品牌和影响力。

3. 打造全国有影响力、全球有知名度的岭南文化消费辐射区（“祖庙”辐射消费区）

以“祖庙”消费区为核心，依托岭南文化的特点和粤港澳大湾区在全国的影响力，通过宣传辐射全国；以岭南文化为纽带，切实增强海外华侨华人对国家的向心力和对中华文化的认同感，凝聚广大华侨华人的力量，进一步推动岭南文化走向全球。重视祖庙的品牌宣传，促进祖庙（文化中心）、三龙湾（科技中心）、千灯湖（金融中心）作为“佛山金三角”纳入全市区域发展新格局，推动以祖庙为发祥地、广佛为核心的岭南根文化，扩大岭南文化对东南亚地区侨民的影响，增进其文化认同感，促进岭南文化在东南亚国家及全球的传播。

五、打造岭南文化核心消费区的对策建议

（一）加强市区联动，重视顶层设计

一是推动市、区对岭南文化消费核心区的规划布局。紧抓佛山作为国家首批文化和旅游消费试点城市的契机，加强向市、区请示汇报，争取市、区将祖庙岭南文化核心消费区建设纳入市区合作共建的打造“湾区岭南文脉之都、中国数字视听之都、电音电竞制度之都、陶艺文化之都”和“面向世界的品牌文旅活动、面向世界的品牌文旅线路、面向青少年的品牌体育运动”的“三都三品”计划，推动将消费核心区纳入市文旅“十四五”规划建设项目，共同推动岭南文化消费核心区建设。从顶层设计角度对消费核心区进行规划和布局，争取消费核心区的财政、金融、土地、环保、人才、宣传等方面的政策扶持。

二是在街道建立岭南文化消费核心区建设领导小组。祖庙层面建立岭南文化消费核心区项目建设领导小组，由街道主要领导担任小组组长，以小组协调推进消费核心区建设。整合街道资源，沟通省、市、区及周边镇街，协商解决问题。

三是建立祖庙文旅业工作联席会议制度。将辖区主要景点、重点酒店、大型商场、重点旅行社等单位列入成员，加大祖庙对文旅业的协调力度，促进辖区与主要景点、重点酒店、大型商场、重点旅行社形成良好沟通机制，强化对外服务能力。紧盯港澳台地区、东南亚等岭南文化主要客源市场，研究出台出入境旅游发展的扶持政策和优惠政策，扩大祖庙岭南文化在世界“朋友圈”的影响力。

（二）精心谋篇布局，共筑岭南文脉

一是将佛山祖庙消费核心区划分三片区。根据佛山的历史和现状，以功能分区构筑岭南文化消费线路图，形成“1+3+4+4”的一核心三片区四板块五落地方案。其中，三片区为“祖庙+岭南天地+NOVA商业综合体”、“梁园+适安里古建筑群”、升平里，四板块为吃、住、购、娱，四落地方案为造景、造品牌、造节、造势（详见附件一）。

二是复活佛山四大名镇特殊地位。以祖庙街道传统商圈为依托，将塔坡、祖庙、仁寿寺、莲花公园（将不对位的莲花公园消防主题改造成四面佛莲花公园），以及天主教堂、妈庙、梁园（将已建成的非遗博物馆建造成迎请流失海外各朝代佛像的佛山万佛堂）打造成佛山根脉；将佛山非遗、老街区二十四铺与老街道、传统民居打造成一体化社区，以岭南文化产业主题为老城之魂、活化非遗，形成产学研一体的文化消费区。

三是打造特色庙会文化产业。在佛山北大门和汾江河两岸，公交高铁站前，把北帝巡城、请佛供佛送佛、岭南民俗传统婚礼、非遗主题街区餐饮、非遗表演体验与商圈互动融合，打造粤港澳大湾区最具活力的特色庙会文化产业高地。让祖庙庙会片区代表的岭南文化以独有的特色吸引全世界的目光和游客，引领粤港澳大湾区岭南文化。

四是重点打造岭南文化精品旅游线路。充分挖掘展示丰厚的岭南文化资源内涵，以娱乐休闲与商贸购物旅游为驱动双翼，以休闲度假、岭南文化、观光探奇为骨干支撑，围绕祖庙、梁园、南风古灶、岭南天地、仁寿寺、兆祥黄公祠、广东粤剧博物馆、中山公园等标志性景点，连成一条精品旅游线路，形成布局合理、景区互联、线路互通的良好格局（相关线路详见附件二）。

五是推动建设全域文旅消费网络体系。全面提升街道内文旅体整体水平和发展质量，加强与旅行社联系，并与大湾区各城市联动打造人文特色、红色资源、乡村生态等不同主题的旅游线路产品，促成旅游资源共享、线路互推、客源互送、政策互惠等区域旅游合作；依托与大湾区的合作经验，可以加强与国内热门旅游城市合作。

（三）打造热点活动，推动潮流消费

一是唱响文旅消费四季歌。以春夏秋冬各一特色节庆为统领和标志，把佛山岭南文化的行通济、佛山北门传统汾江码头商业聚集、秋色和冬至节日，打造成春行通济、夏游汾江、十纳秋色、冬祭根祖特色岭南四季节庆品牌，并进行带动和传播推广，如表6-2所示，在全广东、粤港澳大湾区、全国乃至全世界打造佛山祖庙、原味岭南的特色主题。

表6-2　祖庙文旅消费四季歌及主要表现形式

序号	名称	形式	时间
1	春行通济	以元宵节行通济为龙头，与一年一度的步行活动相融合，策划举办非遗展示、武术表演、戏曲表演、醒狮表演、许愿、放花灯、猜灯谜、迎春花市等活动	元宵节至北帝诞之间；一周
2	夏游汾江	以端午节赛龙舟夜游汾江为主体，策划举办吃粽子、解粽子、挂菖蒲、点朱砂等活动；此外，举办夏日避暑节、啤酒音乐节等，吸引人气，促进消费	端午节至秋分之间；一周
3	十纳秋色	结合佛山秋色、国庆等节日，开展制造业产品和农特产品秋色巡游、金秋购物月等活动	中秋国庆期间；一周
4	冬祭根祖（“冬祭·冬至大如年”民俗文化节）	把冬至、跨年、腊八、春节等民俗节日连接在一起，把旅游、娱乐、购物、商贸等业态环境进行有机结合，同时推出“冬至”原创卡通形象，运用在玩偶、红包、环保袋等冬至周边文创产品上，推动非遗文创的发展	冬至与春节期间；一周

此外，扩大元旦、春节、五一劳动节、中秋节、十一国庆节等节日的影响，开展购物节，鼓励购物、餐饮、文化、休闲等行业延长营业时间。组织全市景区景点、文创企业、星级饭店、旅行社等策划开展营销活动，延长游客停留时间，带动餐饮、交通、购物、住宿等二次消费。

二是培育高品质夜间文旅消费项目。试点推广博物馆夜间开放，同时支持南风古灶、梁园等旅游景区开展丰富的夜间活动；引导旅游景区增加灯光

秀、音乐喷泉等游览娱乐服务；支持推出健康、规范的夜间娱乐精品节目或驻场演出项目，优化文化和旅游场所的夜间餐饮、购物、演艺等服务。

三是打造“夜经济”地标。依托祖庙商圈、东方广场商圈、季华商圈，挖掘历史文化资源并培育岭南天地、国瑞升平里等高品质夜间文旅消费集聚区，打造成为夜间文旅消费网红“打卡地”。培育夜间特色餐饮品牌，鼓励市场主体举办海鲜啤酒节、餐饮嘉年华等活动，做大夜间餐饮消费规模。延长公共图书馆开放时间，鼓励特色书吧、品牌书店等业态发展，引导各类机构开展夜间文化休闲活动，营造浓厚的夜间文化氛围。延长大型公共体育场馆、学校运动场地（馆）的夜间开放时间，积极开展群众性夜间体育活动。

（四）拥抱现代科技，打造新型场景

一是打造文化“云服务”新场景。借助市区合作共建的 “三都三品”计划推出品牌项目，让精彩的线上活动贯穿全年，助力开启“云服务”新场景。比如文旅新地标、艺术慕课、文化名家课堂、青年艺术家圆梦计划、文旅体产业云推计划、精品展播台等。以新平台、新形式、新场景，打造线上新优势、擦亮公共文化线上服务，进一步提升公共文化服务效能。

二是科技赋能数字化体验场景。在现有文旅场景中引入基于数字技术的科技元素及其呈现方式，可以重现历史、穿越时代，让人身临其境，使老场景焕发勃勃生机、聚集更多人气，从而达到创新文旅场景、重塑文旅新生态、促进文旅新变革的目的。采用“文化资源+场景体验+文旅消费”模式，大力推进AI、云计算、大数据、VR/AR、5G等新一代智能技术在文旅新景场的应用，实现对文旅场景的数字化、智慧化重塑，促进文旅供给侧的全面数字化升级，满足消费者多元化、个性化、参与式、交互性的体验需求，实现用户洞察、用户体验、产品创新、运营管理等方面的全面提质增效。

三是做好数字化文旅服务集成。加快在祖庙打造市旅游集散中心，集合由祖庙出发的市内游、周边游等旅游线路，串联全市主要景点，打造具有旅游超市功能的散客集散点；参考成都做法，推出城市生活美学地图“YOU祖庙”App，打造“一部手机游祖庙”数字化平台，为消费者提供“吃住行游购娱”等一体化的集成信息服务。整合祖庙现有的文化、商业、体育和旅游资源，推动文旅资源与“YOU祖庙”平台实时对接；依托平台建立文旅消费

数据监测体系，为完善文旅政策提供依据。

（五）深挖文化内涵，加大宣传力度

一是加大祖庙核心消费区宣传力度。广泛征集、凝练岭南文化消费核心区的传播口号，如“佛山祖庙、原味岭南”，既表明佛山祖庙这片地区是岭南文化的发源地、原汁原味，又代表佛山祖庙的美食味道，吸引消费者前来探访文化、找寻美味。在广州、深圳等粤港澳湾区主要城市的机场、高铁、港口等交通场所和重要媒体以及重要展会上，投放广告进行宣传推广。在总结上述经验的基础上复制到全国，全面提升祖庙核心消费区的影响力和知名度。以留住消费者为重点，发布祖庙文旅消费指南，为消费者提供“吃、穿、玩、乐、娱、住、行”一条龙的服务指引。

二是打造自媒体平台宣推矩阵。邀请拥有大量粉丝的网红、媒体达人打卡祖庙，从不同角度深度体验祖庙岭南文化魅力、挖掘祖庙文化特色，并通过文字、图片、视频、直播等方式为消费者提供参考资讯、优质旅游体验和攻略指南。鼓励自媒体每月集中开展一次文旅专题宣传活动，营造高质量消费的良好氛围。支持在微博、微信、抖音、今日头条、携程、马蜂窝等平台上发布更新旅游攻略、景区活动等内容，提升祖庙在网络平台的话题活跃度。

三是积极参展和加强侨务外宣工作。在全市对外推介会、招商活动时全面推介展示城市形象，积极参与文博会、广东省旅游文化节、广东省消费文化节、澳门国际旅游（产业）博览会、中国义乌文化产业交易博览会、香港国际旅游展、广东国际旅游博览会等，不断提升祖庙的城市形象和知名度。深化与海外主要华文媒体的战略合作，形成覆盖广、层次多、影响大的侨务外宣体系，提升祖庙城市形象和促进岭南文化的对外传播，对积极“走出去”进行文化旅游消费推广。

四是挖掘祖庙名人轶事拓展宣传渠道。打造影视作品和学术研讨等传播平台，通过南方影视中心聚集作家、编剧、制片人等，根据佛山历史人物创作文学作品和影视剧；组织全国性或国际性的历史名人、历史事件学术研讨会，以主题性的学术交流、文化交流活动为载体，就某一位历史文化名人或事件进行论文征集、召开研讨会，也可以每届设定一个岭南文化名人相关文

化主题（如宗教文化、武术文化等）。

五是开展名人系列交流“走出去”活动。以历史文化名人为主题，走出去开展文化交流与合作。通过联谊会、同乡会、异地商会等各种载体，与世界各地有关地区开展历史文化名人的联谊活动，以形成更大的社会关注度，促进在全球范围内对中华文化的推广与传播，增进海内外名人后裔、文化学者及其所联系的社会力量对岭南文化的认同。

（六）完善配套服务，促进文旅消费

一是提升交通配套服务。节假日期间增加景区与城市对外交通枢纽（高铁站、汽车客运站）间、景区与景区之间的城市公交线路或客运班线运力投放，加大高速公路和景区道路的交通管理，开通延时运营公交线路，及时发布景区拥堵预警信息，保障节假日出行顺畅。同时联合各大景点提供穿梭车免费接送服务，方便游客出行。采取扩建停车场、建设立体停车设施、增加临时停车位等措施，增加景区停车泊位数；倡导社区、社会单位停车场对外开放，增加临时性停车位供给。

二是优化夜间公共配套服务。加强治安、交通、城管、食品安全、卫生秩序管理，引导经营主体加强行业自律自治。在不得严重扰民、破坏生态环境和影响城市公共安全的前提下，因地制宜设置夜市，明确夜市经营时段、经营区域和经营范围，并适当放宽夜间外摆位管制。在夜生活集聚区及周边特定区域增加夜间停车位、出租车候客点、夜班公交线路等。

三是推出文旅消费惠民举措。派发景区、旅行社、影院、演艺场所、书店等消费券，拉动文旅消费；推动国有景区门票更大范围和力度降价，鼓励公共资源型景区免费开放，实施景区门票减免、淡季免费开放等惠民措施；各大影城影院开展“观影月（周）”、“观影团”、早晚场特惠观影、学生特惠观影等活动，重点吸引年轻群体消费；开展书店、书屋积分换书、打折购书等活动。

附件一

祖庙街道打造岭南文化核心消费区运营方案

一、项目背景

旅游休闲街区（tourism leisure street blocks）是具有鲜明的文化主题和地域特色，具备旅游休闲、文化体验和公共服务等功能，融合观光、餐饮、娱乐、购物、住宿、休闲等业态，能够满足游客和本地居民游览、休闲等需求的城镇内街区。等级划分标准注重街区的文旅特色、环境特色、业态布局、服务设施等，也从综合服务方面进行等级划分，进行休闲街区的安全、卫生以及设施设备的管理。

二、主体思路

旅游是文化的载体，文化是旅游的灵魂。文化旅游街区以文化底蕴作为基础，而不是以业态为基础，业态最终还是要附着在文化之上。一个餐饮集聚区围绕文化而打造，那这个街区就会获得更持久的发展。

（一）打造特色的文化IP

文旅项目可复制、易替代，而文化内涵是不可复制、无法替代的。因此，深耕本地特色历史文化，打造独一无二的文化IP，才是打造文旅社区的生存之道。比如功夫文化："天人合一""德为先，人为本""刚健有为，自强不息"。

（二）遵循市场规律

首先，从消费能力、年龄、喜好等方面明确核心客群。祖庙属于经济发达地区，消费水平高，整个佛山城在打造网红城市，在这样的环境下，核心客群应该定在80后、90后，有一定消费能力的中产阶层，爱拍照、爱分享的群体。他们逐渐成长为消费的主力军，随着受教育程度与眼界的不断提高，他们对消费也有着更高的需求和期待。

其次，考虑市场承载能力。交通、酒店、餐饮、金融等综合服务保障水平是文旅融合的重要支撑。吃、住、行、游、购、娱是旅游6要素。目前祖庙街道的旅游项目（“祖庙+岭南天地”“梁园+古建筑群”“汾江+中山公园”）规模小而且分散，没有形成集群规模。因此在住、娱这两个板块消费有缺失（过夜游客占比低）。

最后，考虑全天候的运营能力。重点建设兼顾春夏与秋冬、白天游玩与夜晚消费等不受季节、天气影响的全天候项目，保证文旅融合项目能够持续吸引人气、产生效益。

三、项目建议

（一）文旅街区集群化

禅城曾在2015年规划了一条始于初地塔坡庙，止于中山公园的经典慢行线路。该线路全长3620米，可串联起包括塔坡庙片区、岭南天地片区、莲升片区，直至汾江河畔中山公园片区的数十处文物保护景点。

可以在这个规划的基础上，打造佛山“三步一游”大街区，即“祖庙+岭南天地”“梁园+适安里+升平里”“汾江+中山公园”等三个小步行线路和一个夜游汾江河。

祖庙岭南文化非遗社区特色大商圈，以非遗产业化为主题，包括基因龙脉：通济桥—塔坡庙—祖庙—仁寿寺—莲花路—天主教堂—妈庙—梁园—中山公园—康有为故居—西樵观音山；城市文脉：汾江佛山北大门—康有为故居—中山公园—梁园—莲花社区—岭南天地—祖庙广场佛山市博物馆—兆祥公园—塔坡—南风古灶—季华路—创意产业园—佛山科学技术学院南院—通济桥；四聚商脉：初地塔坡老佛山传统文化商圈—祖庙广场现代时尚潮时装商圈—岭南天地复古嘉年华商圈—妈庙莲花路非遗社区庙会商圈—东方广场多元融合博览商圈—升平国瑞特色商业主题商圈—汽车站前和江边特产古玩商圈—南风古灶陶艺文化商圈—佛山创意产业园夜生活商圈。

（二）文旅消费分区化

根据吃、住、行、游、购、娱旅游六要素，规划岭南美食街（特色小吃）、岭南文创街（岭南文化IP小商品）、岭南风情街（岭南民俗、粤曲、龙舟、舞狮等）、岭南手作街（非遗展示、岭南手工艺品、纯手工制作、游客互动体验）、沉浸式情景演艺区（岭南民俗）等，形成特色街区和消费聚集，为当地居民提供就业机会，为商家提升消费空间，实现业态设计与富民工程紧密结合。

1. 祖庙+岭南天地+NOVA商业综合体：购、食、娱

购：综合性消费，购买特色文创产品、伴手礼；

食：连锁餐饮，飞洪街特色小吃；

娱：参观祖庙，夜游岭南天地，体验非遗文化项目。

2. 梁园+适安里古建筑群：食、娱、宿、体验

食：吃佛山早茶，品古茗，尝私厨；

娱：清吧，茶道；

宿：利用古建筑，打造特色民宿；

体验：领略梁园建筑特色，体验非遗文化，近距离接触非遗传承人，感受岭南的文化的源远流长。

3. 升平里：购、食、娱

购：文创类，手工类；

食：大餐饮，商务、家庭聚会；

娱：沉浸式演艺区。

4. 汾江+中山公园：娱、食

娱：汾江夜游，灯光艺术，花灯景区，音乐喷泉，水幕电影；

食：佛山美食、小吃。

（三）街区内传统商业改造：打造文、体、商综合空间

（1）NOVA岭南站、东方广场、铂顿城等传统商业综合体，可以注入更多岭南文化元素，打造“岭南文化+现代潮流”融合的商业空间。以现代潮流为载体，将岭南文化融入商业综合体，突出该区域商业综合体与其他地

区的商业综合体的区别，强化本地特点。

（2）注重体验式消费，增加了更多的公共空间和休息区的设计，增加消费者停留的时间，让消费者在休闲购物的同时能欣赏不同的艺术作品与表演。如联合教育部门和相关单位，让“非遗传承馆”在市区博物馆的支持下，受理挂牌中小学生“研学基地”和“红色教育培训基地”，不仅可以让孩子们从小接触非遗，接受红色教育，而且可以增加“非遗传承馆”的社会影响力，同时也能解决部分客流和“人气”问题。与此同时，在相关政府部门的倡导下，把“非遗传承馆”作为几个定点的红色教育培训基地，鼓励政府单位、事业部门、企业组织参加和消费，并引导学生体验实践假日社区，以产学研相结合的方式，推动非遗普及与传承。

（3）发挥非遗社区的亮点旅游特色，和全域旅游挂钩，让非遗传承馆成为“文化佛山”之旅的打卡点：由文体旅局牵头，联合各大旅行社，把非遗社区和非遗博物馆、传承馆列为来佛山旅游线路中的一个必经之地，这样不仅可以增加整个社区的人流量，而且能让游客对佛山文化有更进一步的了解，形成免费的二次传播推广。在“请进来”的同时“走出去”，打造祖庙IP，推动祖庙经济品牌全国甚至全球连锁发展。

（4）可以增加非遗文创零售、特色餐饮、展览空间、音乐文化广场、空中花园、音乐精品书店等，打造非遗社区的商品特色，建立主题的非遗文创商店、非遗文化广场、非遗文化街、非遗文化酒店，以非遗产品为主，文创商品为辅；让前来参观体验的人员能把“非遗带回家”：把创意和非遗手艺结合起来，开发一些符合当下审美和需求的原生态非遗产品、非遗产品的文创品以及博物馆的文创产品，让消费者参观体验之余还能把“非遗”和非遗文化，以及佛山祖庙文化“带回家”。

（5）将传统街区打造成记忆民俗古玩风情街。将祖庙附近的传统街区打造成民俗古玩风情街，以“三路两带一中心”（街巷路，河边路，水路；古玩风情街带，民俗风情带；古玩市集中心）为格局，将民俗风情街的功能划分为不同的区域，如古玩市场区、民俗美食特产区、民俗展演区、非遗产品区、博物馆区、美食区域。

（四）激活夜经济

前提：改变祖庙街道当前景点分散、旅游产品单一的现状，打造祖庙文旅大街区集群，提高游客的留宿率，才能更好地激活夜经济。

（1）依托街区的灯光照明建设（招牌、标识、外立面等），打造一条连接祖庙和创意产业园的慢游路线，形成白天玩祖庙、傍晚吃美食、晚上看不夜城的旅游路线。

（2）依托汾江和中山公园，打造汾江夜游、3D灯光秀、音乐喷泉等。

（3）增加夜演：晚上的街头文艺表演、沉浸式表演、非遗互动项目等。

（4）有烟火气的夜餐：移动餐车打造夜宵小吃一条街（夜间营业）。

（5）打造特色民宿群：住宿是旅游目的地的核心产品，为游客提供多元化、有特色的住宿体验是提高旅游目的地竞争力的基础。

（6）打造王牌旅游线路：比如文旅休闲两日游、亲子研学三日游等。

（7）强化老字号招牌形象：将老字号开到祖庙商圈内，强化老字号在消费者心中的形象，促进消费者对老字号品牌的消费。

（五）服务

开发“一键游”移动应用端，门票线上销售，为游客提供便捷的预订、导航、导览等服务，并能够根据游客的不同需求提供定制化、互动化的服务。充分运用虚拟现实（VR）、4D、5D等人工智能技术，打造立体、动态展示平台，为游客提供线上体验和游览线路选择。

四、具体措施

（一）造景

（1）街区出入口的空间营造（标志性建筑，展现地域特色）。

（2）街区内的景观节点规划，丰富游客感官体验，从多维空间入手，包括地面铺装、道路上的景观小品、建筑立面、橱窗等。一街一业态，一步有一景（非遗展示、手工匠人演示、传说演艺、文创雕塑、岭南文化长廊等）。

（3）夜晚景观灯光（汾江两岸、中山公园）参照影视作品《长安十二时辰》上元节花灯，在汾江可以开展夜晚大型喷泉灯光秀。

（4）对现有建筑进行改造，建成小型博物馆、美术馆、24小时图书馆、文化音乐厅等。

（5）以政策、扶持资金吸引文化设计公司进驻，打造岭南文化创意产业园；此外，吸引民宿口碑品牌进驻，打造主题民宿群。

（6）特色街道区域建设。旅游区域最不可或缺的就是美食，佛山美食又是典型的代表，扩大祖庙附近的飞鸿街的规模并突出飞鸿街的美食特色，规划一条像成都春熙路、重庆洪崖路、南京狮子桥美食街等知名度较高、美食集聚较多的小区域。

（二）造品牌

祖庙名片品牌化，注册商标，设计Logo。主打岭南元素，利用现有成熟IP（黄飞鸿、功夫、叶问、咏春、龙舟、舞狮、粤剧脸谱等）进行系列化细分。产品线可以涉及饰品、纪念品、摆件、玩具、服饰等行业。从钥匙扣、明信片到手工模型、瓷器摆件，让祖庙品牌的商品成为文旅消费带货王。

（1）品牌模式：产品设计海选（文创公司，社会征集）—定版—授权生产（厂家）—特许经营（有资质的门店）。

（2）品牌联名：找有线下渠道的合作品牌联名。仅提供产品设计方案，对方品牌进行生产、销售。比如周大福黄金推出祖庙联名的舞狮吊坠系列，可米生活推出祖庙联名的龙舟陶艺摆件。

（3）打造祖庙品牌实体店。首先立足岭南文化街区，比如NOVA岭南站一楼黄金位置，或者岭南天地主入口处。

（4）打造品牌核心竞争力：设计原创，有版权，有专利。

（三）造节

根据主力定位客群的喜好和地域文化特色进行节日营造，打造消费爆点。全年分为春、夏、秋、冬四个节点，春天可以行通济，夏天享受美食节，秋天有秋色游览，冬天有暖冬购物节，将年轻人喜欢的音乐节、动漫节、电竞节、唐装汉服节等融入其中。

（四）造势

（1）与抖音红人合作，进行短视频制作，通过视频进行宣传。

（2）与小红书达人、微博大V合作，旅游摄影，通过照片进行宣传。既能扶持摄影工作室业态，又能促进文旅跟拍产业链的发展；既能促进消费，又能起到宣传作用。

（3）和电影、电视剧等结合宣传祖庙街区，设置影视剧场景打卡点，或者与电影产业结合引进制作方在祖庙取景。

（4）拍摄祖庙的专有宣传片，通过视频让更多的人了解祖庙的前生今世和特色风情，并不断将其在各大人流量较多的公共场合和社交平台进行循环播放。

打造祖庙文旅消费区，需把分散街区集群化，形成规模效应，整合旅游线路，把分散的半日游、一日游转变为二日游、三日游，留下游客才能激活夜经济，游客逗留时间长才能促进消费。通过祖庙IP品牌化，把祖庙IP注入各行各业，把带祖庙标识的商品带到千家万户，在促进消费的同时又把祖庙这个名片推广到全国各地。

附件二

祖庙消费核心区圈层推广运营方案

一、佛山祖庙消费核心区三脉八功能区初步构想

三脉为佛山基因龙脉、佛山城市文脉、佛山四聚商脉，八功能区为汾江古渡社区、传统商街特区、梁园雅集社区、仁寿寺佛文化社区、祖庙根祖圣域社区、东华里非遗社区、任围百工非遗名人社区、塔坡原味岭南社区，如附表1-1所示。

附表1-1　佛山祖庙三脉八功能区

三脉	佛山基因龙脉	通济桥—塔坡庙—祖庙—仁寿寺—莲花路—天主教堂—妈庙—梁园—中山公园—康有为故居—西樵观音山
	佛山城市文脉	汾江佛山北大门、康有为故居—中山公园—梁园—莲花社区—岭南天地—祖庙广场佛山市博物馆—兆祥公园—塔坡—南风古灶—季华路—创意产业园—佛山科学技术学院南院—通济桥
	佛山四聚商脉	初地塔坡老佛山传统文化商圈—祖庙广场现代时尚潮美食时装商圈—岭南天地复古嘉年华商圈—妈庙莲花路非遗社区庙会商圈—东方广场多元融合博览商圈—升平国瑞特色商业主题商圈—汽车站前和江边特产古玩商圈—南风古灶陶艺文化商圈—佛山创意产业园夜生活商圈
八功能区	汾江古渡社区	产业布局为粤剧文化主题产业园区、琼花会馆恢复、历史建筑恢复、文化休闲商业集聚、佛山北门市集、主题灯光创意展示、粤剧文化演艺和美食、夜市经济、新媒体产业和自媒体导入。主要特色地标为文塔、码头、人行桥、水上关帝庙、琼花会馆、粤剧广场、粤剧文化基地、夜韵汾江
	传统商街特区	恢复佛山北门传统商街，打造盲公饼等几十个老字号产业社区，以百年老店天海酒家集聚佛山传统美食，形成扎蹄馄饨面等主题社区，以民间艺术社、传统婚姻社等打造节庆产业社区，打造岭南传统婚俗聚集地，并引入新科技等高科技对传统文化进行支撑。主题特色地标为手信设计中心、民间艺术设计社、节庆产业社区、传统祖铺24铺聚集区、狮王广场、非遗博物馆群、传统美食主题广场、东方天地、岭南文化创意市集

（续表）

八功能区	梁园雅集社区	亭台楼阁、千佛堂、鼓楼、钟楼、梁启超家教公园、诗歌广场、诗社、莲花四面佛公园、古玩字画、奇花异草。主题特色地标为园林博物馆、文化沙龙、站前古玩市场、艺术展览交易、拍卖
	仁寿寺佛文化社区	请佛、拜佛、烧香、功德、供佛的佛山特色宗教旅游。主题特色地标为仁寿寺、禅修社区、国学私塾、基督教堂、莲花公园、季华女子学校、李可琼故居、千佛堂
	祖庙根祖圣域社区	打造粤港澳三地青年设计营和孵化集聚园，建设岭南文创中心和聚集区。主题特色地标为祖庙、孔庙、简氏别墅、嫁娶屋、龙塘诗社、李众胜堂祖铺、酒行会馆、陈铁军故居、祖庙博物馆、图书馆、共享办公社区
	东华里非遗社区	非遗项目入驻和文创设计中心社区。主题特色地标为东华里古建筑群、泰和当铺、花王庙、居仁里土府等
	任围百工非遗名人社区	丝绸纺织、桑蚕、香云纱、非遗博物馆集群、岭南传统生活区。主题特色地标为集贤坊、非遗手工博物馆、鞋行会馆、铁锅会馆、苏线会馆、任映坊、陶瓷会馆、任围、铁艺会馆
	塔坡原味岭南社区	打造武术文化产业园、艺术家工作室和传统生活区。主题特色地标为兆祥公园、佛山根地博物馆、天主堂、国公庙、太上庙、塔坡庙、鸿胜纪念馆

二、佛山祖庙消费核心区四季节庆活动

以春、夏、秋、冬各一特色节庆为统领和标志，把佛山岭南文化的行通济、佛山北门传统汾江码头商业聚集、秋色和冬至节日（见表6–2），打造成春行通济、夏游汾江、十纳秋色、冬祭根祖的特色岭南四季节庆品牌并进行带动和传播推广，在全广东、粤港澳大湾区、全国乃至全世界打造佛山祖庙、原味岭南的特色主题。

以通济桥—塔坡—仁寿寺—简兆南佛堂—莲花路—梁园非遗千佛堂为佛山基因正名的灵魂线，把莲花公园由消防主题改成四面佛佛系文化主题，把梁园周边的非遗博物馆打造成迎请中国流失日本历代千佛回归的千佛堂。

以通济桥—塔坡庙—祖庙—妈庙—天主教堂—钟楼—梁园—中山公园—汾江为佛山城文脉，以自带引流、自带产业及资本的非遗项目活化回归古城，为非遗产业集群主题商圈统领汇聚，整合南风古灶、创意产业园和k–PARK影视文创园，以及制造业、农牧渔业、功夫产业，依托辖区的祖庙

商圈、东方广场商圈、季华商圈等三大商圈为基础，充分挖掘历史文化资源，合理布局商业网点和优化业态结构，完善配套传承大师工作室、分项目非遗博物馆、传承传习馆、体验馆、产业论坛、主题酒店、街巷、广场和传统售卖点等功能，提升商业等级层次，形成根祖文化全产业链。

三、佛山祖庙消费核心区五圈一主题宣传推广

要打造岭南文化核心消费区，让佛山再现昔日“四聚”的繁华盛景，就必须结合新的消费趋势，重视祖庙的品牌宣传，结合当前数字化手段，推动文化消费数字化和促进数字文化消费。同时打破区域竞争思维，重视祖庙与周边联动，以珠三角非遗项目聚集和全域旅游为导向，串联全市及周边的景点，夯实岭南文化核心消费区的基础。

形成佛山祖庙岭南非遗特色产业核心主题，以祖庙区域全员体验参与为消费核心区第一圈层，全员既是演员和平台主角，又是游客和受众，这是祖庙消费核心区活跃的根本。第二圈层是广佛同城的周边城市，宣传推广、政策引领和就近消费参与是增强祖庙消费核心区参与饱和度的关键。第三圈层是粤港澳大湾区“9+2”城市和珠三角周边城市，通过人口的导入，让佛山祖庙、原味岭南的理念深入人心，形成共识，把祖庙消费核心区打造成粤港澳大湾区最大、最有影响力的庙会市场，联动广州、强化岭南文化的凝聚力和向心力。第四圈层为以港澳台同胞和华侨为主体的东南亚、美国、欧洲等粤语体系覆盖的地区，打造佛山祖庙根祖文化标志地区，让佛山祖庙成为全体粤语人血脉相连共同的祖庙。第五圈层是以岭南独特文化向全中国其他省市和世界范围推广的区域，让世界制造工厂制造出与众不同的祖庙宗族文化。这是制造工厂佛山讲给世界的故事，也是佛山记忆的特色名片。

第七章
顺德区打造大湾区文旅休闲目的地的实践研究

“美食之都”是联合国教科文组织（UNESCO）所属的项目创意城市网络（UCCN）成员城市中其中一类城市的称号。目前中国只有四个城市获得这一称号，分别是成都市（2010年）、顺德区（2014年）、澳门特别行政区（2017年）和扬州市（2019年）。在当前我国积极应对新冠肺炎疫情挑战，大力促进文旅消费恢复性增长的现实背景下，很多旅游城市开始将美食IP作为地方文旅产业发展新的切入点。顺德要打造粤港澳大湾区文旅休闲目的地，更需充分发挥“世界美食之都”的优势，探索发展“美食+文旅”新业态，这也是广东建设大湾区国际消费枢纽、佛山建设国家文旅消费试点城市、顺德成为广东省高质量发展示范城市的客观所需。

一、顺德打造粤港澳大湾区文旅休闲目的地的意义

（一）广东打造粤港澳大湾区国际消费枢纽的重要阵地

顺德处于广佛极核重要节点，历史上是桑基鱼塘立体农业发祥地，如今享有“世界美食之都”美誉，是打造粤港澳大湾区国际消费枢纽的重要阵地。粤港澳大湾区国际消费枢纽工程是广东推进湾区建设的重要内容，有助于发挥消费的引领作用，畅通经济循环、助力新发展格局、推动经济高质量发展。顺德区发挥美食之都优势，打造粤港澳大湾区文旅休闲目的地，在讲好中国故事、湾区故事、广东故事上塑造新优势，积极培育文旅消费新业态、新热点，构建业态丰富、布局优化、特色鲜明、生态良好的文化旅游发展新格局，加快集聚国际国内消费资源，提升消费服务、优化消费环境，打造粤港澳大湾区文旅休闲目的地，对广东打造粤港澳大湾区国际消费枢纽具有重要的作用。

（二）佛山建设国家文旅消费试点城市的重要力量

2020年佛山成功入选第一批国家文化和旅游消费试点城市，成为广东省4个入选城市之一。顺德区一直是佛山市旅游经济发展举足轻重的力量，2020年全区旅游总收入139.5亿元，约占佛山市旅游总收入325.05亿元的43%。在粤港澳大湾区建设蓝图下，作为岭南文化发祥地之一的顺德，通过深挖源远流长的历史文化，延续历史文脉，激活城市记忆，擦亮“世界美食之都”金字招牌，推动文旅融合发展恰逢其时。自2016年纪录片《寻味顺德》在央视播出以后，顺德的热度持续上升，不仅促进了顺德美食产业，而且带动了文旅休闲产业。顺德夯实世界美食之都地位，推动文旅产业加快发展，提升消费服务、优化消费环境，打造文旅休闲目的地，则是佛山建设文旅消费试点城市的重要力量。

（三）高质量发展体制机制改革创新示范区典型样本

作为全省唯一的高质量发展体制机制改革创新实验区，顺德主要经济指标处于全国前列，连续多年均位于全国（地级城市）高质量发展百强之首。顺德拥有美食之都金字招牌，已经成为展示和传承岭南文化的重要窗口。顺德因为美食，变成了一个“网红”城市。如2019年、2020年的“五一”小长假、国庆假期，顺德网红美食点、旅游景点纷纷被来自全国各地的食客、游客“攻陷”。顺德以美食为抓手，促进文旅发展，将文旅休闲目的地作为城区的亮丽名片，有助于扭转工业城区形象，使文旅休闲目的地成为适宜城市建设、高质量发展体制机制改革创新的典型。

二、顺德美食之都优势及美食产业现状

（一）顺德美食之都的主要优势

1. 顺德美食全球知名

顺德美食拥有清香鸡、中华鲟龙宴、水鱼炖翅等5400种菜式以及大良炒牛奶、大良双皮奶、龙江煎堆等1000多种点心，形成了“五味周全、六艺领先、饮和食德、顺其自然”的独特南烹风格。顺德各类酒楼食肆更是如雨后

春笋蓬勃发展，顺德渔村、顺峰山庄、勒流东海海鲜酒家等被授予中国餐饮最高政府奖——“中华餐饮名店”，家常菜烹出宫廷味。顺德拥有多种烹饪大师称号认证，2015年，顺德有“中国烹饪大师”9位、“中国烹饪名师”34位，是国内烹饪大师、餐饮名店最密集的地区之一。2015年以来，顺德通过在世界各地举办交流活动，逐渐被全世界所知。“食在广州，厨出凤城”，伴随广州国际消费中心城市建设，顺德作为粤菜主要发源地也声名远播。

2. 美食文化源远流长

顺德美食文化历史悠久、积淀深厚，顺德美食萌芽于秦汉，孕育于唐宋，成型于明代，兴盛于清朝中期，鼎盛于民国初期，辉煌于当下，形成了以丰富多样的制作物料著称，以博采众长的烹饪技艺见长，以清、鲜、爽、嫩、滑为特色，经过千百年的传承改良，独树一帜的艺术风格，是岭南文化重要的载体。顺德菜是中原饮食文化同岭南丰富农渔物产的结合，成为粤菜文化和顺德饮食文化的起源。而发达的经济大大促进了顺德饮食文化的发展，催生了一大批传统名点与菜式。

3. 经济产业基础扎实

顺德主要经济指标亮眼，2020年实现GDP3593.62亿元，规模以上工业增加值增长8.1%，先进制造业增加值占规模以上工业增加值比重达七成，家用电器产业产值占全国约20%。制造业基础不断夯实，战略性产业快速壮大，智能机器人产业初步集聚，生物医药百亿级产业集群加速形成，“2+4+4”先进制造业集群逐步建立。

（二）顺德餐饮业发展概况

1. 经营分散，以粤菜美食、个体经营为主

顺德餐饮业的主要特征是以小餐饮、小型餐馆、中型餐馆为主，呈现经营分散、体量小，以粤菜美食为主，以个体户自营为主的特点。根据区市场监督管理局提供的数据，2020年顺德区具有食品经营许可的餐饮店共有27840家。根据区统计局提供的数据，2020年，顺德区餐饮行业整体营业额76.76亿元，同比减少18.1%，其中限额以下餐饮主体营业额为593125万元，占比77.3%。限额以上餐饮企业营业额为12.41亿元，同比减少7.9%。2021年第一季度餐饮业营业额为20.94亿元，同比增长62.9%，限额以上餐饮企业

营业额为5.69亿元，同比增长82%。限额以上法人营业额为168557.8万元，占比22%。截至2021年8月，顺德区限额以上餐饮企业112个，限额以上餐饮个体11个。

2. 餐饮店营收、地域分布、业态和增幅各异

2017—2020年顺德区餐饮业营业额分别为78.56亿元、86.97亿元、93.73亿元、76.76亿元，增幅分别为2.0%、10.7%、7.8%、-18.1%。根据镇街划分餐饮店，截至2020年，有注册的餐饮店容桂4869家，大良4665家，乐从3957家，龙江3173家，北滘2994家，勒流2185家，陈村1729家，伦教1693家，杏坛1372家，均安1203家。其中容桂、大良、乐从排名餐饮店前三。在餐饮业态分布上，根据区市场监督管理局提供的数据，全区共有27840间餐饮店，其中以小餐饮、小型餐馆、中型餐馆为主，小餐饮共计18528间，小型餐馆共计5388间，中型餐馆共计2035间，其他餐饮业态共计1889间。

（三）顺德美食的特点

1. 顺德美食形式丰富多样，烹饪技艺博采众长

顺德美食经过千百年的传承改良，形成了独树一帜的艺术风格。顺德菜属粤菜中的广府菜系，亦是广府粤菜的重要发源地之一。顺德菜以丰富多样的制作物料著称，以博采众长的烹饪技艺见长，以清、鲜、爽、嫩、滑为特色。顺德菜主要由大良、勒流、容桂、伦教、陈村、乐从、北滘、龙江、杏坛、均安10个镇街的特色美食组成，代表美食有大良炒牛奶、大良双皮奶、姜撞奶、金榜牛乳、大良蹦砂、伦教糕、陈村粉和鸡仔饼等。顺德人因地制宜，不断吸取我国各大菜系之精华，广泛借鉴西方美食之所长，以“敢为天下先”的精神，不断创新经营模式、创新餐饮原料、创新制作方法，形成了顺德菜兼容、务实、开放、创新的特征。

2. 顺德美食品牌闻名全球，名厨名店互动融合

2004年，顺德获评“中国厨师之乡”，2010年跃升为全国首个“中国美食名城”，2014年获联合国教科文组织授予“创意城市·世界美食之都”称号，成为比肩世界美食名城的城市，美食品牌和影响力与日俱增。2021年，顺德区共有36家餐饮店获得“中华餐饮名店”称号，17家餐饮店获得“食在广东”钻石名店称号，2家餐饮店获得“中国餐饮百强企业”称号，50家餐

饮店获得佛山市粤菜师傅“1+5”系列工程粤菜名店称号，并拥有45位“中国烹饪大师”和27位“中国烹饪名师”。至20世纪20—40年代，顺德饮食已形成一定的规模，涌现出众多的名楼名店，如得心斋、三品楼、英聚、天海等。不少顺德名厨还将酒楼开到了广州和香港等地，其中较著名的有广州的大同酒家、七妙斋、陶陶居，香港的敦煌酒楼等。

3. 顺德美食文化源远流长，原创名菜各领风骚

顺德饮食文化源远流长。历史上大批中原人越过南岭，来到广东，来到顺德。中原饮食文化同当地丰富的农渔物产相结合，成为粤菜文化和顺德饮食文化的起源。发达的经济大大促进了顺德饮食文化的发展，催生了大良炒牛奶、大良双皮奶、龙江煎堆、大良蹦砂等一大批传统名点与菜式。尤其是顺德地区地处珠三角水网平原，造就了桑基鱼塘的生产模式，盛产淡水塘鱼、禽畜和蔬果，蚕丝业、蔗糖业的发达使当地人民生活殷实富足，劳动人民在农闲之时，比较注重饮食烹调并互相揣摩，美食之风十分盛行，厨艺水平不断提高。很多达官贵人均到顺德聘请掌厨的名家巧手。中华人民共和国成立后，尤其是改革开放以来，顺德的美食文化得到进一步的弘扬与发展。顺德清香鸡、水鱼炖翅、清蒸苏眉头腩、金榜牛奶炒龙虾球、金丝芋茸酥、蜂巢角等一大批新菜式、新美点不断涌现。

三、顺德打造粤港澳大湾区文旅休闲目的地的基础条件

（一）顺德文旅产业发展概况

1. 顺德文化产业发展概况

顺德文化及相关产业规模日益扩大。全区共有文化及相关产业单位6422家，实现总产出782.99亿元，实现增加值144.98亿元，占全区生产总值的4.58%，吸纳从业人员81672人。其中文化产业核心领域相关单位3639家，总产出496.14亿元。初步形成具有顺德特色的文化产业体系：以印刷包装装潢为重点的新闻出版业、以伦教周大福珠宝为中心的珠宝设计产业、以北滘工业设计城为中心的工业设计业。全区拥有1个国家级文化产业示范基地，3个省级文化产业园区，2个市级文化产业园区，3个市级文化产业示范基地，其中市级文化产业示范园区顺德创意产业园被认定为2020年度省级文化

产业示范园区创建单位。挖掘顺德传统文化，积极发展以香云纱和广绣为核心的非遗传统工艺产业，推动广东香云纱文化产业园区发展；挖掘、推动广东大门设计创新产业园、广东家居设计谷、容桂CIC创意园、德志文化影视产业园、火车头工业文化旅游基地等新一批文化产业相关园区发展。①

2. 顺德旅游产业发展概况

顺德区旅游产业主要指标呈稳步上升趋势，2020年，顺德旅游业总收入139.58亿元，比2015年增加7.57亿元，增长5.73%。2020年顺德接待国内外游客1449.48万人次，比2015年增长40.45%；其中，接待过夜旅游者394.09万人次，比2015年增长30.06%。顺德区是广东省全域旅游示范区创建单位，华侨城旅游度假区已成功申报为省级旅游度假区。除传统的景区外，还重点打造文旅融合园区，包括华侨城欢乐海岸PLUS、容桂渔人码头片区等，对推动区域夜经济及文旅融合发展效果显著。总体而言，顺德区文旅产业各项指标呈上升趋势，产业融合日趋紧密，品牌打造成效较强。

（二）顺德实施美食+文旅融合发展的现实基础

1. “美食+美景”生态旅游基础

出游不可无美食，美食应配美景，因为美食可以愉悦人的心情，美景又可以使人陶醉于此，二者可以兼得。顺德美食完全实现与美景融合发展，顺德有诸多有名景区，如佛山市长鹿旅游休博园，现为全国农业旅游示范点及国家5A级旅游景区，整个农庄主要由“尖叫乐园”“动感玩水区”“农家乐主题公园”“童话动物世界”“长鹿休闲度假村”等五大块组成，以游玩游乐园和动物园为主。其他还有碧江金楼景区、陈村花卉世界、长鹿尖叫岛、清晖园、杏坛逢简水乡等生态景区，这些都为顺德“美食+美景”融合发展奠定了很好的基础。

2. “美食+美工”工业旅游基础

品美食赏工业风采，将是工业与美食相结合的旅游模式新探索。顺德容桂早在2015年就启动了“容桂工业美食游”项目，开始将工业生产、餐饮文化整合转化为旅游资源的新尝试。2018年7月，广东村田智能科技股份有限

① 区文旅局提供的2018年第四次全国经济普查初步数据。

公司董事长、容桂餐饮行业协会会长罗兆波在其制造业工厂启动工业旅游项目，成为容桂工业美食游的一张新名片。顺德容桂是“中国品牌名镇”和顺德制造业重镇，培育了格兰仕、科龙、万和、容声、华润等多家知名企业。除实力雄厚的工业基础之外，容桂还是顺德区饮食协会所在地，餐饮业态丰富、美食文化独特。容桂大力促进工业旅游和美食旅游融合发展，为顺德“美食+美工 ”的工业旅游发展奠定了很好的基础。

3. “美食+美人”服饰文化旅游基础

服饰文化是中华民族文化中历史最悠久、影响最深远的文化资源之一。而女性往往是服饰文化旅游的主要群体，自古旗袍配美人，顺德“美食+美人”的服饰文化旅游最有力的支撑就是香云纱服饰。香云纱是国家非物质文化遗产，是世界上唯一采用天然植物为染料和纯手工染整的丝绸面料，是先辈智慧与勤劳的结晶，具有质地挺括、健康保健、凉爽快干、气质华贵等特点，被誉为纺织面料中的“软黄金”。顺德伦教香云纱染整技艺是第二批中国国家级非物质文化遗产之一，并于2011年获得国家“地理标志产品”保护。顺德香云纱服饰产品开发和服饰文化体验，将通过满足女性游客的爱美需求，延伸拓展“美食+美人”的服饰文化旅游链条。

4. “美食+节庆”假日文化旅游基础

据不完全统计，目前我国各类节日节庆活动已达10000多个，其中具有一定规模的也达5000多个，并逐步向产业化发展。由此，“美食+节庆”的假日文化旅游点燃了节日经济。顺德除了有中国传统的节庆活动如春节、元宵、中秋等之外，还有佛山特有的节庆活动，如大年初一的舞醒狮，正月十五的行通济，五月初五的龙舟竞渡，等等。这些规模较大的节庆活动，吸引了省内外众多游客和本地居民，为顺德“美食+节庆”的假日文化旅游带来活力，如表7–1所示。

表7–1 顺德各街镇特色消费

街镇	主题	项目列表
大良	综合城央度假区工程	华侨城、清晖园、顺峰山公园、美食文化博物馆
容桂	商业文化传承工程	渔人码头
伦教	精品珠宝名镇工程	周大福、周生生、香云纱

（续表）

街镇	主题	项目列表
勒流	工业科技创新工程	智能小家电、照明电工
陈村	美食花卉名镇工程	千禧坊、陈村花卉世界
均安	功夫均安品牌工程	李小龙乐园
杏坛	水乡古韵生态工程	逢简水乡
乐从	智能家居品牌工程	乐从家具城
龙江	绿色森林生态工程	龙峰森林公园、天湖森林公园、锦屏山
北滘	智能制造工业工程	美的全球创新中心、博智林机器人谷、大疆无人机创新项目

（三）顺德打造湾区文旅休闲目的地的制约因素

顺德打造湾区文旅休闲目的地的制约因素主要体现在以下方面：一是重生产轻消费的发展观念。顺德高度重视工业，对文旅休闲重视不足；仍以生产思维管理美食产业，由区经济促进局生产性服务业科分管美食产业。二是文旅产业扶持政策还有待完善。文旅产业资金相比周边城区体量小，对文旅企业的吸引和支持略显不足。三是顺德与全市联系尚需加强。市属媒体单位对顺德文旅宣传不足，华侨城等重大项目尚未列入市级统筹。四是美食与文旅融合尚需加强。美食产业存在经营商户分散、体量小等问题，发展仍需引导，文旅与美食的联系程度还不够紧密。

四、国内城市打造文旅休闲目的地的经验借鉴

（一）成都

“吃在中国，味在成都”。如今成都美食产业是成都第三产业旅游业的重要组成部分，是成都市打造美食城市的标志性产业。早在2010年成都就被联合国教科文组织授予世界“美食之都”的称号，是中国最早获得这一称号的地区。作为国际美食高地和全球最重要的美食中心之一，“美食之都”已经成为成都的一张国际名片，深入人心。得益于广受欢迎的美食文化和旅游资源，成都被世界旅游组织评为中国最佳旅游城市之一，此外还是世界优秀

旅游目的地会员。

成都是川菜的发源地和中心，餐饮业高度发达，拥有完整的餐饮产业链条，产业布局合理，餐饮氛围浓厚，餐饮行业收入具有举足轻重的地位。2019年成都餐饮收入达到900亿元，超过北京、上海，仅次于广州，位居全国第二。2020年，成都全市拥有超过19万户餐饮商家，其中规模以上餐饮企业近500家，从业人员超过60万人，国家特级厨师2300多人。成都还拥有大量的美食经营、投资、服务、培训等机构，现有中华餐饮老字号、四川老字号企业超50个，成熟菜品6000余个，形成了筵席菜、大众便餐菜、家常菜、火锅、小吃五大餐饮门类，建成了特色美食街区与古镇、旅游景区游客集散地、大型商业中心和社区三大美食功能区以及餐饮总部等七大基地。成都美食行业协会众多，如成都餐饮同业公会、成都市美食之都促进会、成都美食家协会、成都烹饪协会等。此外，成都作为一个著名的美食名城，也有一些非常丰富的旅游资源，比如杜甫草堂、青羊宫、宽窄巷子、武侯祠、锦里古街、望江楼公园、文殊院、大熊猫繁殖研究基地、都江堰等。

成都值得顺德借鉴的主要做法有：

一是顺应市场需求，发展特色旅游美食。创新在当今社会是必不可少的，成都顺应时代潮流，适应人们对饮食变化的追求。在食品安全的前提下，在创新层面，成都美食文化相互融合，充分发挥美食文化价值。成都的口味以麻、辣为主，怪味为辅，加上别具一格的烹饪方式和民俗风味，造就成都美食口味的特色，用正宗的口味吸引旅游消费者，让成都美食无可取代。

二是打造不同主题的知名美食旅游线路。如农家乐美食旅游主题，打造以“住农家屋、吃农家饭、干农家活、享农家乐”为内容的民俗风情旅游，以收获各种农产品为主要内容的务农采摘旅游；宗教美食旅游主题，成都合理开发利用佛教和道教资源，打造如青城山等旅游胜地。

三是挖掘美食文化，注重美食文化旅游。成都各区都非常重视地区美食文化，利用科学方法，使其在旅游中最大限度地发挥它的价值。比如宽窄巷子，在这里游客可以体验到成都传统文化“功夫茶道”，观看川剧“变脸”表演，从视觉、味觉、听觉、嗅觉不同角度体验天府之国的魅力。

四是注重宣传策略，提高美食旅游知名度。首先注重实效宣传，在宣传上成都形成固定的商业模式，活动宣传有阵势，能极大吸引消费者的注意力，促进成都美食和成都旅游的无缝连接。其次策划全新的形象战略，利用美食提高成都旅游的吸引力，抓好成都美食的特色口味，以形象消费市场为主导，突出文化性与精神性。最后利用网络提高美食活动的效率，通过网络散发资料信息，定期将推出的美食政策、美食主题活动、美食企业的更新信息等散发给消费者，让更多人了解成都美食。

五是倡导科学经营，保持良好卫生环境。建立科学的培训体系，针对美食旅游企业人员定期进行素质培养，确保每个员工都参加培训，培育优秀人才，提升企业整体执行力。定期检查店内绿色植物是否保持完好，定期照养，对病虫害植物尽快处理。严格按照国家规定操作，让旅游消费者吃得舒心、吃得放心。

（二）南京

南京是“长三角一体化”国家战略中的“战略支点”“创新引擎”和“门户枢纽”，是国家首批历史文化名城、国内首个“世界文学之都”。南京下辖11个市辖区和1个国家级新区，总面积6587.02平方千米，建成区面积823平方千米，常住人口850万。2019年南京的GDP为1.40万亿元，居全国第11位。南京水域面积达11%以上，地下水资源丰富且水质优良，汤山温泉、汤泉温泉、珍珠泉等尤为闻名。

南京值得顺德借鉴的做法见第五章“佛山市促进文化旅游消费发展的战略研究”第四点。

五、顺德发挥美食之都优势打造粤港澳大湾区文旅休闲目的地的举措

（一）发展思路

立足顺德作为世界美食之都的品牌优势，聚力发展“美食+文旅”消费新模式新业态，增强文旅消费对经济增长的拉动力，将顺德建设成为世界美食文化中心之一、粤港澳大湾区岭南文旅休闲消费聚集区、广东省产城人文融合发展示范区。

1. 美食消费空间集聚化

通过优化整合现有较为分散的顺德特色美食资源，把各式特色美食聚拢到一起，把特色美食做到极致，打造一系列美食名品、美食名厨、美食名店；完善美食街区配套交通、城管、住宿、商贸等基础设施，加快建设四大国际化地标美食集聚街区，吸引全国知名餐饮品牌企业入驻；围绕高端商圈和高端综合体建设，加强以美食城、美食楼、美食坊为主体的餐饮群落建设。以美食消费集聚实现规模经济效益，增强美食消费的辐射作用，实现客流、消费流、商贸流的相互促进。

2. 美食消费体验全链条化

聚焦提升美食消费体验，以全消费链整合打造“美食+文旅”消费场景，拓展美食消费价值链。积极打造泛消费产业，着力培育和扩大服务性消费，包括文化、旅游、休闲、健身、社区服务等发展型和享受型消费。按照“长板做足，短板补齐”的策略，战略性提升顺德消费密度和扩大消费规模，“吃全球、全球吃”，形成“吃顺德美食，穿伦教香云纱，住五星级的家，游清晖园，习李小龙武术，玩顺峰华侨城”的文旅休闲全链条消费新格局，如图7-1所示。

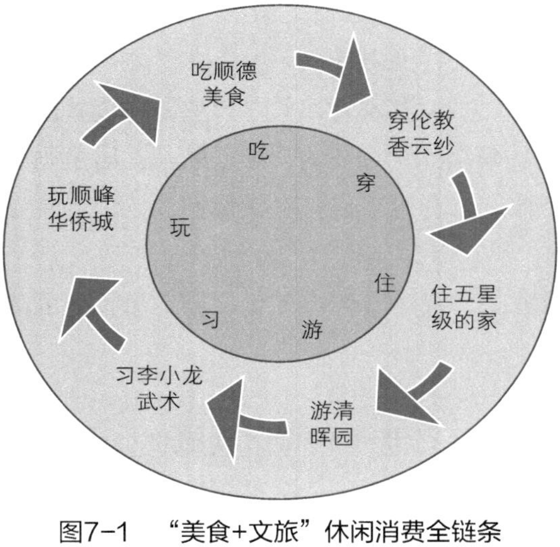

图7-1 “美食+文旅”休闲消费全链条

3. 美食品牌宣传多元化

深度挖掘世界美食之都的国际品牌价值，深化国际美食之都合作，聚力打造顺德“美食+文旅”消费之都形象。广泛开展顺德美食国际化推广，积极参加美食交流活动，向各国城市代表宣传推介顺德美食创意文化。加强与国内其他美食之都的经验交流和市场开发合作，在全国各省会城市开设顺德美食体验中心，利用现代信息技术、新媒体技术加大顺德美食品牌宣传力度，扩大顺德美食品牌的国内和国际影响力，吸引更多的国内外游客来顺德体验“美食+文旅”休闲消费。

（二）具体措施

1．加强顶层设计，把文旅休闲目的地建设纳入重点工作

加快转变“重发展轻消费、重工业轻文旅、重物质消费轻文化消费”的发展理念，以湾区宜居宜业宜游的城区为指引，将顺德打造成湾区文旅休闲目的地。一是成立区文化旅游融合发展领导小组，加强对文旅休闲目的地建设的指导。建议由顺德区主要领导担任组长，成员包括宣传、文广旅体、发改、经促、教育、财政等部门以及各街道的主要负责人，领导小组下设两个办公室，美食产业发展办公室设在区工信局，文旅产业发展办公室设在区文广旅体局，分别负责领导小组的日常工作。二是成立文旅休闲目的地专家委员会。为全区文旅休闲目的地建设提供智慧，以区政府名义聘请国内外文旅产业领域有成功实操经验的专家，组建专家委员会，在引进资源、招商引资、商业谈判、项目落地等方面实施策划。三是为文旅休闲目的地建设制订政策措施。结合佛山市国家文旅消费试点城市、市文广旅体“十四五”规划等具体要求，科学制订顺德区文旅休闲目的地的实施方案；整合全区现有文旅产业政策，以美食之都为抓手，明确文旅休闲目的地建设的主要目标，按照各部门职责明确考核要求和激励举措，落实相关行动细则。四是完善体制机制、重视市区联动。建议区经促局成立消费促进科，促进全区消费发展，加强对美食产业的管理和服务。重视与市局联动，将全区重大文旅项目推介纳入市重大项目。

2．擦亮美食招牌，聚力实施美食文旅消费品牌工程

“世界美食之都”是一项含金量很高的荣誉，利用美食招牌带动美食及关联产业做大做强，促进文旅消费提档升级，推动经济高质量发展。一是科学筛选“顺德美食十大名品”。由地方饮食行业组织牵头，联合地方餐饮名厨、美食家、民俗学家等相关专家和民众代表，深度挖掘顺德美食文化风俗，在品种繁多的顺德地方美食中，筛选出具有国际影响力、竞争力强的代表性特色美食品种，打造成顺德美食的标志性资源加以重点宣传推广，以此形成“世界美食之都”的一系列美食消费品牌。二是建设以美食为特色的五大文旅消费集聚区。重点建设华侨城文旅休闲度假区、大良美食集聚区、容桂渔人码头、陈村千禧坊、伦教农科所美食文化MALL，在上述集聚区做精

做活美食文化体验馆。三是加快打造本土“美食+文旅”消费领军品牌。借鉴浙江等餐饮大省做法，重点培育一批具有竞争力的大型餐饮企业或集团。有针对性地培育50家有内涵、有品质、高成长性的本土餐饮企业，培育限额以上美食品牌企业20个左右。大力支持餐饮“老字号”品牌振兴，铸造好老字号招牌。四是精心打造特色美食旅游线路。围绕顺德“美食+”全链条消费体验，设计若干条颇具特色的文化旅游线路，如“美食+美景”生态旅游线路、“美食+美工”工业旅游线路、“美食+美人”服饰文化旅游线路、“美食+节庆”假日文化旅游线路等。

3. 加强宣传推介，打造美食之都的文旅IP

顺德具备文旅休闲目的地的诸多条件，但仍需进一步提高城区开放度和吸引力，加强城区的宣传介绍，打造独具魅力的文旅休闲目的地。一是重视与域外政府及文旅组织的合作。总结复制南番顺旅游联盟的经验，加强与外地文旅部门的合作交流；加强与香港、澳门等地的合作，政府通过境内外组团参展的形式推介顺德形象；重视与国内外旅游行业组织和旅行社的联系，鼓励推介顺德旅游目的地。二是发布推广顺德美食文旅IP。充分发掘顺德美食的地域文化内涵，精心设计美食文旅IP及标识语，讲好顺德美食故事，推介顺德旅游。支持抖音、快手等平台内容创作者摄制顺德美食纪录片，支持互联网企业上线顺德美食趣味微信表情包、开发顺德美食微信小程序等，通过矩阵式投放新媒体举措强力输出顺德美食文旅IP。三是打造美食文旅网红打卡地。借助影视、戏曲、新兴的社交媒体、美食文旅直播等媒介舆论导向作用，融入互联网语境，做优质内容，提升用户体验，通过打造“爆款”“美食+文旅”产品，把线上“流量”变为线下客流，打造更多受众多、热度高的美食文旅消费网红地。

4. 夯实消费基础，塑造文旅休闲目的地的良好环境

美食之都名声在外，让来顺德消费的中外游客不虚此行，吃与休闲同步，还需与文旅产业联动，塑造文旅休闲目的地的良好环境。一是大力创建安全放心消费环境。主管部门和监管部门要加强对美食文旅企业的指导，完善食品安全实施方案、应急预案。定期召开餐饮或文旅从业人员食品安全培训会，不定期地对各类餐饮、流通商户行业进行监督。完善消费投诉受理制度，对消费者提出的投诉，应立即追查原因，妥善处理。二是构建多元化美

食文旅消费场景。进一步提升美食文旅休闲的品质、业态、场景、内容，重点打造具有精神文化高度的业态产品、消费场景。以文旅兴带动商业兴，建议规划、设计顺德整体商业闭环，将顺德美食空间打造为具备餐饮、观光、购物、娱乐等多元业态的文旅商业综合体。三是出台促进文旅消费激励政策。设立文旅消费激励引导资金，组织开展形式多样的美食文化展、非遗展示、美食节庆、文创产品展销、美食体验等美食文旅消费活动；因地制宜推出“美食+文旅”消费券、惠民卡等措施，释放消费潜力。四是完善顺德粤菜名厨培养的人才政策。充分利用“粤菜粤厨名城”、粤菜师傅“1+5”系列工程的政策，加强顺德餐饮行业技能人才培养。加大对粤菜大师的奖励力度，鼓励以名师带徒的方式培养一批顺德名厨。与广东各职业院校和培训机构合作，开展粤菜师傅的短期技能培训，为顺德餐饮行业提供技能人才储备。五是推进顺德美食标准化建设。在整合顺德特色美食标准的基础上，依托勒流街道建立美食标准化体系，大力推广和落实标准。增强餐饮企业对美食标准的认同度，鼓励企业落实美食联盟标准。充分发挥标准化在基础保障、创新驱动和技术引领等方面的作用，力争以顺德美食制订粤菜的标准体系，促进粤港澳大湾区美食文化产业的协同发展。

附件一

顺德四大美食集聚区项目规划

一、大良美食集聚区

一是顺德华侨城欢乐海岸PLUS曲水湾美食街。2021年，顺德华侨城欢乐海岸PLUS内的曲水湾美食街及O’PLAZA欢乐海岸购物中心吸引了94家餐饮企业进驻。其中已开业53家，41家在装修筹备开业阶段，其中购物中心有27家餐饮企业已签约进驻。曲水湾美食街共有商家26家，至2021年底已全部开业。

二是大良凤城·食都。凤城·食都位于佛山市顺德区大良南区大良河畔，是由顺德区政府主导开发，打造岭南菜系最丰富、菜品最具有特色的餐饮文化圣地。总建筑面积约48000平方米，绿化面积（含河滨公园）达22000平方米。凤城·食都建设汲取了传统岭南建筑风格，以现代建筑美学加以提炼，展示顺德餐饮文化及岭南民俗风貌。经历多年的投入经营和日臻完善，凤城·食都逐步发展成为集顺德美食文化荟萃、岭南水乡风情观光、休闲娱乐特产购物、烹饪教学体验交流于一体的美食特色集聚区。

二、容桂渔人码头

广东渔人码头文化旅游开发有限公司引用城市活化更新的相关政策，在容桂东堤路渔人码头、旧马路片区投资约1亿元进行活化改造，历时三年打造出渔人码头美食集聚区，集聚区位于容桂时光核心位置，为容桂时光试点启动板块，范围包括原建德码头、食品厂、北集大街、旧马路、南环酒店片区，活化改造总面积达到5万平方米，从点到面带动片区环境提升；项目以打造美食主题街区为主导发展方向，其中引入主力餐饮商家包括蓝岸银湾餐饮、娱筷食堂餐饮、大明茶楼、维纳斯精致厨房西餐、TopX私房菜、娱吧酒吧、辣妈火锅、赏当年民国主题火锅、魅力渔夫放题料理、松叶日本料理、金枕泰国料理等各类主题餐饮，另外吸引并汇聚了顺德各大知名老字号手信和各地特色精品小吃，老字号包括欢姐伦教糕、民信双皮奶、李禧记大良蹦砂、马岗鸡仔饼、大汕岛顺德手信、何姨葛水等，而各地精品小吃包括澳门星爷葡挞、三洲牛杂、周大娘牛乳店等。另外，项目还打造出一批新派网红店铺，引领容桂时尚美食消费和网红消费文化热点，包括幸会轻餐、VH英式下午茶、花园街茶饮、甜心怪兽甜品、Tutti Lounge、Janice Wong咖啡、音乐串串、摆渡拉面等。容桂渔人码头美食集聚区项目引入各类餐饮、小吃、特色美食、网红商家近50家。其中10家主力餐饮在渔人码头孵化成功，已经逐步在外扩张开店；近20家为连锁加盟经营品牌，直接带动片区美食经济集聚和网红经营消费发展，形成容桂美食文化窗口，成为以美食拉动的城市客厅。渔人码头美食集聚区依托世界美食之都和世界美食重镇的美誉，为容桂以及顺德美食添砖加瓦，擦亮容桂美食名片，已成为顺德旅游必到的美食打卡圣地。

三、陈村千禧坊

千禧坊原为陈村造纸厂，于2014年启动改造，是陈村镇首个国资参与的文旅村改项目。项目依托自身的文化底蕴和历史记忆，背靠顺德渔人码头的资源分享和业态引导，计划全力打造文化、历史、休闲、饮食等多种元素汇聚的休闲旅游综合体。项目最终改造面积将达到10公顷，预计投资额超2亿元，是市民受益的示范工程。2019年3月，根据《陈村镇人民政府关于同意将“陈村镇民族路片区活化三旧改造建设项目”列入陈村镇重点建设项目的复函》（陈府函〔2019〕14号），项目被列入陈村镇重点建设项目。2020年3月，根据《顺德区发展和改革局关于同意将民族路片区活化改造项目纳入区2020年重点建设项目计划的复函》，项目被纳入区2020年重点建设项目计划。2020年8月陈村千禧坊项目被纳入佛山市实施粤菜师傅“1+5”系列工程建设项目并获得专项扶持资金200万元。

千禧坊是陈村镇民族路片区活化改造建设项目的核心，是陈村镇首个活化改造商业体，项目建成后将极大改善陈村镇民族路及维新路一带城市面貌，并满足和丰富周边居民生活，吸引广州、佛山等地周边消费，形成具有特色的餐饮集聚区，有效提高该片区的整体生活环境及整体经济效益。

千禧坊一期项目已完成招商80%，引入特色美食14家，涵盖粤菜、火锅、日料、越南菜、东南亚菜、酒吧及各种休闲饮品等，其中13家商家完成装修开业，有1家大酒吧在设计准备进场装修，还有4家商家陆续进场。该工程属于政府优化服务所推进的重点工程，预计带动地方年产值约7000万元，年缴税约800万元。

四、伦教农科所美食文化MALL

农科所美食文化MALL项目位于顺德水道旁，邻近伦教水厂路、105国道。项目地块现保留了多栋具有岭南味道的旧厂房，记录了顺德农业辉煌发展的历史故事。通过村改，该项目将变身为美食文化MALL，用于农产品展示、美食交流研讨和餐饮服务。经过对原建筑物的修旧改造，美食文化MALL将有面积不小于1000平方米的美食文化博物馆和建筑面积不小于800平方米的美食文化体验馆，并将配置八个“世界美食之都”城市美食馆、不少于50个高级烹调技师工作室。美食文化MALL在2021年国庆节前夕部分建成并逐步对外开放，届时将举行高级烹饪技师现场比赛、表演等美食推广活动。该美食文化MALL将成为百里芳华伦教精华段的一大亮点，成为顺德休闲娱乐、美食文化体验的新景点。此外，农科所美食文化MALL项目附近还将推出4万平方米临江生态公园住宅地块。该地块东面紧邻G105国道，西面、北面拥有百里芳华伦教精华段公园景观及三洪奇江景，将配置一所幼儿园和一所小学，附近将规划建设为TOD城市综合体。伦教还计划修建一条匝道，方便该地块出入G105国道南北方向，连通百里芳华伦教精华段和伦教站，畅顺内部道路，大大提升地块周边的人居环境和交通便利度。除了该住宅地块，农科所美食文化MALL项目附近还有在建的龙湖江与城项目，为建筑面积约34万平方米的大型社区，还有万科、涛汇、新境誉等成熟社区。在农科所美食文化MALL项目、4万平方米住宅地块、伦教站TOD城市综合体项目以及多个在建或已建大型社区等的支撑下，百里芳华伦教精华段将与佛山轨道交通3号线伦教站形成宜旅宜商宜居的“金三角”。

附件二

"顺德+街镇美食+文旅休闲消费"特色工程

一、大良街道——综合城央度假区工程

营造品、逛、赏、玩、吃和住宿环境，以打造整个吃喝玩乐为一体的消费场景，如附图1-1所示。在与当地文化和特色相结合的同时，更好地完善了消费者的游玩体验。品：大良双皮奶、大良炒鲜奶、金榜水牛乳。逛：清晖园（与佛山梁园、番禺余荫山房、东莞可园并称"岭南四大园林"）、西山庙、美食文化博物馆、顺峰山公园、史努比主题公园、顺德博物馆、大良商业步行街等。赏：李子长（明朝著名画家）、陈岩野先生遗迹。玩：欢乐海岸华侨城、长鹿农庄。吃：大良蹦砂、酿鲮鱼、大良肉卷、大良糕煎、大良煎虾饼、大良野鸡卷。住：住宿便利，清晖园附近有酒店、民宿。

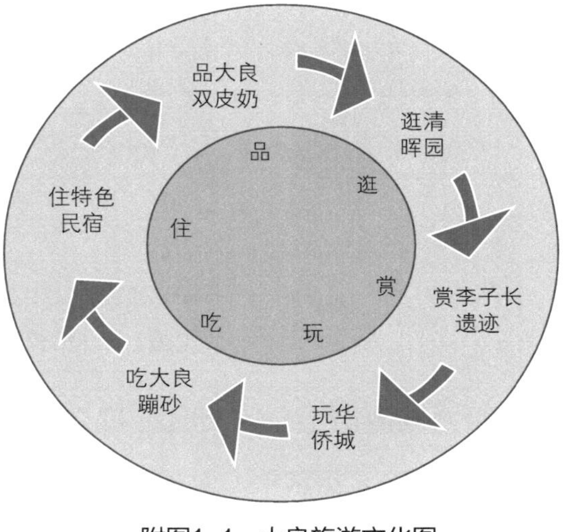

附图1-1　大良旅游文化图

二、容桂街道——商业文化传承工程

打造可观、可游、可玩、宜乐、宜赏的容桂特色，汇聚容桂的美食、民俗文化、旅游等标志性元素，游客和市民可从中体验容桂旅游美食的魅力。吃：文华老友记、猪肉婆私房菜、猪肚汤、介香虾球、花溪烧肉、中华名小吃（马冈鸡仔饼）。玩：渔人码头、花溪公园、容桂广场、天佑城。赏：《品味容桂》美食画册、容桂文化艺术中心、容桂特色文化街。

三、伦教街道——丝绸珠宝名镇工程

伦教地处珠江三角洲腹地，是顺德中心城区的重要组成部分，曾获得“中国珠宝玉石首饰特色产业基地”荣誉称号。打造珠宝名镇、宜居小城是伦教对自己的城市定位。香云纱是国家非物质文化遗产。伦教创造了桑基鱼塘的农业生产模式，桑蚕丝和丝织业的发展为香云纱提供了重要的生产原料，香云纱是用纯植物染料染色，相比用化工染料的工艺品，香云纱体现了绿色健康。伦教可以利用香云纱和珠宝加以当地的特色美食，打造“玩长鹿农庄，穿名丝香云纱，购珠宝新饰品，尝香甜伦教糕，吃美味羊额烧鹅”的旅游特色，实现“美食+”的旅游路线，如附图1-2所示。

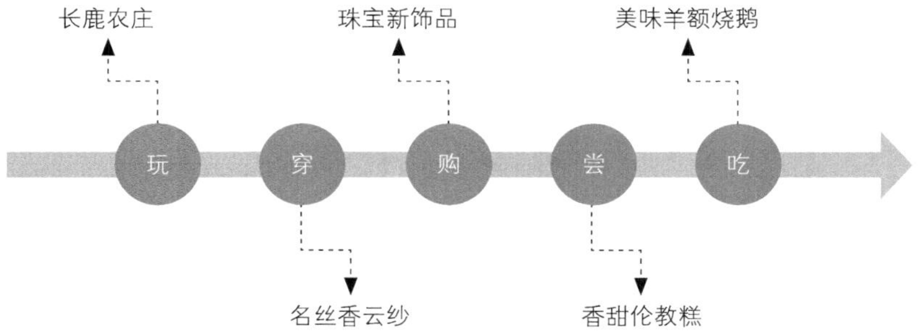

附图1-2　伦教旅游规划

四、勒流街道——美食翰墨之乡工程

作为一个以小家电、家居五金、交通机械、照明电工为支柱产业的街道，勒流不断加强自身建设，在竞相发展当中形成了自己的特色文化。在勒流，我们可以相信新宝高端家电、凯宇智能设备、小熊智能家电和商业照明孵化园，这些电器装备物美价廉，具有较高的性价比。勒流美食有大头华烧鹅、煎焗鱼嘴、香麻手撕鸡、韭菜花炒金钱片。勒流有黄连仓沮圣庙，这座始建于清光绪元年（1875年）的沧沮圣庙是岭南地区极为少见的纪念仓颉、沮诵作字之功的庙宇。昔日人生四大礼之一的开笔礼就在此举行，这里是开笔礼重启和延续之地。现在也依旧非常有名气，香火鼎盛。勒流街道龙眼村内有梁氏祠堂、吕氏祠堂、余家巷宅门、严静庵、古桥、石狮埠头、天主教堂、蚝壳屋等，都是极具代表性的历史建筑。而位于龙眼村李家巷的蚝壳屋有着近百年历史，是龙眼村的祖辈村民就地取材从海岸沙堤中掘出大量蚝壳建造的房子。勒流街道江义村曾获得“中国最美乡村”称号，是一个环水而生、拥有超过700年历史的村庄。

五、陈村街道——美食花卉名镇工程

在陈村街道，可赏：陈村年橘、国兰、蝴蝶兰、盆景、同乐楼、三字经文化展览馆、仙涌朱氏陈列馆、黎简堂。游：花海骑行。吃：陈村咕噜肉、陈村粉、原个南瓜蒸肉排、凉拌爽鱼皮、陈村花宴。陈村街道极力打造具有广泛文化共鸣的世界级文化IP，如花卉美食旅游节、陈村梦想SHOW。

六、均安街道——蒸猪功夫生态工程

均安是一个具有深厚文化底蕴的历史名镇，素有“中国曲艺之乡”和“广东省民族民间艺术之乡”称誉。均安被授予“省级旅游度假区”称号，“旅游之乡”有李小龙祖居、顺德生态乐园、冰玉堂，打造一条“文化+美食”的路线，形成“游李小龙乐园，学中国功夫，享蒸猪鱼饼，玩锣鼓柜，逛传统庙会，听自梳女的故事”的游玩路线，如附图1-3所示。突出均安的美食文化，让每一个想到均安的人就想到这些品牌故事

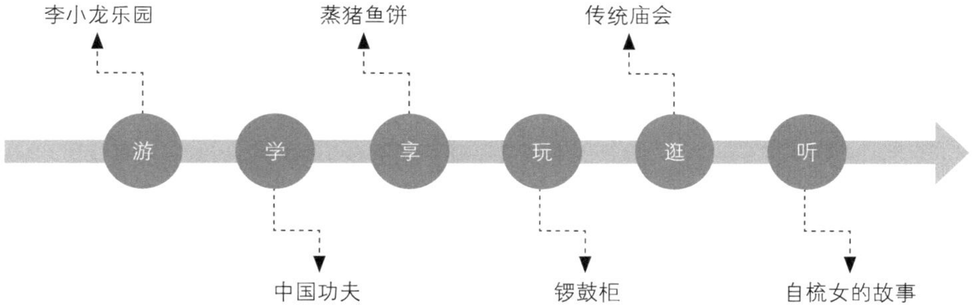

附图1-3　均安旅游规划

七、杏坛街道——水乡古韵生态工程

2018年10月，杏坛入选“2018年度全国综合实力千强镇前100名”。根据杏坛现有的人文和历史文化底蕴，适合打造一种休闲与娱乐一体的旅游场景。杏坛地理位置优越，水陆交通方便，是典型的珠三角水乡，借助其水乡

古韵和悠久历史的龙文化，可以设计“游逢简古道，看舞龙龙舟表演，品水乡古茗，尝恩荣老字号，买川贝枇杷膏，体验水乡人文风情”的旅游路线，如附图1-4所示。让在粤港澳大湾区中生活节奏较快的人能在这里找到一份悠闲，同时将生态农业和水乡文化结合，组织一些相关活动，让人们体验普通农家生活。

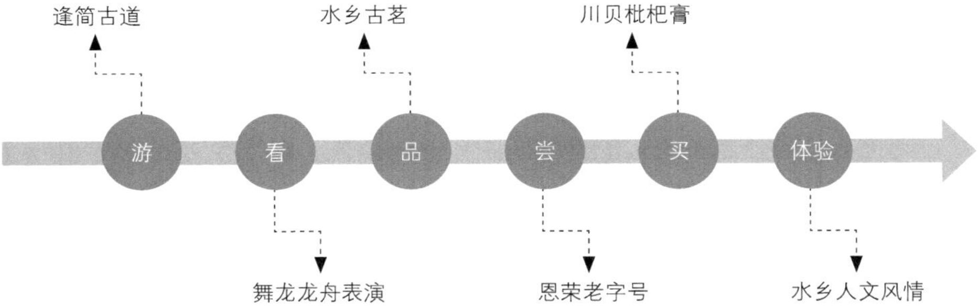

附图1-4　杏坛旅游规划

八、乐从街道——智能家居品牌工程

乐从位于佛山市顺德区的西北部，同时位于佛山市中心组团新城区——东平新城的南部。乐从的商业环境以贸易为主，其天然条件与外部环境相结合，形成了家具城与文旅消费一体的消费形式，消费者可以在商业之余观赏乐从。可游乐从文化公园、世纪莲体育中心、乐从天佑城海洋馆，观国际家具城，吃猪㗎咀、黄均记粉店、肥家嫂龟、新荷花印度餐厅、平步猪杂粥、农汤私房菜、虾蝲，如附图1-5所示。

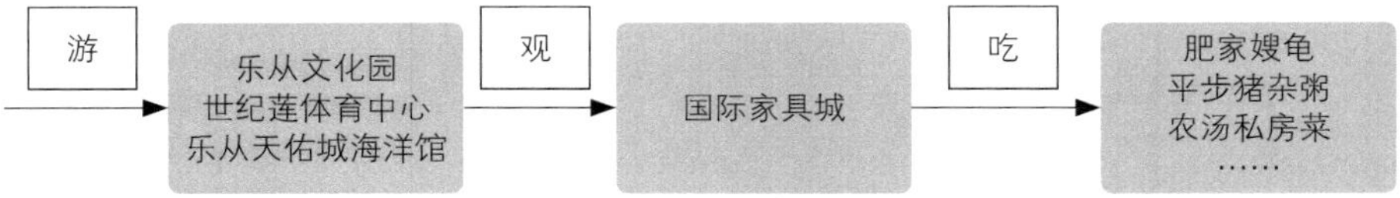

附图1-5　乐从旅游规划

九、龙江街道——绿色森林生态工程

龙江位于顺德西部，有丰富的森林资源，龙江森林湖项目占地面积23788平方米。龙江还有龙峰森林公园、天湖森林公园、锦屏山、新世纪农业公园、紫云阁、七层文塔等景点。利用丰富的文化底蕴和自然资源，勤劳的龙江人酝酿出了多种美食，包括龙江煎堆、米沙肉、水蛇粥等。龙江的慢节奏，可以让人们体验山水林湖的生活情致。在龙江，人们可以“游锦屏山，享天然氧吧，看七层文塔，吃龙江特色”，在休闲中感受大自然的美丽，品尝最地道的顺德美食，如附图1-6所示。

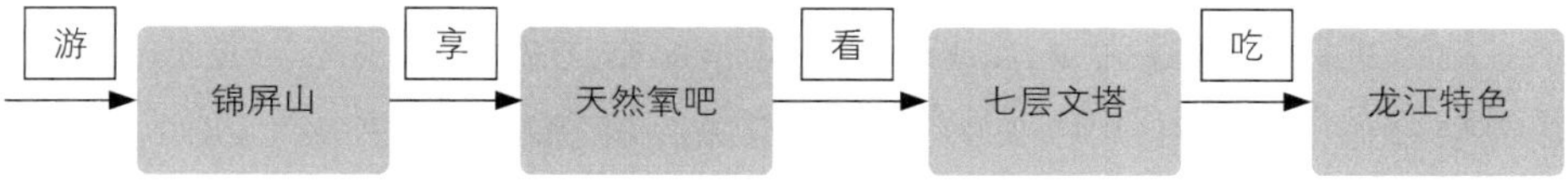

附图1-6　龙江旅游规划

十、北滘街道——机器谷科创休闲工程

美的全球创新中心、美的库卡智能制造产业基地、博智林机器人谷、大疆无人机创新项目给北滘带来了巨大的发展机会，形成了战略平台带动和全域空间联动的智能制造新格局。在北滘，你可以吃北滘香芋扣肉、虾仔云吞面、百花酿蟹钳；赏北滘公园、中山公园、周家祠公园、东兴公园等公园；逛北滘都宁岗森林公园、北滘市民广场、活力体育馆、北滘镇中心的简竹居牌坊及六角亭。

第八章

桂城街道推进城市更新的实践研究

城市更新已经成为全球城市提高竞争综合力的重要战略。党的十九届五中全会通过的《中共中央关于制定国民经济和社会发展第十四个五年规划和二〇三五年远景目标的建议》，明确提出要加快转变城市发展方式，统筹城市规划建设管理，实施城市更新，推动城市空间结构优化和品质提升。这是“城市更新”一词首次出现在国民经济和社会发展五年规划里，面对城市更新将更多体现在产业升级和消费升级的需求上，引导优势产业集聚和消费提质扩容将成为城市更新的重要考量，以此作为推动城市更新动力将成为“十四五”以及今后一段时间我国推动城市高质量发展的重要抓手和路径。

广东是全国改革开放的前沿地，连续20年GDP居全国榜首、财政税收居全国第一，经济发达，城镇化率达74.15%，是最早试点城市更新的省份。南海区桂城街道城市更新（“三旧改造”）的实践，为国家城市更新积累了经验，提供了借鉴。中国2020年常住人口城镇化率已超过63.89%。如今中国的城市化发展已经从快速城市化转向深度城市化阶段，城市建设的土地资源约束日益趋紧，发展重点从增量用地转向存量用地。2007年，南海区桂城街道率先开展“三旧改造”探索，广东省人民政府以南海桂城瀚天科技城开放模式作为试点，向中央申请了“三旧改造”用地特殊政策，在盘活存量土地资源、节约集约利用土地等方面取得丰硕成果。由此广东作为全国最早试点城市更新的省份，在政策制定实施、开发主体确定、政府市场博弈等方面积累丰富经验，深圳、广州、佛山等地随后实施的城市更新相继积累丰富案例，成为全国不少城市学习的样板。桂城街道的城市更新启动十多年来，以改造村级旧厂房起步，进而改造旧墟镇、城中村，形成了有示范意义和推广价值的模式。研究桂城街道城市更新，既有总结经验的现实意义，也能为桂城街道未来高质量发展提供方向。

一、桂城街道城市更新的意义

（一）打造粤港澳大湾区优质生活圈的关键路径

粤港澳大湾区城市群是中国经济最具活力的区域，包含深港、广佛、澳珠三个重要极点。宜居宜业宜游的优质生活圈是粤港澳大湾区建设的五大战略定位之一，桂城街道是广佛极点区域，具备打造宜居宜业宜游优质生活圈的优势。当前，桂城街道正在发挥“大城资源，小城成本”的城市配套优势，加大教育、医疗、公园、城市交通的财政投入力度；致力于提高城市颜值，提升城市公共空间品质，建设媲美一流城市中心区的优质城市环境。桂城街道通过城市更新，有助于实现城区功能的提升与转变，能够提供适宜的产业和居住空间，同时通过统筹加大住房、教育、医疗等生活设施的投入力度，加快完善基础配套设施，从而进一步优化营商环境、居住环境、人文环境、生态环境，创造出更具吸引力的人才环境。显然，城市更新为桂城街道打造粤港澳大湾区公共服务优质、宜居宜业宜游优质的生活圈提供了关键路径。

（二）建设广佛全域同城化核心片区的重要抓手

伴随广佛同城逐步推进，广佛两市规划部门正在加快编制《广佛高质量发展融合试验区建设总体规划》。该规划提出在广佛边界两侧建设“1个先导区和4个片区”的高质量发展融合试验区。其中桂城街道就在“广州南站—佛山三龙湾—广州荔湾海龙”先导区范围内。广佛两市提出，力争将广佛高质量发展融合试验区先导区建设纳入国家、省级重点项目或重大会议议题，从国家、省市层面争取相关政策支持，支撑起“广州南站—佛山三龙湾—广州荔湾海龙”先导区，打造成为粤港澳大湾区的“广佛极点”。显然，地处广佛全域同城化核心片区的桂城街道，存量土地开发利用显得尤为重要。

（三）广东省城乡融合发展改革创新实验区的有力支撑

2019年7月，南海获批建设广东省城乡融合发展改革创新实验区。2020

年9月，广东省委深改委印发《佛山市南海区建设广东省城乡融合发展改革创新实验区实施方案》。该实施方案明确以农村土地制度改革为着力点，在不突破永久基本农田总量和控制线、生态保护红线以及规划控制指标的前提下，对南海区土地、生态、产业和城市布局进行系统规划，促进城乡全面融合，并可以直接复制省其他实验区已获批权限和优先支持实验区复制推广广东自贸试验区改革创新的经验。桂城街道作为佛山市南海区城市化水平最高的镇街，围绕建设广东省城乡融合发展改革创新实验区先行区这一总目标，提出让“城市更城市，乡村更乡村”的发展目标，并计划在未来3年内将投入超1200亿元，成为广东省城乡融合发展改革创新实验区的有力支撑。

（四）建设高品质人城产文融合现代化新城区的强劲动力

2021年，桂城街道拿出近1000亩（1亩≈666.67平方米）城市更新工业用地，推动平均容积率在3.0以上、建筑面积超120万平方米的工业载体加快开工建设；拿出部分存量商住用地，转为高品质的产业用地，推动工业上楼；坚持项目为王，强化创新驱动，坚定不移推进产业转型升级，为产业和商务提供最优空间，全面激发经济高质量发展新活力；盘活城市空闲土地，实施“公园城市”战略、社区体育公园建设规划，打造美丽桂城。将城市更新改造的一部分土地作为教育、医疗用地，完善相关配套设施，全面提升人民群众的获得感和幸福感。随着城市更新进程的不断推进，桂城街道围绕“高品质·强中心”“高技术·强产业”“高标准·优生态”“高水平·惠民生”等方面，全力打造都市桂城、质量桂城、美丽桂城、幸福桂城、和谐桂城，实现人城产文融合，建设粤港澳大湾区城乡共融的高品质现代化新城区。

（五）构建桂城街道金科产融合创新都市区的重要保障

桂城街道围绕“两核一轴一带一片区”[①]的布局，打造千灯湖片区、映月湖片区、文翰湖片区三大示范片区，推进映月新城、平洲旧圩和玉器珠宝

---

① “两核”指千灯湖片区和文翰湖片区；“一轴”指南海新交通城市中轴；“一带”指怡海湖科创产业带；“一片区”指映月新城。

小镇、叠水小镇等项目建设，努力实现“先生态、后生活、再生产”三生相融、金科产融合的创新都市区目标。以基础设施互联互通为抓手，实现生产空间的高效集约、生活空间的舒适宜居、生态空间的品质活力等目标，打造广佛极点先行区，建设金科产融合的“广佛硅谷”，与深圳前海、珠海横琴对接，形成广佛湾—前海—横琴“金三角”，接纳湾区资源。

二、桂城街道城市更新的演化历程与发展优势

（一）桂城街道城市更新经历的阶段

桂城街道城市更新经历了三个阶段。第一阶段（2007—2010年）为单一土地属性基础上的碎片化条块式“三旧改造”阶段。2007年，佛山市在全国率先出台《佛山市人民政府关于加快推进旧城镇旧厂房旧村居改造的决定》（佛府〔2007〕68号），正式拉开“三旧改造”的帷幕。该阶段的城市更新以旧厂房改造为主，以节约集约土地和节能减排为最终目标。典型项目包括作为公园和政治文化中心的千灯湖、瀚天科技城等项目。

第二阶段（2010—2018年）为跨多权属性基础上的综合性连片式城市有机更新阶段。2010年10月桂城在整个街道改造的基础上，创新、试验性推进金融区C区改造建设工作，标志着城市更新进入了以“政府引导、村组联动、统一规划、连片开发”为原则的连片整体改造阶段。该阶段开始全面形成较为完善的三旧改造政策体系，“三旧改造”开始全面推进，从单一属性地块改造向跨多权属性的连片综合改造转变。该阶段都市型产业获得极大发展，典型项目为桂城街道金融区C区、平东玉器街。

第三阶段（2018年以后）为产业创新主导下的功能性内涵式创新城区建设阶段。2018年底桂城街道提出要全面建设“土地节约、人才聚集、产业升级、城市升值、环境优质、民生优享”的全球创客新都市示范区。该阶段更注重产业创新与城市更新的密切结合，逐步实现城市功能高度混合、短距离通勤、内外交通便利、服务设施完善的“创新城区”建设。典型项目有鲲鹏科创片区、爱车小镇、叠水小镇、创投小镇、新经济小镇、夏北村整村改造、映月湖片区和三龙湾南海片区。

（二）发展优势

1. 广佛同城极点区位优势

桂城街道依托于佛山全市战略的大背景之下，主要包括粤港澳大湾区建设、广佛全域同城化等重大战略。不断激发城市经济社会发展的内生动力，优化营商环境和人居环境。南海区加快推进广东省城乡融合发展改革创新实验区，给桂城街道城市更新带来新的机遇。桂城街道提出聚焦空间重塑、产业发展、城乡环境提质等重点领域，全力打造产城融合、城乡一体、生态宜居的广佛副中心。桂城街道是广佛交界的几何中心，且紧邻广州南站。随着广佛全域同城化逐步推进，桂城街道区位优势凸显：其具有佛山最密集的轨道交通，中心片区有广佛地铁联通广州，交通十分便利；三山片区距离广州南站仅十几分钟车程。

2022年，桂城街道正在完善广佛全域同城化交通路网，提速番海大桥、港口路北延、长江路东延等项目建设，推动夏东路北延、清风路东延至广州，全力加速对接广州地铁10号线及19号线，进一步优化与广州的交通衔接，为广佛全域同城化建设打牢坚实基础。同时，桂城街道有良好的生活环境，又有相对较低的生活成本，有利于吸引广州、深圳等地的人才前来就业创业。

2. 第三产业发展优势

在南海七镇街中，桂城街道的第三产业比重最高，第三产业的税收占总税收的比重超过80%，现代服务业已成为拉动桂城街道经济发展的中坚力量。作为“两高四新”中高品质服务业的代表，佛山的金融业集中在桂城街道。2020年，南海区有25家金融业纳税大户，桂城街道就集中了23家，实现税收达到17.6亿元。桂城街道的消费零售业快速发展，“十三五”期间，社消零总额从315.97亿元增至357.94亿元，增长了13.28%，消费密度从3.75亿元/平方千米增至4.25亿元/平方千米。2020年大众点评数据显示，南海区25.83%的茶饮店、28.41%的面包店、41.98%的咖啡店都在桂城街道核心商圈。营业至晚上11时之后的餐饮店，南海区共有416家，桂城街道就占了164家，占比近40%。

产业特色小镇是桂城街道的创新载体优势。千灯湖创投小镇围绕佛山制造业产业链部署创新创投链，以“制造业金融”为发展特色，不仅成为广佛地区的城市客厅，更成为金融、科创、文创、研发等高端业态的集聚地。

如今的金融高新区核心区已吸引中国人保南方信息中心、广发金融中心、友邦金融中心等800多家金融机构及知名企业落户，吸纳超6万名金融白领人才创业就业。以千灯湖为发展蓝本，怡海湖、文翰湖、映月湖等多个人工湖在南海桂城的版图上涌现。怡海湖旁的瀚天科技城、天安数码城，文翰湖畔的季华实验室等重要产业平台和科研载体成为桂城街道培育发展新经济的重要增长点。落户桂城街道的北京大学核医学分子影像产业链、广东省半导体产业技术研究院等项目以及清华大学化工研究院等一批科创企业和平台稳步推进，所带来的创新力量将提升产业发展的竞争力。

3. 敢为人先优势

改革开放以来，南海在土地改革的路上不断突破自我，如在全国首创“混合开发”模式，在全省率先要求“工改工”和“工改居”联动改造，实现房地产业反哺实体经济，尊重基层首创精神，凝聚基层改革智慧。南海放管服改革走在全国前列，推进政务服务改革，创新推出“三单管理”“模拟审批”“标准地”“评定分离”等重磅改革举措，首创政务服务湾区通办、商事登记跨境通办。从2020年11月17日起，南海区级行政服务中心受理事项100%下沉镇街，在全国首创撤区级行政服务中心实体窗口。长期以来，桂城街道坚持政策的延续性，坚持“一张蓝图绘到底”“一窗通办”，建立“一个项目、一个团队、一干到底”的工作机制，充实攻坚团队，及时协调解决规划优化、入户调查、方案编制、合同签订等各类问题。坚持正面舆论引导，构建政府、企业及社区信息互通平台，提高公开度，形成全社会支持、理解和参与的良好局面。

三、桂城街道城市更新模式做法及其效果

（一）桂城街道城市更新典型做法

在城市空间方面，桂城街道立足“两核一轴一带一片区”城市发展格局，以南海区加快建设城乡融合发展十大示范片区为契机，将千灯湖、映月湖、文翰湖三大片区打造成为城乡融合发展示范片区，大力推进连片村级工业园改造和连片乡村振兴，促进空间格局全面优化、城市功能完善提升。

当前，桂城街道已将城市更新作为“一号工程”，“三旧改造”和旧

村改造是桂城街道高质量发展的头等大事。桂城街道重点推进八大更新片区建设，如表8-1所示。以“微更新、微改造”模式，建设一批高密度、低容积，有烟火味、接地气，又具鲜明风格、无限活力的开放式特色街区，推动特色小镇建设，推进旧村改造。

表8-1　桂城街道重点推进的八大更新片区基本概况

更新片区	基本概况
千灯湖—广东金融高新区	千灯湖—广东金融高新区作为桂城街道客厅，将打造金科产融合的城市中央商务区。其中，广东金融高新区为“国际化金融后台基地+现代产业金融中心”；千灯湖创投小镇是广东省唯一专注创业投资行业发展的特色小镇。重点项目：1800亩夏北整村改造及周边1000亩工业园改造
三龙湾南海片区—三山新城	三龙湾南海片区——三山新城是三龙湾高端创新集聚区的核心区、粤港澳合作高端服务示范区，推动粤港澳高端服务合作，搭建粤港澳市场互联、人才信息技术等经济要素互通的桥梁。重点项目：占地2500亩的平洲工业园改造
映月湖创新城	围绕映月湖打造一个具备城市休闲开放空间、公共服务配套中心、文旅商业街区、文创产业社区、高品质生活配套等多种业态融合的城市综合运营标杆项目，形成既具备公共服务功能，又具备文创产业内核、商务商贸业态、高品质居住的产、城、人、文融合生态圈。重点项目：核心区1500亩村级工业园改造
怡海湖科创产业带	怡海湖科创产业带是都市型科技企业总部聚集区，以都市型产业、创新平台为重点方向，兼具商务商贸、休闲娱乐、生态居住等功能，构建一个都市文化氛围的城市意象。重点项目：周边超2000亩的村级工业园改造
半月岛都市生态区	通过生态环境优化改造，集聚创新产业，提供优质配套设施，打造生产、生活、生态融合发展的现代创新产业城区。重点项目：石（石肯）四村整村改造及周边1000亩村级工业园改造
叠滘水乡—双溪小镇	以传统岭南水乡文化为主题，打造自然与繁华共荣，传统与时尚辉映的文化旅游综合发展区
爱车小镇	打造具有一定行业优势和知名度的、佛山地区行业领先的，以汽车消费为主，集商贸、购物娱乐、售后服务、研发办公及高档居住等于一体的综合商贸型汽车集聚天地。旧改空间：1353亩；投资额：预计达40亿元
平洲珠宝玉器小镇	以国家4A级景区平洲玉器街为核心，以文化、旅游、商业和休闲为四大核心支柱，建设集玉文化高地、乐赏游圣地和安居康佳地三大功能于一体的国家级玉器珠宝产业特色小镇。旧改空间：约1000亩村级工业园改造

桂城街道城市更新的创新模式，以“产城人”为导向提升为以“城人产”为导向，以城聚人，以人促产，以产兴城。以最美的城市形态，做强城市功能，全力打造一流的城市环境，吸引一流的人才，承载一流的产业。城市更新以改造城中村和城中村级工业园为重点，在推进中以人为本，以党建为引领，让村民和市民有获得感和幸福感，实实在在有利益。2019年，南海区形成的8个“三旧改造”样板，桂城街道占5个，如表8-2所示。

表8-2 桂城街道村级工业园改造典型模式

序号	改造模式	模式定义	桂城典型案例
1	生态复垦复绿模式	对原有的公园等景观基地的建筑进行拆除，并将原有的建设用地调整为绿地、林地等用途，整体改造成为城市生态绿化公园项目	半月岛复垦复绿项目
2	村集体与运营企业合作模式	村集体与产业园区运营企业、商业项目运营企业等第三方专业运营机构合作，拆除原有的建筑物，根据政府相关规划调整土地属性，并建设新的物业	扇面工业区
3	“出让+出租”“国有+集体”“住宅+商业”的混合开发模式	通过国有土地、集体土地整合归宗，土地置换等方式，拆除原有的建筑物，并对片区按照“统一规划、统一交易、统一建设、统一经营”的原则，实现“国有+集体、住宅+产业、出让+出租，以产业开发为主、住宅开发为辅”的混合开发	爱车小镇
4	旧村居旧厂房混合改造模式	通过区公共资源交易中心这一平台引入合作开发企业，拆除原有的旧村居、旧厂房，将村集体土地转为国有土地，采取“协议出让”的方式，按照先安置后拆除顺序，完成改造	夏北整村改造
5	利用政策推动房地产业反哺实体经济模式	旧村居、旧村级工业园联动改造，将旧村居改造成为商住小区，并通过商住物业销售获取的收入推动旧村级工业园改造	石黄柏围、六亩围
6	微更新、微改造模式	通过局部修缮、部分建筑重建，提升建筑物功能和片区颜值，用改善、保护活化等方法完善基础设施，完成片区的产业链条的升级与优化	德鸿文汇创意园

（续表）

序号	改造模式	模式定义	桂城典型案例
7	国有资产主导改造模式	国有企业租赁村集体土地，并保持土地属性和用途不变，拆除原有的建筑，新建符合区域发展定位及市场需求的物业	天富科技城
8	工业改住宅模式	将旧村级工业园的旧厂房建筑拆除，将土地性质调整为居住用地，并改造成为住宅小区	沙基、平南工业区改造项目

1. 生态复垦复绿做法：半月岛复垦复绿项目

滨河景观带是南海中心城区新的地标和城市名片。作为滨河景观带的重要节点之一的半月岛生态公园，位于半月岛中北侧（南侧属于禅城），建设总面积约24公顷，项目主要对岛内及周边进行绿化景观建设，完善功能及设施，内容包括绿化、驳岸处理、景观照明、给排水等。结合半月岛节点的特点，通过保护和依托现状生态资源，打造集科普教育、湿地观光、休闲娱乐、生态环保等功能于一体的都市田园主题公园，项目总投资约1.99亿元。

优点：保护生态、提高城市品位、产生外部效益； 缺点：没有经济效益

对比南海区内的兄弟镇街，桂城街道城市更新在模式创新上效果较好，为南海区贡献了“桂城经验”，一些经验已在全区乃至全市复制推广。桂城街道的城市更新有自身特点，既具有佛山市工业城市的显著特征，又是南海区“（县、镇、区、联合体、户）五个轮子一起转”的典型代表。与顺德发展乡镇集体经济明显不同，南海形成的土地权属情况明显比顺德复杂得多，这是顺德能大面积推动连片改造，而南海却相对较缓的重要原因。显然，当前南海区城市更新的主要任务是村级工业园改造升级，以“工改工”为主要方向，完全套用顺德经验显然不可取，以顺德模式作为全市城市更新工作考评指标的合理性也有待检验。因此，桂城街道在吸取佛山乃至市外经验时，要有所取舍、创造性吸收借鉴。

2. 国有资产主导改造做法：天富科技城

天富科技城位于南海区桂城街道平洲夏南二社区，规划定位为集生产、研发、办公、应用、生活为一体的都市型产业园区，是桂城街道首个“工改工”村级工业园改造项目。由桂城街道公资办下属公司与夏南二村租赁土地，将原来产值低、社会效益不好的夏南二钢铁市场改造为整齐有序的创新产业园区。天富科技城占地面积约80亩，总建筑面积约12万平方米，投资额约2亿元。项目设计为4栋工业式研发大楼，配套1栋创客公寓，研发大楼楼高五层，每栋约2.5万平方米。天富科技城的落成使用不但改善了夏南二村的村容村貌，而且增加了村民收益，引入的科创企业推动了桂城街道实体经济的发展，同时将加快周边旧工业园的升级改造。

优点：不改变土地属性和用途，操作简单； 缺点：适用范围狭窄

3. 旧村居旧厂房混合改造做法：夏北整村改造

夏北社区是村改居社区，辖区面积2.6平方千米，5个村小组涉及旧改土地面积合计约1876亩，其中住宅约1150亩，建筑面积约67万平方米，非住宅约726亩。推进落实夏北旧村改造的总体思路大概可以概括为“六个一”。一个党委：夏北社区党委以党建引领乡村振兴，强化社区党委在旧村改造中的全面领导。一个架构：成立旧村改造组织架构，将区、街道、村居、小组四级联动起来，调动作为实施主体的村居及各小组的主观能动性。一张流程图：制定一张旧村改造的流程图，明确各主要工作阶段、主要内容、关键因素、主责方。一张规划：修编广东金融高新技术服务区C区城市更新策略与控制性详细规划，规划引领旧村改造。一个总方案：以夏北社区为牵头，制定整个夏北改造及拆迁补偿与安置的指导方案，以该方案统领“一村一策”。一个平台：通过区公共资源交易中心这一平台引入合作开发企业，土地转为国有，采取“协议出让”的方式，按照先安置后拆除的顺序，完成“捆绑改造”。

优点：适应范围广，集约效率高；
缺点：涉及很多产权，拆迁工作量大、时间久

4. 微更新、微改造做法：德鸿文汇创意园

德鸿文汇创意园占地面积约25900平方米，建筑面积约37000平方米，前身是骏力鞋厂。园区在原有厂房的基础上进行重新设计、活化、升级改造，现已建成典型的岭南骑楼建筑，并配上岭南建筑中特有的山花、满洲窗、手绘画等装饰，体现出浓厚的岭南建筑特色，成为区域内一道亮丽的标志景观线。园区重点引入企业总部，以及科技、文创企业，完善产业链条的升级与优化，打造集品牌、研发、市场、运营于一体的花园式办公园区，未来还将以科技、文创企业为主体，引入产业基金，打造国家级科技孵化器及佛山科技、文创企业的互融集聚标杆园区。

优点：改造成本小、风险低；
缺点：没有考虑长期发展目标，无法产生规模效益，土地利用率不高且使用寿命短

5. “出让＋出租”“国有＋集体”“住宅＋商业”的混合开发做法：爱车小镇

爱车小镇项目位于海八路南北两侧，规划总面积约1352亩。其中爱车小镇一期位于海八路以北，占地面积约800亩。项目构建城乡统一的建设用地市场，采用南海在全国首创的“混合开发”模式进行改造，通过引入社会资本跨界共建，将原华南汽车城改造为集汽车销售及售后服务、汽车文化旅游、行政办公、餐饮娱乐、酒店服务等于一体的大型综合性汽车文化产业小镇。爱车小镇一期的连片混合开发思路如下：一是土地整合归宗，明确车城土地归属及街道与村集体的合作开发关系，打破原权属界线，重新划分宗地和确定产权归属，统筹整合土地资源实现连片开发。二是土地置换，遵循“面积相近，价值相等，双方自愿，凭证置换”的原则，将位于文华北路西侧原属南海市桂城肉联有限公司的部分土地，与位于文华北路东侧村集体建设用地进行置换。三是统筹开发，土地连片整合后，按照“统一规划、统一交易、统一建设、统一经营”的原则，实现“国有+集体、住宅+产业、出让

+出租，以产业开发为主、住宅开发为辅”的混合开发模式。

优点：以产业为导向，考虑了未来经济利益，改造的社会效益好； 缺点：涉及多产权、多用途地块，前期拆迁、置换工作量大

（二）桂城街道城市更新成效

1．创新空间扩大

桂城街道拆除整理土地和建成产业载体数量大，及时满足了产业升级与城市发展的需求。“十三五”期间，桂城街道累计拆除整理土地11606亩，建成产业载体总量超600万平方米。在服务“双区”建设、“双城”联动、“一核一带一区”等区域协调发展战略上展现更大担当。如图8-1所示，2019—2020年，千灯湖片区更新改造面积最大，计划拆除面积1977.3亩，已拆除654.6亩，完成率为33.11%，地上建筑拆除面积619.9亩；映月湖片区计划拆除面积1567.67亩，已拆除1274.29亩，完成率为81.29%，地上建筑拆除面积1263.1亩；文翰湖片区计划拆除面积642.07亩，已拆除642.07亩，完成率为100%，地上建筑拆除面积623.1亩。

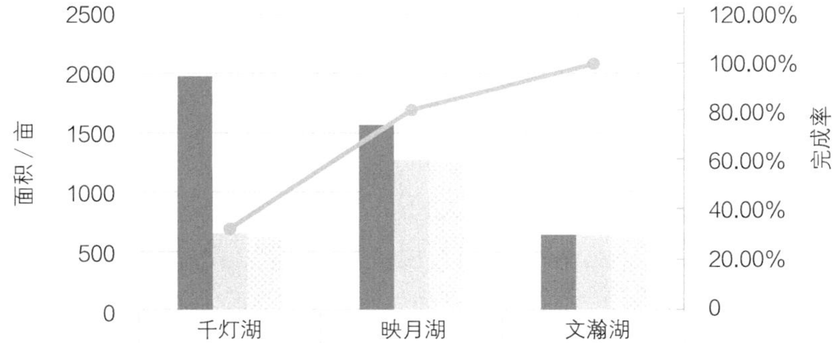

	千灯湖	映月湖	文瀚湖
计划拆除面积	1977.3	1567.67	642.07
已拆除面积	654.6	1274.29	642.07
地上建筑拆除面积	619.9	1263.1	623.1
完成率	33.11%	81.29%	100.00%

图8-1　2019—2020年三大片区城市更新进展情况

2．人才吸引力提高

紧邻广州的地缘优势，广佛两地近年在城市基础设施、轨道交通、产业及文化融合度上持续完善优化，加上房价的“洼地”效应，吸纳了相当一批“广州工作，南海生活”的人员落户南海。2020年，南海常住人口继续位居全市第一，比2010年增长41.66%，较全市增速高9.63个百分点，是唯一高于全市增速的区。如图8-2所示，桂城街道位列全区第三，共有73.29万人，占比约19.98%。这意味着，在桂城辖区面积84.16平方千米的土地上，每平方千米约有8708.4人，密度位居全区首位，高于常住人口数量位居前二位的狮山（每平方千米约2889.5人）及大沥（每平方千米约6277.8人）。

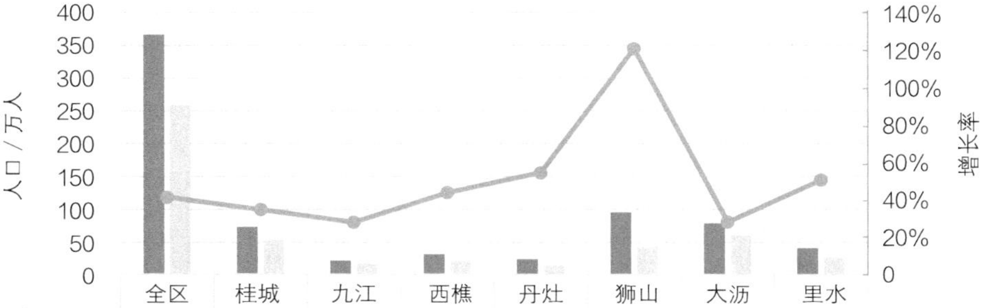

	全区	桂城	九江	西樵	丹灶	狮山	大沥	里水
2020 年	366.72	73.29	21.83	31.93	23.94	95.53	78.96	41.25
2010 年	258.88	54.28	17.02	22.17	15.5	43.27	61.48	27.39
增长率	41.66	35.02	28.26	44.02	54.45	120.78	28.43	50.6

图8-2　2010—2020年南海区各镇（街道）常住人口情况

在人口受教育情况“大比拼”中，桂城街道十分出色，大学学历人口、受教育年限居全区第一。如图8-3所示，在常住人口中，2020年桂城街道共有大学（大专及以上）学历人口24754人、高中（含中专）学历19623人、初中学历28922人、小学学历17519人。其中，桂城是全区唯一拥有超2万名大学（大专及以上）学历人员的镇街，远高于全区平均数（15792人）。在7个镇街中，桂城街道平均受教育年限超过11年，位列全区榜首。这从侧面说明了桂城街道人才储备相对强大，一批高精尖人才随着重点创新项目集聚，为区域发展注入强大动力。根据桂城街道相关数据统计，在人才集聚度方面，2020年桂城街道获得南海区1-7类人才认定的有7872人，同比2019年增加18.4%，占全区的37.1%；累计认定高层次人才2172人，在全区占比45.63%，全区近一半高层次人才集聚桂城街道。

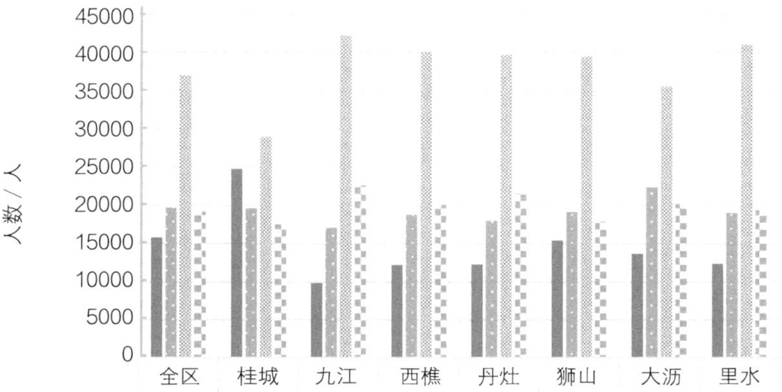

	全区	桂城	九江	西樵	丹灶	狮山	大沥	里水
大学（大专及以上）	15792	24754	9877	12251	12325	15495	13721	12400
高中（含中专）	19702	19623	17078	18822	18049	19162	22353	19045
初中	36918	28922	42171	40103	39705	39446	35550	41022
小学	19230	17519	22621	20115	21574	17989	20223	19402

图8-3　2020年每10万人口中各类受教育程度人数

3. 经济结构优化

如图8-4所示，2016—2020年，桂城街道GDP从413亿元增至655.95亿元，增长58.83%；税收总额从134.84亿元增至162.36亿元，增长20.41%，诞生了23栋税收超过亿元的商贸大厦；可支配财力收入达到75.63亿元，为五年前的近3倍；全社会固定资产投资连跨3个百亿元台阶，从188.53亿元增至459.39亿元，增长143.67%，实现了跨越式发展。

近年来，桂城街道的城市更新为高新技术产业企业形成和发展全面营造适宜的环境，通过开展高新技术企业交流活动，推动企业高新化改造，加强企业研发科技建设等举措，在培育高新技术企业方面取得了较好成效。如图8-5所示，2016—2020年，桂城街道高新技术企业分别为119家、191家、281家、343家、403家，平均增长率35.7%。坚持“大招商、招大商”，2020年累计引进超亿元项目206个，投资总额达1919.7亿元，涌现出星联、景兴、昭信等一批制造业隐形冠军。

	2016 年	2017 年	2018 年	2019 年	2020 年
GDP	413	534.85	561.59	638.46	655.95
税收总额	134.84	147.52	162.83	166.42	162.36
固定资产投资	188.53	202.8	217.99	293.01	459.39

图8-4　2016—2020年桂城街道经济发展状况

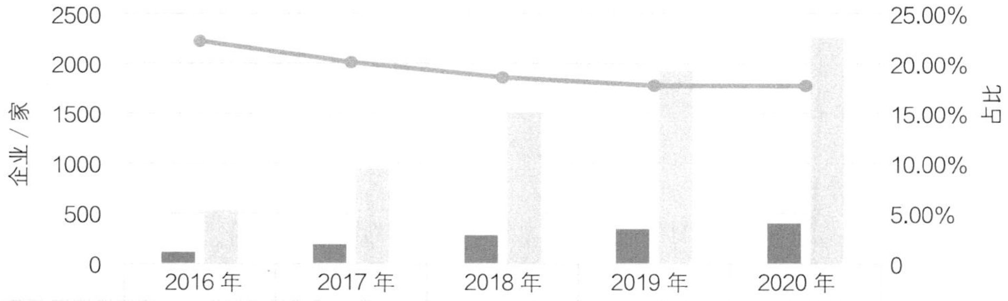

	2016 年	2017 年	2018 年	2019 年	2020 年
桂城	119	191	281	343	403
全区	534	950	1513	1931	2268
占比	22.28%	20.11%	18.57%	17.76%	17.77%

图8-5　2016—2020年桂城街道高新技术企业占比情况

4. 生活环境改善

2020年，桂城街道出台公园城市战略实施方案，高标准建设公园城市，打造“10分钟体育休闲生活圈”。2020年底桂城街道的公园总量达到180个，绿化管养面积超500万平方米。桂城街道投入超2500万元，用于建设提升30个口袋公园，面积超36000平方米。其中农村社区投入1500多万元，公园建设面积约15000平方米。2020年，桂城街道完成了20个口袋公园建设，2021年完成所有口袋公园建设。2020年，桂城街道全年民生投入27.01亿元，占街道一般公共预算支出的80.68%，推动民生事业全面协调发展。

桂城街道城市更新在模式创新上取得了显著成效，但也存在片区开发统筹力度较小，土地资源跨多权属跨村整合难，多方利益诉求冲突明显，旧城镇改造遭遇瓶颈等问题。

四、其他城市更新典型案例

（一）北京市朝阳区望京街道

2020年初，在朝阳区政府的引导下，万科作为社会资本参与望京小街的改造提升工作。万科经过调研发现望京小街整体空间愈渐老旧，商业层次与实际需求产生了错位，道路老化、停车混乱、交通拥堵和环境脏乱等问题日益凸显。在对望京小街的升级改造中，将城市更新的边界拓展至街区小巷，把“商业办公”与“步行街道”相缝合，进行整个街区全方位的精细化改造。结合国际人才社区功能的精准定位，配合步行街环境提升计划，朝阳区政府和望京街道与万科方面共同形成了多功能场景的步行街改造计划。此外，万科联合望京街道对街区设施进行了智慧化升级，开发建设了“智慧之芯”管理平台。在规划设计中，万科团队关注小街两侧的商业业态互补需求，差异化地引入了大量新晋品牌和网红IP业态。

为更有效地推进商街的整体改造，望京街道办以万科、方恒为重点，建立以党建协调委员会为核心、小街自治委员会为支撑、商户自治联盟和流动党支部为补充的治理架构。望京小街产权方（企业）、管理方（职能部门）、使用方（商户、居民、消费者）得以有机融合。经过多次区级小街治理调度会及上百次街道级“吹哨报道”，在多方合作中有效推进解决交通秩序、垃圾分类、施工管理、餐饮及商户规范管理等一系列问题。作为北京市首个由政府引导社会资本参与的国际化商业街区项目，望京小街仅用不到5个月的时间，就完成了从“脏乱差”到“新地标”的改造提升。

【案例小结】城市更新是一个考验多方关系协调、综合设计改造、持续服务运营能力的新领域，更需要多方合作持续运营、长久维护和与时俱进。万科结合政府开展的街区更新工作，致力于发挥市场主体的专业优势，响应号召、主动参与，结合片区发展、城市更新和街区治理的痛点，开展针对性提升改造，推动诉求不一的多主体完成共治共建。将望京小街的改造整治与紧邻商业办公区的升级焕新相融合，形成了宜居、宜商、宜业的街区级特色更新格局。由政府引导、社会资本参与、多方共建的精细化改造模式，成为北京望京街道改造提升以及城市更新的关键探索。

（二）北京市海淀区上地街道

上地街道位于北京市海淀区东北部，辖区总面积9.52平方千米，总人口超过10万人，是北京市重要的产业承载区。目前，该地区已逐步形成涵盖了电子信息、光机电一体化、生物工程与新医药、新材料及能源环保等国家重点发展领域的高科技产业化项目集聚，并拥有一流的规模化生产线和有自主知识产权的从事高精尖技术研发的名牌企业。同时，通过与清河街道布局的办公空间、五彩城等商业空间、西二旗等居住空间协同互补，逐步形成了功能良好、业态互补的产业集群。上地街道以工业、办公和居住用地为主，发展初期各个功能区分散布局，混合程度较低，加上北五环的交通隔离，导致上地街道与城市中心区，尤其是海淀科学城的空间联系较弱；辖区内低效、荒废的用地以及城中村导致空间利用效率低下，缺少多层次的商业服务和生活配套设施。为此，上地街道办联合区政府主动出击，通过政府的主动干预，积极协调园区内外各方用地利益关系，推动传统园区转型，带动辖区产业升级，尤其是促进生产性服务业的发展，从而逐步形成梯度规模的企业生态群。发展经验如下：

一是以开放式园区统筹辖区转型。打破原有园区边界，实现园区空间与城市空间的渗透与融合。针对不同园区实行差异化开放策略，大型园区向小型化、模块化园区转变，小型园区向开放、半开放园区转变，专业园区选择性开放部分园区功能，混合式园区全面实行空间开放，促进辖区的产业转型和园区转型发展。

二是引导园区功能和城市功能融合发展。围绕开放式科技园区建设要素，促进园区功能与城市功能深度融合，整合科技园区内部服务体系和周边城市服务体系。优化园区周边地区功能组织，一方面提高如国际化、高端化的商务配套服务；另一方面提高消费、休闲、娱乐场所等生活便利设施服务水平，促进园区功能和城市功能互容共通。

三是完善辖区城市功能。合理组织辖区内功能配比，局部实现职住就近平衡，减少钟摆式交通。提高辖区功能复合和土地利用混合，避免大面积园区集聚带来的早晚高峰通勤压力。增加公共交通设施，合理利用地下空间，缓解交通压力，提升空间利用效率。

四是引导园区产业转型升级。围绕辖区功能定位和产业定位，积极引导园区产业升级，依托特定或某几类高新技术产业链条，形成较为完善的产业集群，并通过“特定产业比例”“产业集中度”“税收密度”等指标严格控制园区入驻企业的发展方向。同时，保证一定程度产业多样性，引导和吸引周边产业、衍生产业的发展，形成产业集聚效应。

五是创新园区管理模式。在积极推动园区产业转型和集聚发展的基础上，将园区管理者纳入项目管理与协调团队中，积极探索公私合营的园区管理模式，对管理职责和权属进行重新协调，园区产业部分由企业主导，而配套功能部分则由政府或指定针对性制度给予保障，形成政府和园区齐抓共管的良好局面，以吸引更多的优势产业集聚发展。

（三）深圳市南山区粤海街道大冲村

大冲村城市更新项目占地面积68.4万平方米，改造前现状建筑物共有1337栋，总建筑面积约86.82万平方米，总人口6.9万人，其中有1000多户原住民和300多户外地居民。改造后项目总建设开发量为280万平方米，包括商场、写字楼、酒店、公寓及住宅等多种业态。在大冲村改造的前期阶段，深圳旧改仍为以政府主导推进的旧村改造模式。受当时政府对违法建筑的严厉态度影响与城中村改造指导政策限制，当时项目补偿方式以货币补偿为主，村内居民其次才能选择产权置换，置换比例不到1：0.8。而补偿价格基本采取评估方式确定，其结果远低于市场楼价，致使改造工作难以推进。2007年，南山区政府引入华润置地与大冲股份合作公司签署合作意向书，探索出“政府引导、市场运作、股份公司合作参与”的项目运作模式。最终确定其补偿标准仅区分原村民和外地居民不同比例，但均可选择产权置换，货币补偿也参考楼价进行提高。在政府、企业、业主代表三方联合推进的模式之下，最终实现了大冲村整体拆除重建的改造目标。

【案例小结】大冲村的改造运作模式是介于政府实施与完全市场化运作之间的过渡模式，是一种“政府引导、市场运作、股份公司合作参与”

模式。这种模式既能保证政府公权力的监督指导作用，又能发挥市场主体的资本优势，实现两种资源的最优化配置。大冲村的成功改造证明了该模式在城市更新项目开展过程中起到强有力的推动作用。在难以有效提升城市更新项目实施率的当下，大冲村旧改项目的运作模式对政府公权力如何合理、公正、有效地介入城市更新项目，如何充分发挥业主代表（股份合作公司）的正面积极作用，具有宝贵的借鉴和研究价值。

（四）深圳市龙岗区坂田街道

深圳市龙岗区坂田街道建成区面积约占全区面积的64%，未建区位于生态控制线外的可建设用地不足15%，辖区公共基础设施配套匮乏，第三产业发展滞后，农村住宅区建筑密度大、安全隐患多、环境卫生差。2012年，坂田街道华为科技城城市更新项目动工。在城市更新规划中，坂田中、坂田北拆除重建类与坂田南综合改造类城市更新项目面积占坂田街道总面积的一半以上。为此，坂田街道始终保持查违工作高压态势，积极介入佳华地产公司与个别业主的拆迁谈判工作，积极引入社会资本参与坂田街道文体等公共配套设施建设。

华为科技城纳入城市更新实施改造的有19个子单元，坚持落实“政府主导、市场运作”的原则，全力引进有实力、有经验的大品牌企业主导推进各社区旧村、旧厂的整体改造开发。坂田街道城市更新将“产、城、人”结合，积极推进辖区文化事业和文化产业发展，按照“东部和西部高新技术产业区、中部城市功能服务区、南部‘慢生活’文化休闲区、北部自然生态休闲区”规划，成片、科学、有序开发，坚持“重实力、重信誉、重进度、重品质、重均衡”的“五重”原则，及时叫停违反“成片开发”原则的小项目，并为地铁线预留足够的建设发展空间。坂田街道通过城市更新，促进了辖区产业优化升级、促进了社区经济转型升级、促进了城市功能升级、促进了社会建设水准提升。

【案例小结】坂田街道城市更新项目坚持政府、开发商、业主、村集体和专业规划机构共同参与的原则，强调利益共享、规划先行，达到多方共赢，积极引入社会资本参与坂田街道文体等公共配套设施建设。坂田街道将更新区域进行功能板块划分，做到了产业转型、城市转型和人的转型三结合，突出高标准规划，科学统筹城市更新时序，全面加快城市更新步伐，以城市基础设施一体化建设持续提升城市空间承载力，实现了产业升级、城市转型、百姓受惠。

（五）广州市荔湾区恩宁路永庆坊

永庆坊位于广州保存最完整和最长的骑楼街恩宁路的中段，是恩宁路“微改造”的首个试点项目。项目一期占地面积约8000平方米，建筑物约7000平方米，区内有李小龙祖居、神秘政客故居等文物保护单位，但因建成时间久远又缺乏修缮，区域内建筑物多为危旧房屋，基本完好的建筑仅剩7栋，有30栋为严重损坏房屋。2007年，广州市人民政府将恩宁路地块作为危房改造的试点项目，并开始陆续收回永庆片区内的危旧房屋。

永庆坊在最初的改造方案中是以拆除重建方式实施的，但由于社会各方意见强烈而暂停。2016年，荔湾区委、区政府在邀请多方机构学者对恩宁片区进行深入调研后，提出“政府主导，企业承办，居民参与”的微改造模式。永庆坊作为广州旧城“微改造”模式的首个试点项目开始公开招商，万科负责项目改造、建设和运营，运营期15年，期满后交回政府。永庆坊“微改造”后的老楼还保留着原有的砖墙、木门和窗格，除了粤剧艺术博物馆、八和会馆等广州著名景点，还增加了李小龙故居、民国大宅等，成为集众创办公、教育营地、长租公寓、生活配套等产业于一体的“创客小镇”，成为众多游客领略岭南文化、西关风味的打卡圣地。

【案例小结】经过后续多年的调研、多方沟通之后，恩宁路永庆坊确定了以历史文化保护优先为原则的微改造模式。永庆坊在微改造过程中更加强调多方主体参与，创新改造方式，充分体现各方在项目改造过程中的诉求以及最终达成利益平衡，最终实现政府、开发企业、业主方三方共赢的结果，提高旧城改造的综合效益。恩宁路永庆坊对老城区具有历史文化价值的建筑予以保留、修复、活化、培育，留住城市的文化记忆，坚持政府主导、规划引领，强调放管结合、市场导向的做法值得借鉴。

（六）香港深水埗

深水埗是香港最早发展的区域，但最老的建筑，如筒楼、棺材房、笼屋在这个地方大量分布，低收入群体往这里聚集，在城市改造过程中大量破旧立新的重建项目挤压了人们的生存空间。深水埗更新改造面临的重大问题有：一是老城区严重老化后建新城，这一类新城发展得很好，而老城区则逐渐只剩下老人以及无人修缮的破旧城区，逐步走向衰败的尽头；二是去产业化后人口逐渐迁移，原有城区或区域仍有基础的城市功能，但人口不断流出，区域价值越来越低，重建或活化都成了无水之源。相比而言，深水埗的问题要比内地大部分城市或区域复杂得多，重建支出巨大且难以平衡，大量独居老人更是故土难离，最深层次的问题就是城区严重老化及去工业化之后，无后继产业跟进。在经济利益主导以及全球化思维的指导下，香港还是拆拆拆和建建建。深水埗意识到重建这条路无法走通，选择了小规模、小成本、缓慢但可持续进行的大楼更新计划、交通改善计划，逐步改变旧城面貌，逐步引入产业更新。深水埗更新的三大关键在于：一是简化土地征集程序；二是有更多资源安置受影响的租户，在运作前五年提供1000个公屋单位；三是增加市建局重建项目的财政可行性。

【案例小结】城市更新更加基础的理解是对城市社会空间和经济利益进行再分配的动态重组过程，涉及多个利益群体，需要结合政府的力量、社会的力量做到多元利益的平衡和社会公平，这直接考验了城市政府的智慧。深水埗更新在公平补偿和公众参与两个方面做得很好，值得内地借鉴。

（七）波士顿创新城区“创新锚+”模式

波士顿创新城区位于美国马萨诸塞州波士顿都会区中心，查尔斯河沿岸。区内汇集了哈佛大学、麻省理工学院、美国国家航空航天局、微软、谷歌、辉瑞等高校研究机构和大量企业，形成了在全球领先的高新技术产业集群。波士顿创新城区城市空间更新改造依次经历了工业区、办公区，最终形成了集科创、居住、休闲、商业等功能于一体的波士顿创新城区。其主要经验有：一是创新锚点机构带动传统工业区转型办公区。1940—1970年，大部分制造业企业为了降低成本逐渐迁出该地区，留下了大量废弃土地和闲置厂房，工业区衰败。1960—1970年，麻省理工学院在政府推动下接收了部分闲置厂房和土地，将其改造为办公楼，互联网技术、新能源等大量初创型企业在此集聚，衰败工业区转型为办公区。二是成立创新机构为初创企业服务。

1999年，政府性质的剑桥创新中心（Cambridge Innovation Center, CIC）成立，为初创企业提供可支付的办公空间，降低初创企业生存成本；吸引了数十亿美元种子资金和后期投资，以及大量风险投资机构在该区域落户。三是创新空间政策支撑办公区逐步更新转型为创新城区。政府着力于为知识型企业和人才营造集办公、生活、娱乐于一体的城市环境。从2000年开始的城市更新政策，围绕建设城区功能混合、提升公共空间品质进行，满足知识型人才的住房和相关设施需求。

五、发展思路与基本原则

（一）发展思路

加快城市更新步伐，促进城区创新，将极大地有利于桂城街道打造粤港澳大湾区优质生活圈、建设广佛全域同城化核心区、提升佛山市中心城区发展能级、促进南海城乡融合高质量发展。为此需要以创新城区理念为指导，遵循“天时、地利、人和”，立足于桂城街道第三产业和创新发展优势、广佛同城化的关键通道、省市区街道各级领导和基层干部强有力的政策执行三大优势；坚持高标准规划和顶层设计、促进高端创新要素集聚、开放创新、强化服务支撑，延续城市文脉，打造国际一流营商环境的原则。依托广东省城乡融合发展改革创新实验区先行示范区建设，打造映月湖、千灯湖、文翰湖三大城乡融合示范片区，优化城市空间结构，推进产业创新升级，全面建设人城产文高度融合创新城区。

（二）基本原则

1. 坚持高标准规划和顶层设计

围绕粤港澳大湾区重要组成、禅南顺（三龙湾）高端创新集聚区核心、全球创客新都市示范区的战略定位，高标准编制《南海区桂城街道综合发展规划》。以顶层设计和统筹规划作为片区发展的“路线图”和“施工表”，以高层次的人才集聚来架构片区发展的支撑，以高品位的人居环境来彰显片区发展的魅力，以高质量的制度供给来激发片区发展的活力，推进片区经济社会相互促进、协调发展。

2. 依托现有产业基础，促进高端创新要素集聚

紧盯国内外高端产业发展前沿，汇聚海内外高端资源要素，促进各种创新要素的自由流动和优化组合，创新不同阶段金融产品的有效服务，优化提升产业配套条件和创新基础设施支撑建设等，为高端人才、产业集聚创新发展集聚动能。

3. 实施开放创新，激发市场活力

紧紧把握南海城乡融合发展改革创新实验区契机，以体制机制改革和制度创新激活内生动力。坚持全方位对外开放，不断提高“引进来”的吸引力和“走出去”的竞争力，依靠创新驱动，加快从劳动力数量红利向质量红利转换，形成有利于创新城区发展的科技生态圈，为构筑高端产业集群发展提供强大的动力支撑和活力源泉。

4. 强化服务支撑，打造国际一流营商环境

聚焦广佛极点建设重大需求，围绕城区发展困境和需要突破的政策，策划若干街道微改革事项，并加强与区级部门的衔接，争取全区科技创新、人才政策等方面的改革举措优先在辖区试点。切实推进2015年《南海区深化行政服务体系综合改革打造“一窗通办”工作方案》，积极践行行政审批服务“一窗通办”新模式，大力提升政府的服务质量和服务效率。

5. 保护历史文化，延续城市文脉

城市更新是更好保护历史文化、保障社会安全、提升城市价值的有效举措。城区更新需遵循城市机理、空间形态和特色风貌的融合，实现文化遗产与城市发展的融合、生态环境和人文环境的融合。城市在选择发展与保持文化传统之间，做出相应的平衡。加强对古文化、古建筑、历史风貌方面的保护，彰显人文底蕴，提升城市魅力。建议桂城街道在城市更新工作中保护、延续和传承好特有的历史文脉，为城市增添文化活力，留住城市记忆。

六、发展策略

（一）聚焦潜力要素，加快发展创新城区

一是夯实既有创新资源。借鉴创新城区“创新锚+”模式，以新开通的新交通为纽带，促进区域与季华实验室、筹建中的香港理工大学（佛山校区）、国家开放大学南海实验学院、广东理工职业学院南海校区、广东星

联、泓胜科技、金赋科技、瑞州科技、青松科技、天波信息技术，以及为数众多的科创企业加强交流，促进知识流动和创新，增强知识的溢出效应并提高创新效率。

二是提升映月湖片区物质空间资源和环境保护要素。映月湖片区目前除已建成的映月湖公园、一批新建住宅小区、商业综合体、行政办公和教育医疗设施外，有大面积的旧村居和村级工业园需要迁拆重建。“城市区域再造”模式类型的创新城区主要出现在靠近经济节点的旧村居、旧城镇、旧厂房范围内，充分利用拆改腾挪出的土地和具有地方历史文化的建筑留存点缀优势，实施综合更新改造，制定知识密集型用地政策，赋予其创业、居住、社交休闲功能，使其逐渐吸引知识型企业和人才在此集聚，引入创新经济活动，盘活衰败城市空间。

三是提升创新城区物质空间资源潜力。与国内的北京海淀区等创新城区相比较，映月湖片区在快速路网、轨道交通等通勤要素上还有比较大的差距。积极争取把广州如意坊放射线和广州地铁10号线南延至映月湖片区，实现映月湖片区与广州市中心和广州五山科教区快速通勤。

四是优化经济环境与创新氛围各要素潜力。映月湖区域要充分利用广佛桥头堡的地缘优势，引导更多来广州经商、旅游的中外游客进入。营造一个既有岭南乡土风情，又有时尚要素的文化商业旅游点线，建议沿映月湖环宇城、映月湖、儿童公园（平洲公园）、平洲大圩（永安路）、江滨网红打卡点、平东玉器城布置，沿线丰富绿化、休闲、有特色的网红点、儿童游乐、拍照、广府特色餐饮、西餐等设施。吸引本地人和广州人游玩，把本区域培育为广佛都市圈热点消费区域。

（二）实施四大工程，夯实城区创新动能

一是实施粤港澳大湾区、广佛间、区域内联动发展工程。①构建粤港澳大湾区“大金三角”。与深圳前海、珠海横琴联动对接，形成广佛湾—前海—横琴“大金三角”。大湾区大三角大联动，加快形成大湾区三足鼎立，相互支撑、相互促进发展的新格局。②形成广佛“金三角”。与白鹅潭联动发展，通过如意坊放射线，培育白鹅潭CBD—映月湖—三龙湾建设成为广佛发展极核合作区，媲美深港前海合作区、珠澳横琴合作区。③以千灯湖城市发展“轴线”为引领促进区域内联动。夯实桂城街道千灯湖片区的南海区城

市轴线定位，将“千灯湖城市轴线”打造成享誉国内外的城市地标、珠三角高品质城市客厅。推动千灯湖片区北延和东拓，依托广东金融高新区、广佛商贸城、里湖新城、三龙湾南海片区等空间节点，进一步延伸和拓展千灯湖城市中轴，不断提升城市品质和内涵，持续提高要素集聚和资源辐射能力。

二是城市交通便利先行工程。抢抓“双区驱动”战略机遇，以打造湾区枢纽区域为目标，锚定桂城街道作为南海重要交通枢纽，构建“广佛一体、多网合一、高效畅通”的立体交通体系。以“广佛为中心、区域为重点、各镇街联动”为基本策略，打造两个交通圈，融入广佛肇、珠江中、深莞惠三大都市圈1小时通勤圈，构建广佛核心区30分钟内互达、外围组团60分钟到达主副核心内部。加快推动南海新交通征拆及投入使用，打通海五西路、东信北路等断头路，实施南桂片区、广东金融高新区等区域慢行系统，建设高效便利的主干路网。

三是片区特色建设工程。①对标深圳前海，将千灯湖片区打造为金融服务区、金科产融合创新基地、高品质服务业集聚区，提升千灯湖金融服务水平和扩大产业聚集规模。②对接广州国际消费中心城市和粤港澳大湾区国际枢纽建设契机。将映月湖打造为高品质生活消费服务区，打造广佛都市客厅、品质生活之城、新兴产业社区。联动广佛湾，加速推进广佛人才聚集和同城化。③对准全球高科技产业应用转化成果，将三龙湾区域（文翰湖片区）打造成为全球技术创新和科研成果转化的集聚区；实质性抓好季华实验室、季华实验室加速器（平洲工业园）、文翰湖公园、三山森林公园等重点项目，全方位提升桂城街道新兴产业、科创平台和城市服务水平，如表8-3所示。

表8-3　片区特色建设对比

片区名称	片区模式	片区特征	片区定位
千灯湖创新片区	吸引金融机构及知名企业落户，围绕金融产业、总部办公、产业服务业、公共服务等方面提升片区城市品质。通过村级工业园和旧村居改造为创新城区的改造提供空间	片区集金融、科技、创新于一体。千灯湖创投小镇是广东省唯一专注创业投资行业发展的特色小镇。爱车小镇经过改造成为综合性汽车产业小镇。轨道交通方便，区位优势突出	千灯湖将建设金科产融合创新基地、高品质服务业集聚区。未来将继续围绕金融产业、总部办公、产业服务业、公共服务等方面提升片区城市品质

（续表）

片区名称	片区模式	片区特征	片区定位
映月湖创新片区	通过村级工业园和旧村居改造为新城区和新兴产业的建设提供空间。逐步推进实现创新城区的目标，通过“筑水脉、塑核心、造社群”等措施，形成“一心、一带、三脉”的城市生态空间结构，构建“一核多心”的公众生活框架，形成一核心、三平台、一小镇的产业空间布局	以单个地块功能复合、渗透城市的公共空间体系、具有本土特色场所体验为特点，建设平西时尚小镇、平洲玉器珠宝小镇等集玉文化高地、乐赏游圣地和居安康佳地于一体的“玉器珠宝产业特色小镇”	平洲水街、映月绿洲、众享小镇，以打造处于城市最繁华处，还原城市与水的亲密生活，营造传统与现代交融的居住场所为目标，定位广佛都市客厅、品质生活之城、新兴产业社区，未来片区着力发展公共服务、产业社区、玉器特色产业、文化旅游等方面
文翰湖创新片区	以季华实验室为引领，带动建设周围的产业园区。引入港澳及全球的资源，打造科技企业集聚地。利用村级工业园升级的土地，打造一个孵化器集聚区，吸引高科技项目企业落户	在核心片区有广东季华实验室；广佛之眼成为文翰湖国际科创小镇的城市标杆；核心区内的“明星地块”是高标准的生活区，该片区拥有方便的轨道交通，区位交通优势突出	成为佛山创新极核和粤港澳高端服务合作区。以季华实验室为引领，打造环文翰湖科创小镇，吸引高科技企业进驻，引领桂城传统产业转型升级

四是文商旅融合工程。利用广佛同城便利条件、广州国际消费中心城市、粤港澳大湾区国际消费枢纽建设的最佳契机，连线打造广府文化长廊和商旅线路，培育成为消费热点区域，打造粤港澳大湾区人城产文地标性标杆。沿桂城环宇城—映月湖—儿童公园—永安旧城（江宾网红打卡点）—玉器城，大力发展文旅产业，布局怡海美食都会、灯湖夜蒲西街、Hai city新经济小镇、夏滘粮仓文创园、澳门城印象小镇、爱车小镇、桂城电竞梦工场、叠水夜市、灯湖光亮工程、永安旧圩网红水岸、千灯湖创投小镇、平洲珠宝玉器特色小镇等多个网红打卡点，把文化、旅游、产业有机融合，提升城市综合竞争力与品牌影响力。

（三）优化产业布局，推进人产城文融合

一是促进产业创新与城市更新相融合。按照“定量、定线、定性、定链”的思路，确定桂城街道产业发展方向、产业空间总量、空间布局及产业链构建，对城市更新单元提出细致的管控与引导措施，并完成产业区块线的划定工作。通过多方法分析预测未来保障桂城街道实现高质量与可持续发展所需的产业用地底线规模，结合产业用地空间发展趋势，既有控制性详细规划及各类转型规划，划定产业社区与产业基地区块线，又能保障实体产业用地规模，把握城市更新的总体方向。

二是明确各城市更新单元的产业功能导向。科创产业和总部经济是桂城街道产业经济发展的重要方向。建议在既有产业规划基础上，进一步明确产业发展方向，以板块为基本单元形成规划产业地图。对主导产业的产业链条进行深入分析，发现其中薄弱环节，进行有针对性的“强链”“补链”“延链”，形成规划产业链条。进一步完善创新运作体系，匹配相应的创新产业载体，构建适宜产业创新的全生命周期的创新体系，进而明确各城市更新单元与产业区块线内的产业功能导向。

三是加强精准招商，将城市更新与产业生态城区建设有机结合。在充分利用粤港澳大湾区建设、广佛全域同城化、三龙湾高端创新集聚区建设等政策机遇与发展平台的基础上，结合各城市更新单元的产业功能区分，找准具体产业定位进行更加精准的招商引资。将城市更新、村级工业园整治与招商引资三者紧密结合起来，高标准、高质量建设一批产业生态社区，重点发展“金融+总部经济+科创文创研发”产业，建设金科产融合创新基地，打造粤港澳大湾区高品质服务业集聚区，促进桂城街道发展成为佛山市高质量发展标杆区域，丰富高质量建设广东省城乡融合发展改革试验区经验，把桂城街道建设成为佛山城市面貌最亮丽的区域。

（四）改善城市空间，实现三生共融发展

一是完善城市基础设施体系。①桂城街道需立足广佛同城化，强化广佛同城交通基础设施的“互联互通”，积极融入粤港澳大湾区交通枢纽建设。②在轨道交通方面，配合推进佛山地铁 2号线、3号线、4号线、11号线

建设，加速对接广州地铁10号线、19号线及28号线，加快推动长江路东延、番海大桥连接、清风路东延、夏东路北延等基础设施建设。③加快实施南海新型公共交通试验段工程，提升映月新城和三龙湾南海片区的轨道交通便捷性，将桂城街道东、中、西部串联起来，使桂城街道更好地吸纳资源，真正实现跨境效应。

二是提升公共文化服务质量。发挥桂城街道教育“金字招牌”优势，补齐幼儿园教育短板，推进各片区基础教育高质量均衡发展。推进“公园城市”战略实施，落实半月岛公园、三山森林公园、高铁公园、映月湖扩建、63千米长的滨河景观带等一批重大项目；建设一批社区体育公园，推动各类公益体育场馆实现80%惠民开放，着力打造“15分钟体育休闲生活圈”，如图8-6所示。积极引进高端医疗、养老服务机构，加强与广州市三甲医院的合作办医，构建优质高效的医疗联合体。加快公共文化设施建设，推进映月文化中心建设，不断扩大千灯湖音乐节、国际美食节等品牌活动的影响力，提升桂城街道的城市文化魅力。促进桂城街道成为宜居、宜业、宜游、宜乐的创新城区，吸引更多的高端人才集聚，在此创业生活发展，并以此培育广佛同城消费热点区域。

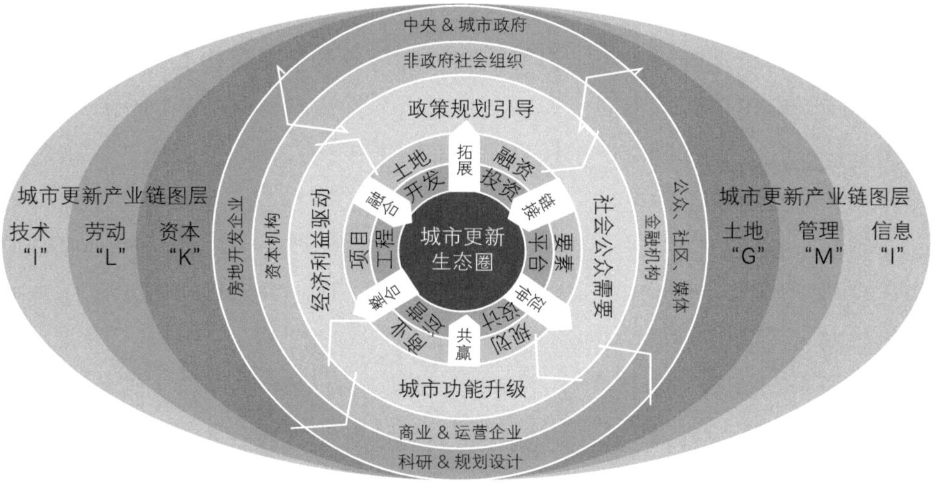

图8-6　桂城街道城市更新“生态圈”

三是提高城市综合治理水平。创新城市治理方式，探索运用新理念、新技术、新平台进行城市治理，加强精细化管理，实现精治、共治、法治，以全域统筹方式提高治理效率。进一步推动基层治理创新，持续深化党员志愿服务、“关爱桂城”工作、“熟人社区”建设等工作，动员街道更多职能部门和社会力量，打造共建共治共享的社会治理大格局。科学应用大数据、5G、区块链、物联网等高新技术手段，依托于“南海区城乡融合大数据治理平台”，实现各片区大数据治理平台、城市大脑、网格化平台之间的互联互通，构建起“终端感知—数据分析—治理”的闭环管理，搭建“社区大脑”为基层赋能减负。

四是统筹谋划多片区联动开发。加快推动夏北社区整村改造试点，总结连片改造经验。做好连区整合意愿的摸底工作，对跨社区（村）相邻地块，协调利益分成；鼓励跨社区（村）联合报建开发，适当提高连片改造项目的补偿标准。以特色小镇或具体项目为创新锚，打破单一项目零散问题，促进各方利益集中布局，推动连片规模化改造。提高土地整备效率，探索政府回收部分土地、土地权利人留用部分土地或置换物业等多种方式，盘活存量低效用地。

（五）突出要素保障，持续增强发展后劲

一是积极拓展项目融资渠道。将建设用地入市调节金纳入融资平台，加强融资支持改造能力。鼓励银行业和投资行业等金融机构支持社会资本参与桂城街道城市更新。参照公益性项目退出补偿机制，进一步细化社会资本退出补偿机制，发挥融资性担保机构对非园区权利人参与园区改造的融资担保作用，减少其参与改造的后顾之忧。鼓励社会资本以包括BOT（建设—运营—移交）、BIT（建设—租赁—移交）、LBO（租赁—建设—经营）等PPP模式参与厂房、污水处理、道路建设等合资、合作；鼓励以引进专业化公司提供“嵌入式”服务的方式吸引社会资本。

二是全面推动公有资产连片改造。梳理现有的租地自建、转租、混合开发、公有资产与村集体资产共同出租、出让、托管等多元做法，复制推广瀚天科技城、天富科技城、夏南二新经济小镇等经验，以公有资产撬动村集体、社会资本参与改造，积极推动叠滘片区、大圩片区、雷岗片区等旧城改造。同时，鼓励国有企业示范带头推出复垦复绿类系列项目，适当加大对无明显经济效益“复垦复绿”改造类型财政补偿力度。

三是推进科技资本与金融资本深度融合。以支柱性创新机构为核心，推进创新商业化、市场化相关的企业集聚形成高端研发机构，打造一个集聚研发机构、创业企业孵化器及支持机构的宜居宜业的城市空间。通过建设桂城—南海—佛山合作带、人民南时尚消费脉、桂城都市创新绿脉的设计策略，推动“以站促城”，使城市结构从核心—边缘式结构发展为多个重要节点共同发展的网络式结构。引入跨国公司，促使总部、金砖资本成为城市核心，建设中央商务区，形成金融资本占主导的中心化城市结构。

四是稳定城市更新预期。保持地价稳定，明确规划出多种不同类型用地价格浮动标准，在允许用地价格灵活上下浮动的同时，也要明确规定浮动区间；分别制订国有旧厂房和村级工业园安置补贴标准。保持城市更新政策延续性和项目可持续性。

（六）加大改革力度，创新利益协调机制

一是合理争取土地利用改革管理权限。争取控规修编等审批权委托下放。村级工业园改造项目涉及的控规调整，多数属于局部调整、技术修正，也涉及控规修编。建议将控制性详细规划修编、局部调整、技术修正审批权委托下放，在控规中需要落实的生态控制线、绿地绿线、蓝线、棕线等各类管控线，其调整审批权限也一并委托下放。涉及市级职能部门审批的重大更新项目审批事项，区相关职能部门提请市级职能部门开辟绿色通道，加快审批进度。

二是争取连片土地调整和混合开发试点。借鉴北京、广州、深圳等地的成熟做法，将工业用地划分为新型产业用地（M0）和普通工业用地（M1），推动试点“M1+M0”混合开发模式。建议区政府提请市以及省国土部门支持，按构建城乡统一的建设用地市场原则，对连片相邻的不同土地性质（集体和国有）、不同权益主体（政府储备和村居留用地）、不同土地用途（除“三旧”改造协议转功能项目外，不鼓励住宅用地与其他用途用地混合供应）的多宗集体、国有建设用地空间调整、混合开发，推动更新项目连片改造。

三是从区级层面优化城市更新审批流程。建议出台《佛山市南海区优化城市更新审批流程工作指引（试行）》，优化城市更新工作机制，通过一站

式服务、关联业务同时申报、并联审批、容缺审批、信任审批、压缩办文时限等方式，推动相关职能部门优化项目审批流程。允许单元规划（含控规）和编制实施方案同时申报，实行并联审批制度。若项目涉及控规调整且实施方案未批复，允许将实施方案与控规调整必要性论证报告、控规调整方案相结合进行同步编制，并联开展相关审查审批手续。

四是建立科学的综合评价和考核机制。参照浙江等地“亩均论英雄”综合评价机制，建议优化桂城街道村级工业园评价机制，从区位情况、开发程度、利用强度、用地结构、产出效益、产权情况、建设情况、手续完善情况、租金租约、产业门类、环境效益等方面，对街道村级工业园实施评价。同时创新城市更新考核方式，建立权责对等的工作任务分配及考核方式，对南海各街道实行差异化考核；按照年度任务分配，适当增加重点更新项目数量；针对经济可行性差的历史遗留项目，支持开展控制性规划优化工作。

五是推进旧城镇改造，打造城市更新样本。为降低征拆社会长期成本，提升居民长远利益和改善整体环境，建议出台相关政策支持旧城镇更新改造，将旧村居改造政策应用于旧城镇改造。建议借鉴香港市区重建局的经验，申请强制售卖令的比例设定在90%。借鉴广州做法，将城市更新活动分为全面改造和微改造等两种大的方式进行统筹管理，构建基于现有土地产权关系和利益再分配的沟通协商机制，把政府、开发企业、业权人等不同主体的利益诉求放置在城市更新空间规划的平台上磋商解决，实现城市土地、空间的节约集约化利用。借鉴爱车小镇的经验，鼓励实施跨性质、跨用途、跨空间的混合开发模式推动旧城镇改造，调动各方参与改造的积极性。

政策篇

Zhengce Pian

第九章
我国促消费助发展的政策汇总（2020—2021年）

一、《商务部关于进一步做好当前商务领域促消费重点工作的通知》

商务部关于进一步做好当前商务领域促消费重点工作的通知

商消费函〔2021〕491号

各省、自治区、直辖市、计划单列市及新疆生产建设兵团商务主管部门：

消费是经济增长的重要引擎，是人民对美好生活需要的直接体现。2021年以来，消费市场总体呈现稳步恢复态势，但恢复不均衡、基础不稳固，7月下旬以来国内疫情多点散发，对消费市场又带来新的影响。为抓住“金九银十”、岁末年初消费旺季有利时机，在落实落细各项常态化疫情防控措施的基础上，扎实推进商务领域促消费重点工作，确保2021年下半年和2022年上半年消费运行在合理区间，更好服务构建新发展格局，现就有关事项通知如下：

一、重点任务

（一）加力稳住大宗消费重点消费

（1）促进新车消费。加快推动汽车由购买管理向使用管理转变，破除制约汽车购买使用障碍，释放汽车消费潜力。支持新能源汽车加快发展，会同相关部门深入开展新能源汽车下乡活动。

（2）扩大二手车消费。鼓励二手车经销企业品牌化、连锁化经营，推动流通模式创新。加快推进二手车异地交易登记跨省通办。推动落实取消二手车限迁政策。积极协调配合相关部门依法加强二手车市场监管，规范市场秩序。支持符合条件的企业开展二手车出口业务，有序扩大二手车出口规模。

（3）促进家电家具家装消费。会同相关部门，加快健全废旧家电回收处理体系，健全回收网络，优化回收渠道，促进家电更新消费；引导消费者增强家电安全使用和节能环保意识、及时更换超过安全使用年限的老旧家电；鼓励居民小区利用闲置房屋设置周转住房、家电家具临时存放场所，方便居民开展家庭装修。

（4）提振餐饮消费。推动餐饮服务提质升级，鼓励餐饮企业丰富提升菜品、提高服务水平、创新经营模式。鼓励品牌餐饮企业连锁化、标准化、集约化发展，加快餐饮企业数字化赋能。鼓励各地深入挖掘传统烹饪技艺，加强对地方传统美食的宣传推广，打造特色品牌。推动餐饮业绿色低碳发展。

（二）促进新型消费加快发展

（5）发展新业态新模式新场景。支持传统商业企业加快数字化、智能化改造和跨界融合，鼓励发展智慧商店、无接触配送、到家服务等，推进线上线下更广更深融合。支持鼓励传统商业场所、闲置厂房、体育场馆等改造为多功能、综合性新型消费载体，打造沉浸式、体验式、互动式消费场景。因地制宜建设夜间消费集聚区，丰富夜间消费场景和供给。

（6）促进线上消费健康发展。推动直播电商、社交电商等新业态新模式规范健康持续发展，引导企业运用大数据等技术，开展个性化定制、柔性化生产，培育更多“小而美”网络品牌。实施生活服务数字化赋能行动，加快促进生活服务业上线上云。

（7）促进品牌品质消费。鼓励商圈、步行街、大型商贸流通企业引进国内外品牌首店、旗舰店、体验店，开展新品首发首秀、时尚周、品牌秀、创意展等活动。鼓励老字号传承和创新传统技艺，推出更多富含时尚元素、符合消费者需求的产品和服务，积极拓展线上销售渠道，不断提升市场竞争力。落实好海南离岛旅客免税购物政策。

（8）壮大绿色循环消费。推动绿色商场创建，鼓励发展“互联网+旧货”“互联网+回收”等新业态新模式。鼓励有条件的地区对居民淘汰国三及以下排放标准汽车并购买新车，淘汰旧家电家具并购买绿色智能家电、环保家具给予补贴。

（9）扩大进口消费。促进跨境电商进口健康持续创新发展。充分发挥中国国际进口博览会、中国进出口商品交易会等重要展会平台作用，扩大优质消费品进口。鼓励大型商贸流通企业、电商平台设置进口产品销售专柜、专区，促进进口商品销售。

（三）优化提升消费平台载体

（10）加快推进国际消费中心城市培育建设。首批培育城市要按照总体方案和实施方案要求，准确把握政府引导、市场运作，问题导向、突出特色，科学布局、循序渐进基本原则，围绕聚集优质消费资源、建设新型消费商圈、推动消费融合创新、打造消费时尚地标、加强消费环境建设、完善消费促进机制等重点任务，扎实推进培育建设工作，充分发挥示范引领和辐射带动作用。

（11）加快实施城市商业提升行动。鼓励各地打造一批人气旺、特色强、有文化底蕴的特色商圈、特色街区。加快建设一刻钟便民生活圈，推动便利店、菜市场、早餐店、维修点等便民商业设施进社区，支持有条件的社区改造提升商业中心、邻里中心等综合服务设施。

（12）深入实施县域商业建设行动。建立完善县域统筹、以县城为中心、乡镇为重点、村为基础的农村商业体系，完善县城商业设施，推动建设改造一批乡镇商贸中心，改造提升农村传统商业网点。进一步扩大农村电商覆盖面，完善县乡村三级物流配送体系，大力发展共同配送。完善农产品流通骨干网，加快补齐冷链设施短板。结合农村传统节日，组织开展丰收节、民俗节、采摘节、赏花节、美食节等乡村特色促消费活动，吸引城市居民下乡消费。

（13）组织开展好重点促消费活动。组织开展品牌商品产销对接活动，引导特色品牌进街区、进商超、进平台，促进品牌消费。继续办好“中华美食荟”活动，打造餐饮消费新热点。持续办好“老字号嘉年华”活动，线上线下联动，营造老字号消费氛围。

（14）开展常态化促消费活动。在做好疫情防控前提下，抓住中秋、国庆、元旦、春节等消费旺季，聚焦汽车、家电、家居、餐饮等重点领域，组织开展商旅文体融合、线上线下结合、城乡区域联动的各类促消费活动，以节聚势，以节兴市，以节兴商，进一步提升市场人气，释放消费潜力。

二、保障措施

（一）加强组织领导

各地要牢固树立以人民为中心的发展思想，坚定实施扩大内需战略，坚持系统观念，坚持问题导向，统筹做好疫情防控和消费促进工作，推动消费持续稳定恢复。抓住消费市场进入传统旺季的有利时机，制定促消费工作专项方案，明确重点任务，压实工作责任，加强督促检查，确保各项举措落到实处。加强典型经验总结提炼和复制推广，充分发挥示范引领作用。加强宣传引导，及时对消费市场运行情况、促消费工作举措及成效等进行宣传报道，营造良好舆论氛围。

（二）强化政策支撑

加强部门沟通协调，抓好提振大宗消费重点消费、促进释放农村消费潜力等已出台政策措施贯彻落实，聚焦难点堵点，研究出台新的促消费工作举措。落实好《商务部等6部门关于支持线下零售、住宿餐饮、外资外贸等市场主体纾困发展有关工作的通知》（商财函〔2021〕442号）要求，推动相关行业持续恢复。积极协调财政部门，加大对批发零售、住宿餐饮等受疫情影响较大行业的支持力度。优化服务业发展资金支持方向，加大对农产品供应链、统计监测、应急保供等工作支持力度。推动落实商务部与相关金融机构签署的一系列合作协议，积极协调金融机构加大对经营困难商贸流通企业特别是小微企业信贷支持力度，推出适合行业特点的小额度、短期限、多频次、快放贷、轻担保的专项融资产品。

（三）抓好疫情防控

统筹发展和安全，树牢底线思维，建立健全常态化疫情防控机制，营造安全放心消费环境。指导督促各类商贸流通企业按照疫情防控要求和相关行业防控指南，落实好各项防控措施，加强经营场所通风、消毒和清洁卫生，严格执行入场体温检测、健康码查验、佩戴口罩等要求，控制客流密度，把好疫情防控关。切实做好各类促消费活动疫情防控工作，制定专项预案，抓好组织实施，确保活动安全顺利举行。抓好商贸领域安全生产工作，压紧压实安全生产责任，落实落细安全防范措施。

（四）夯实工作基础

深入开展调查研究，全面掌握消费市场新情况、新问题、新需求、新动向，准确研判消费发展趋势。完善统计监测体系，统一样本企业及数据应用口径，充分运用大数据等手段，加强市场监测和预警预测，及时发现报告市场异常波动并妥善处置，提升应急响应速度。完善应急保供体系，优化储备品类、规模和结构，健全部门协作、联保联供等工作机制，统筹做好防疫保供、节日市场保供、重要商品保供等工作，确保生活必需品不脱销、不断档。完善商务信用体系，组织开展好“诚信兴商宣传月”活动。完善流通标准体系，加强地方标准制修订，抓好标准宣贯实施。

二、《商务部等12部门关于提振大宗消费重点消费促进释放农村消费潜力若干措施的通知》

商务部等12部门关于提振大宗消费重点消费促进释放农村消费潜力若干措施的通知

（2021 年 1 月）

各省、自治区、直辖市、计划单列市人民政府及新疆生产建设兵团，国务院有关部门：

为贯彻国务院常务会议部署，进一步促进大宗消费、重点消费，更大释放农村消费潜力，现就有关事项通知如下：

一、稳定和扩大汽车消费

（1）释放汽车消费潜力。优化汽车限购措施，各有关城市要结合经济社会发展情况以及城市交通拥堵程度、污染治理目标、交通需求管控效果等，对现行非营运小客车指标摇号、拍卖等制度进行优化完善，推动由购买管理向使用管理转变；顺应消费升级需求，进一步增加号牌指标投放，优先满足无车家庭需要。开展新一轮汽车下乡和以旧换新，鼓励有条件的地区对农村居民购买3.5吨及以下货车、1.6升及以下排量乘用车，对居民淘汰国三及以下排放标准汽车并购买新车，给予补贴。（发展改革委、工业和信息化

部、公安部、生态环境部、交通运输部、商务部按职责分工负责，地方各级人民政府负责）

（2）改善汽车使用条件。结合城镇老旧小区改造、城市居住社区建设补短板等城市更新工作，加快小区停车位（场）及充电设施建设。在保障城市生态和安全的条件下，经科学论证，可合理利用公园、绿地等场所地下空间建设停车场，利用闲置厂房、楼宇建设立体停车场，按照一定比例配建充电桩。鼓励充电桩运营企业适当下调充电服务费。加快推进车联网（智能网联汽车）基础设施建设和改造升级，开展自动驾驶通勤出行、智能物流配送等场景示范应用。（发展改革委、工业和信息化部、住房城乡建设部、交通运输部按职责分工负责，地方各级人民政府负责）

（3）优化汽车管理和服务。优化机动车安全技术检验机构资质认定条件，试点推行一类、二类汽车维修企业等具备条件的机构通过计量认证后依法开展非营运小微型载客汽车检验。鼓励具备条件的加油站发展非油品业务，提供汽车维修保养、清洗美容及简餐、应急药箱、手机充电、免费开水等便民服务，加快向综合服务站转型；将全自动洗车机列入加油站设备设施管理范畴，不纳入城市违章建筑物管理。鼓励高速公路服务区丰富商业业态，提升商品和服务供给品质，打造交通出行消费集聚区。（市场监管总局、公安部、住房城乡建设部、交通运输部、商务部按职责分工负责，地方各级人民政府负责）

二、促进家电家具家装消费

（4）激活家电家具市场。鼓励有条件的地区对淘汰旧家电家具并购买绿色智能家电、环保家具给予补贴。（地方各级人民政府负责）

（5）支持废旧物资回收体系建设。合理设置废旧大宗商品回收处理中心、回收运输中转站，按照城市公共基础设施给予保障。鼓励发展“互联网+废旧物资回收”、家电家具租赁等新模式。鼓励居民小区设置废旧家具临时堆放场所，放宽废旧物资回收车辆、家具配送车辆进城、进小区限制。（发展改革委、住房城乡建设部、商务部按职责分工负责，地方各级人民政府负责）

三、提振餐饮消费

（6）释放餐饮消费潜力。完善相关扶持政策，促进绿色餐饮发展，加快培育绿色餐饮主体。鼓励各地因地制宜开展各类线上线下餐饮促消费活动，完善餐饮服务标准，支持以市场化方式推介优质特色饮食，提升市场人气，提振消费信心。鼓励餐饮企业丰富提升菜品，加快创新经营模式，加强与网络平台合作，推动"互联网+餐饮"发展。（商务部牵头负责）

四、补齐农村消费短板弱项

（7）完善农村流通体系。以扩大县域乡镇消费为抓手带动农村消费。加强县域乡镇商贸设施和到村物流站点建设。打造县域电商产业集聚区，拓宽农产品进城渠道。引导农村商贸企业与电商深度融合，优化工业品下乡网络。发展县乡村共同配送，推动降低物流成本。鼓励大型商贸企业在乡镇布点，推动农商旅文消费集聚。强化农村电商主体培育，引导返乡入乡人员创业创新和农民就地创业创新。推动农产品供应链转型升级，完善农产品流通骨干网络。（发展改革委、财政部、农业农村部、商务部按职责分工负责，地方各级人民政府负责）

（8）加快发展乡镇生活服务。支持建设立足乡村、贴近农民的生活消费服务综合体，提供购物、餐饮、休闲娱乐、农产品收购、农产品加工、商品配送、废旧物资回收等多种服务，把乡镇建成服务农民的区域中心。（发展改革委、农业农村部、商务部按职责分工负责，地方各级人民政府负责）

（9）优化农村消费环境。建立健全跨部门协同监管机制，下沉执法监管力量，依法打击假冒伪劣、虚假宣传、价格欺诈等违法行为，规范农村市场秩序。依托乡镇人民政府健全基层消费维权网络体系，引导设立消费维权服务站，及时调解处理消费纠纷。（市场监管总局牵头负责）

五、强化政策保障

（10）完善惠企政策措施。鼓励各地通过财政补助、金融支持等手段推动非国有房屋出租人加大租金减免力度；允许连锁企业单个门店享受小微企业租金减免政策。推动流通企业工商用电同价政策尽快全面落实，支持具备条件的转供电用户改为直供电，严查转供电主体电价违法行为，确保电费优惠政策落到实处。鼓励有条件的地区对受疫情冲击严重的流通企业给予专项补贴。（发展改革委、住房城乡建设部、人民银行、市场监管总局按职责分工负责，地方各级人民政府负责）

（11）加大金融支持力度。鼓励金融机构加大对流通行业市场主体特别是小微企业和个体工商户的金融支持力度，增加免抵押、免担保信用贷款投放。鼓励金融机构在依法合规、风险可控的前提下，规范创新消费信贷产品和服务，加大对居民购买新能源汽车、绿色智能家电、智能家居、节水器具等绿色智能产品的信贷支持。鼓励相关保险机构为企业开展信用销售提供风险保障。（人民银行、银保监会按职责分工负责）

各地区、各有关部门要切实加强组织领导，明确责任分工，细化工作举措，推动相关政策措施尽快落地见效，进一步促进消费回升和潜力释放。

三、《国务院办公厅关于以新业态新模式引领新型消费加快发展的意见》

国务院办公厅关于以新业态新模式引领新至消费加快发展的意见

国办发〔2020〕32号

各省、自治区、直辖市人民政府，国务院各部委、各直属机构：

近年来，我国以网络购物、移动支付、线上线下融合等新业态新模式为特征的新型消费迅速发展，特别是今年新冠肺炎疫情发生以来，传统接触式线下消费受到影响，新型消费发挥了重要作用，有效保障了居民日常生活需要，推动了国内消费恢复，促进了经济企稳回升。但也要看到，新型消费领域发展还存在基础设施不足、服务能力偏弱、监管规范滞后等突出短板和问题。在常态化疫情防控条件下，为着力补齐新型消费短板、以新业态新模式为引领加快新型消费发展，经国务院同意，现提出以下意见。

一、总体要求

（一）指导思想

在以习近平同志为核心的党中央坚强领导下，以习近平新时代中国特色社会主义思想为指导，全面贯彻党的十九大和十九届二中、三中、四中全会精神，坚持稳中求进工作总基调，坚持新发展理念，坚持以供给侧结构性改革为主线，坚持以改革开放为动力推动高质量发展，扎实做好“六稳”工作，全面落实“六保”任务，坚定实施扩大内需战略，以新业态新模式为引领，加快推动新型消费扩容提质，坚持问题导向和目标导向，补齐基础设施和服务能力短板，规范创新监管方式，持续激发消费活力，促进线上线下消费深度融合，努力实现新型消费加快发展，推动形成以国内大循环为主体、国内国际双循环相互促进的新发展格局。

（二）基本原则

坚持创新驱动、融合发展。深入实施创新驱动发展战略，推动技术、管理、商业模式等各类创新，加快培育新业态新模式，推动互联网和各类消费业态紧密融合，加快线上线下消费双向深度融合，促进新型消费蓬勃发展。

坚持问题导向、补齐短板。针对新型消费基础设施不足、服务能力偏弱等问题，充分调动中央和地方两个积极性，进一步加大软硬件建设力度，加强新装备新设备生产应用，优化新型消费网络节点布局，加快补齐发展短板。

坚持深化改革、优化环境。以深化“放管服”改革、优化营商环境推动新型消费加快发展，打破制约发展的体制机制障碍，顺应新型消费发展规律创新经济治理模式，系统性优化制度体系和发展环境，最大限度激发市场活力。

坚持市场主导、政府促进。使市场在资源配置中起决定性作用，以市场需求为导向，顺应居民消费升级趋势，培育壮大各类新型消费市场主体，提升新型消费竞争力。更好发挥政府作用，为新型消费发展提供全方位制度和政策支撑。

（三）主要目标

经过3～5年努力，促进新型消费发展的体制机制和政策体系更加完善，通过进一步优化新业态新模式引领新型消费发展的环境、进一步提升新型消费产品的供给质量、进一步增强新型消费对扩内需稳就业的支撑，到2025年，培育形成一批新型消费示范城市和领先企业，实物商品网上零售额占社会消费品零售总额比重显著提高，“互联网+服务”等消费新业态新模式得到普及并趋于成熟。

二、加力推动线上线下消费有机融合

（四）进一步培育壮大各类消费新业态新模式

建立健全“互联网+服务”、电子商务公共服务平台，加快社会服务在线对接、线上线下深度融合。有序发展在线教育，推广大规模在线开放课程等网络学习模式，推动各类数字教育资源共建共享。积极发展互联网健康医疗服务，大力推进分时段预约诊疗、互联网诊疗、电子处方流转、药品网络销售等服务。深入发展在线文娱，鼓励传统线下文化娱乐业态线上化，支持互联网企业打造数字精品内容创作和新兴数字资源传播平台。鼓励发展智慧旅游，提升旅游消费智能化、便利化水平。大力发展智能体育，培育在线健身等体育消费新业态。进一步支持依托互联网的外卖配送、网约车、即时递送、住宿共享等新业态发展。加快智慧广电生态体系建设，培育打造5G条件下更高技术格式、更新应用场景、更美视听体验的高新视频新业态，形成多元化的商业模式。创新无接触式消费模式，探索发展智慧超市、智慧商店、智慧餐厅等新零售业态。推广电子合同、电子文件等无纸化在线应用。（国家发展改革委、教育部、工业和信息化部、交通运输部、商务部、文化和旅游部、国家卫生健康委、广电总局、体育总局、国家邮政局、国家药监局等部门按职责分工负责）

（五）推动线上线下融合消费双向提速

支持互联网平台企业向线下延伸拓展，加快传统线下业态数字化改造和转型升级，发展个性化定制、柔性化生产，推动线上线下消费高效融合、大中小企业协同联动、上下游全链条一体发展。引导实体企业更多开发数字化产品和服务，鼓励实体商业通过直播电子商务、社交营销开启“云逛街”等新模式。加快推广农产品“生鲜电子商务+冷链宅配”“中央厨房+食材冷链配送”等服务新模式。组织开展形式多样的网络促销活动，促进品牌消

费、品质消费。（国家发展改革委、工业和信息化部、住房城乡建设部、农业农村部、商务部、国家邮政局等部门按职责分工负责）

（六）鼓励企业依托新型消费拓展国际市场

推动电子商务、数字服务等企业“走出去”，加快建设国际寄递物流服务体系，统筹推进国际物流供应链建设，开拓国际市场特别是“一带一路”沿线业务，培育一批具有全球资源配置能力的国际一流平台企业和物流供应链企业。充分依托新型消费带动传统商品市场拓展对外贸易、促进区域产业集聚。持续提高通关便利化水平，优化申报流程。探索新型消费贸易流通项下逐步推广人民币结算。鼓励企业以多种形式实现境外本土化经营，降低物流成本，构建营销渠道。（国家发展改革委、交通运输部、商务部、人民银行、海关总署、税务总局、国家邮政局、国家外汇局等部门按职责分工负责）

三、加快新型消费基础设施和服务保障能力建设

（七）加强信息网络基础设施建设

进一步加大5G网络、数据中心、工业互联网、物联网等新型基础设施建设力度，优先覆盖核心商圈、重点产业园区、重要交通枢纽、主要应用场景等。打造低时延、高可靠、广覆盖的新一代通信网络。加快建设千兆城市。推动车联网部署应用。推动城市信息模型（CIM）基础平台建设，支持城市规划建设管理多场景应用，促进城市基础设施数字化和城市建设数据汇聚。加大相关设施安全保障力度。（国家发展改革委、工业和信息化部、自然资源部、住房城乡建设部等部门按职责分工负责）

（八）完善商贸流通基础设施网络

建立健全数字化商品流通体系，在新兴城市、重点乡镇和中西部地区加快布局数字化消费网络，降低物流综合成本。提升电商、快递进农村综合水平，推动农村商贸流通转型升级。补齐农产品冷链物流设施短板，加快农产品分拨、包装、预冷等集配装备和分拨仓、前置仓等仓储设施建设。推进快递服务站、智能快件箱（信包箱）、无人售货机、智能垃圾回收机等智能终端设施建设和资源共享。推进供应链创新应用，开展农商互联农产品供应链建设，提升农产品流通现代化水平。鼓励传统流通企业向供应链服务企业转

型。（国家发展改革委、住房城乡建设部、交通运输部、农业农村部、商务部、国家邮政局等部门按职责分工负责）

（九）大力推动智能化技术集成创新应用

在有效防控风险的前提下，推进大数据、云计算、人工智能、区块链等技术发展融合，加快区块链在商品溯源、跨境汇款、供应链金融和电子票据等数字化场景应用，推动更多企业“上云上平台”。积极开展消费服务领域人工智能应用，丰富5G技术应用场景，加快研发可穿戴设备、移动智能终端、智能家居、超高清及高新视频终端、智能教学助手、智能学伴、医疗电子、医疗机器人等智能化产品，增强新型消费技术支撑。（国家发展改革委、工业和信息化部、人民银行、广电总局、银保监会等部门按职责分工负责）

（十）安全有序推进数据商用

在健全安全保障体系的基础上，依法加强信息数据资源服务和监管。加大整合开发力度，探索数据流通规则制度，有效破除数据壁垒和“孤岛”，打通传输应用堵点，提升消费信息数据共享商用水平，更好为企业提供算力资源支持和优惠服务。探索发展消费大数据服务。（国家发展改革委、工业和信息化部、国家统计局等部门按职责分工负责）

（十一）规划建设新型消费网络节点

围绕国家重大区域发展战略打造新型消费增长极，培育建设国际消费中心城市，着力建设辐射带动能力强、资源整合有优势的区域消费中心，加强中小型消费城市梯队建设。规划建设城乡融合新型消费网络节点，积极发展“智慧街区”“智慧商圈”。深化步行街改造提升工作，鼓励有条件的街区加快数字化改造，提供全方位数字生活新服务。优化百货商场、购物中心、便利店、农贸市场等城乡商业网点布局，引导行业适度集中。完善社区便民消费设施，加快规划建设便民生活服务圈、城市社区邻里中心和农村社区综合性服务网点。（国家发展改革委、工业和信息化部、自然资源部、住房城乡建设部、农业农村部、商务部等部门按职责分工负责）

四、优化新型消费发展环境

（十二）加强相关法规制度建设

出台互联网上网服务管理政策，规范行业发展。顺应新型消费发展规律，加快出台电子商务、共享经济等领域相关配套规章制度，研究制定分行业分领域的管理办法，有序做好与其他相关政策法规的衔接。推动及时调整不适应新型消费发展的法律法规与政策规定。（国家发展改革委、工业和信息化部、司法部、商务部、市场监管总局等部门按职责分工负责）

（十三）深化包容审慎和协同监管

按照包容审慎和协同监管原则，为新型消费营造规范适度的发展环境。强化消费信用体系建设，构建以信用为基础的新型监管机制。完善跨部门协同监管机制，实现线上线下协调互补、市场监管与行业监管连接互动，加大对销售假冒伪劣商品、侵犯知识产权、虚假宣传、价格欺诈、泄露隐私等行为的打击力度，着力营造安全放心诚信消费环境，促进新型消费健康发展。（国家发展改革委、工业和信息化部、商务部、市场监管总局等部门按职责分工负责）

（十四）健全服务标准体系

推进新型消费标准化建设，支持和鼓励平台企业、行业组织、研究机构等研究制定支撑新型消费的服务标准，健全市场监测、用户权益保护、重要产品追溯等机制，提升行业发展质量和水平。（国家发展改革委、工业和信息化部、商务部、市场监管总局等部门按职责分工负责）

（十五）简化优化证照办理

进一步优化零售新业态新模式营商环境，探索实行“一照多址”。各地对新申请食品经营（仅限从事预包装食品销售）的，可试点推行告知承诺制。各地可结合实际，在保障食品安全的前提下，扩大推行告知承诺制的范围。（市场监管总局牵头，国家发展改革委等部门按职责分工负责）

五、加大新型消费政策支持力度

（十六）强化财政支持

各级财政通过现有资金渠道、按照市场化方式支持新型消费发展，促进相关综合服务和配套基础设施建设。研究进一步对新型消费领域企业优化税收征管措施，更好发挥减税降费政策效应。（国家发展改革委、工业和信息化部、财政部、人力资源社会保障部、税务总局等部门按职责分工负责）

（十七）优化金融服务

深化政银企合作，拓展新型消费领域投融资渠道。鼓励金融机构按照市场化原则，在风险可控前提下，结合新型消费领域相关企业经营特点，积极开发金融产品和服务。优化与新型消费相关的支付环境，鼓励银行等各类型支付清算服务主体降低手续费用，降低商家、消费者支付成本，推动银行卡、移动支付在便民消费领域广泛应用。完善跨境支付监管制度，稳妥推进跨境移动支付应用，提升境外人员境内支付规范化便利化水平。支持符合条件的企业通过发行新股、发行公司债券、“新三板”挂牌等方式融资。发展股权投资基金，推动生产要素向更具前景、更具活力的新型消费领域转移和集聚。（国家发展改革委、财政部、人民银行、银保监会、证监会等部门按职责分工负责）

（十八）完善劳动保障政策

鼓励发展新就业形态，支持灵活就业，加快完善相关劳动保障制度。指导企业规范开展用工余缺调剂，帮助有“共享用工”需求的企业精准、高效匹配人力资源。促进新业态新模式从业人员参加社会保险，提高参保率。坚持失业保险基金优先保生活，通过发放失业保险金、一次性生活补助等多措并举，加快构建城乡参保失业人员应发尽发、应保尽保长效机制。（国家发展改革委、财政部、人力资源社会保障部、国家医保局等部门按职责分工负责）

六、强化组织保障

（十九）加强组织领导

充分发挥完善促进消费体制机制部际联席会议制度作用，加强组织领导和统筹协调，国家发展改革委牵头组织实施，强化部门协同和上下联动，加快研究制定以新业态新模式引领新型消费加快发展的具体实施方案和配套措施，明确责任主体、时间表和路线图，形成政策合力。（国家发展改革委等各有关部门按职责分工负责）

（二十）强化监测评估

加强新型消费统计监测，聚合各类平台企业消费数据，强化传统数据与大数据比对分析，及时反映消费现状和发展趋势，提高政策调控的前瞻性和有效性。完善政策实施评估体系，综合运用第三方评估、社会监督评价等多种方式，科学评估实施效果，确保各项举措落到实处。（国家发展改革委、商务部、市场监管总局、国家统计局等部门按职责分工负责）

（二十一）注重宣传引导

创新宣传方式，丰富宣传手段，加强支持新型消费发展相关政策宣传解读和经验推广，倡导健康、智慧、便捷、共享的消费理念，营造有利于新型消费良性发展的舆论氛围。（国家发展改革委、商务部、市场监管总局、广电总局、国务院新闻办等部门按职责分工负责）

各地区、各有关部门要以习近平新时代中国特色社会主义思想为指导，增强“四个意识”、坚定“四个自信”、做到“两个维护”，坚决贯彻党中央、国务院决策部署，充分认识培育壮大新业态新模式、加快发展新型消费的重要意义，认真落实本意见各项要求，细化实化政策措施，优化制度环境，强化要素保障，持续扩大国内需求，扩大最终消费，为居民消费升级创造条件。

参考文献

［1］王晖. 双循环新格局背景下居民消费区域协调发展研究［J］.商业经济研究, 2021(4):51-54.

［2］李俊. 全面准确理解“双循环”新发展格局的深刻内涵［J］.人民论坛, 2021(2):12-15.

［3］构建新发展格局［J］.人民论坛, 2021(2):10-11.

［4］彭波.“两新一重”与双循环新发展格局建立［J］.人民论坛, 2020(35):75-77.

［5］陈甬军，晏宗新.“双循环”新发展格局的经济学理论基础与实践创新［J］.厦门大学学报（哲学社会科学版）, 2021(6):37-47.

［6］张辉，张明哲. 数字经济何以助力“双循环”新发展格局［J］.人民论坛, 2021(23):69-71.

［7］崔光野，马龙龙. 数字时代新型商业模式和消费行为下的品牌建设［J］.商业经济研究, 2020(2):5-8.

［8］潘海岚，赵培绪，赵敏. 新发展格局下消费升级对产业结构升级的影响研究［J］.商业经济, 2022(2):40-44.

［9］高振娟，赵景峰，张静，等. 数字经济赋能消费升级的机制与路径选择［J］.西南金融, 2021(10):44-54.

［10］刘震，杨勇，程玉. 消费升级与旅游经济增长：机制识别与经验证据［J］.华东经济管理, 2021, 35(10):82-92.

［11］陈昌盛，许伟，兰宗敏，等. 我国消费倾向的基本特征、发展态势与提升策略［J］.管理世界, 2021, 37(8):46-58.

［12］张建国，刘秋秀，向仁康. 居民消费对我国经济增长影响的实证研究［J］.商业经济研究, 2021(14):58-61.

［13］傅娟. 我国居民消费的现实困境与提升策略［J］.区域经济评论, 2021(4):107-115.

［14］中国银行课题组，刘连舸，陈卫东，等. 国内国际双循环大格局下居民消费

研究及扩大居民消费的政策建议［J］.国际金融, 2020(10):3-32.

［15］马晓玲. 广东参与构建“双循环”新发展格局的理解和对策建议：基于广州、佛山调研的思考［J］.商业经济, 2021(9):26-27, 161.

［16］任君，黄明理.“双循环”新发展格局研究述评［J］.经济问题, 2021(4):7-15.

［17］徐奇渊. 双循环新发展格局：如何理解和构建［J］.金融论坛, 2020, 25(9):3-9.

［18］张婧. 建立高标准现代文化和旅游市场体系　促进文旅市场高质量发展［N］.中国文化报, 2021-07-08(001).

［19］詹一虹，程小敏. 全球创意城市网络“美食之都”：国际标准与本土化实践［J］.华中师范大学学报（人文社会科学版）, 2016, 55(6):76-86.

［20］袁奇峰，蔡天抒，黄娜. 韧性视角下的历史街区保护与更新：以汕头小公园历史街区、佛山祖庙东华里历史街区为例［J］.规划师，2016, 32(10):116-122.

［21］王淑娇，李建盛. 城市历史空间再利用与城市文化空间生产：以成都宽窄巷子为例［J］.中华文化论坛, 2018(1):93-98.

［22］王承华，李智伟. 城市更新背景下的老旧小区更新改造实践与探索：以昆山市中华北村更新改造为例［J］.现代城市研究, 2019(11):104-112.

［23］陶希东. 中国城市旧区改造模式转型策略研究：从“经济型旧区改造”走向“社会型城市更新”［J］.城市发展研究, 2015, 22(4):111-116, 124.

后 记

《双循环新发展格局下佛山消费发展战略研究》一书围绕双循环新发展格局下佛山市消费发展的理论思考、战略研究与实践应用展开研究。

全书共分三个部分，理论篇阐述了双循环新发展格局的理论逻辑、我国消费发展的新特点、双循环新发展格局对佛山市消费发展提出的新要求以及佛山面临的新挑战。战略篇分析了佛山消费的基本状况，提出了佛山消费发展的总体思路，较为深入地研究了佛山建设区域消费中心城市、发展新型消费、促进文化和旅游消费等方面的问题。实践篇重点研究了顺德区打造大湾区文旅休闲目的地、祖庙街道打造岭南文化核心消费区和桂城街道城市更新等方面的问题，提出相关对策建议。

《双循环新发展格局下佛山消费发展战略研究》是中国消费经济学会与佛山科学技术学院共建华南消费发展智库的成果，调研过程充满挑战和乐趣。我们坚持做好这份工作，希望能为佛山高质量发展提供帮助，为我国城市和区域消费发展提供研究样本。感谢佛山市人民政府研究室、佛山市文化旅游和体育局、顺德区人民政府研究室、祖庙街道办公室、桂城街道办公室等部门对课题调研提供的支持。佛山科学技术学院研究开发与成果转化总院、经济管理学院、离退休工作处、佛山中科协同创新研究院为调研提供了良好的工作环境。

感谢中国消费经济学会会长杨继瑞教授、副会长尹向东研究员、副会长藏旭恒教授、黄铁苗教授、胡若痴教授，以及广东财经大学大湾区双循环发展研究院陈甬军教授、广东消费经济学会会长郑红军研究员、厦门大学经济学院陈爱贞教授等专家们为调研提供的宝贵建议。特别感谢湖南省社会科学院刘敏研究员、佛山科学技术学院周爱香副教授、贺志姣副教授的长期支持。彭晓洁教授、朱健齐博士、高孟捷博士以及叶忠民博士、蒋鑫、贾慧、符家维、叶彩敏、邱利萍等智库成员和研究生在实地调研、材料整理、数据分析等方面提供了帮助。

由于时间和水平所限，本书存在不少问题，欢迎批评和指正。

钟陆文

2023年3月